21世纪应用型本科会计系列规划教材

企业财务分析

第五版

Corporate Financial Analysis

杜晓光 郑晶晶 李迎盈 主编

东北财经大学出版社
Dongbei University of Finance & Economics Press
大连

图书在版编目（CIP）数据

企业财务分析 / 杜晓光，郑晶晶，李迎盈主编．—5版．—大连：东北财经大学出版社，2021.12（2023.8重印）

（21世纪应用型本科会计系列规划教材）

ISBN 978-7-5654-4342-8

Ⅰ．企… Ⅱ．①杜… ②郑… ③李… Ⅲ．企业管理-会计分析-高等学校-教材 Ⅳ．F275.2

中国版本图书馆CIP数据核字（2021）第185929号

东北财经大学出版社出版

（大连市黑石礁尖山街217号 邮政编码 116025）

网 址：http://www.dufep.cn

读者信箱：dufep@dufe.edu.cn

大连天骄彩色印刷有限公司印刷 东北财经大学出版社发行

幅面尺寸：185mm×260mm 字数：331千字 印张：14

2021年12月第5版 2023年8月第2次印刷

责任编辑：孙 平 刘贤恩 责任校对：吴 奂

封面设计：冀贵收 版式设计：钟福建

定价：39.00元

教学支持 售后服务 联系电话：（0411）84710309

如有印装质量问题，请联系营销部：（0411）84710711

第五版前言

财务分析是指以会计报表为主要依据，对企业的财务状况和经营成果进行评价和预测的一种业务手段。当今，企业的财务活动日趋复杂。与企业存在密切联系的各个利益群体，时刻关注着企业财务活动的现状及发展趋势。企业管理层也需要大量的、有价值的财务信息来维持企业目前在激烈竞争的市场上所处的地位，并谋求进一步发展。因此，进行深入、系统的财务分析，为有关方面及时提供这些财务信息，是企业财务管理工作中十分重要的方面。

本书对企业财务分析内容的阐述，基本沿着企业资金运动轨迹展开，因此，具有结构合理、层次清楚、内容阐述简练、通俗易懂的特点。

通过本书的学习，读者可以培养以下能力：

1.运用有关指标评价企业的财务状况和经营成果，揭示企业在生产经营活动中存在的矛盾和问题，为改善经营管理提供方向或线索；

2.运用有关指标预测企业未来的效益和风险，为投资者、债权人、经营者的相关决策提供专业性的参考意见；

3.运用有关指标检查企业预算完成情况，考查经营管理人员的业绩，为完善和提高企业管理水平提供科学有效的帮助。

为深入学习贯彻党的二十大精神，推进习近平新时代中国特色社会主义思想进教材、进课堂、进头脑，同时保证本教材与时俱进、求真务实，我们立足新发展格局，执行教育部关于“教材、教学、教师”三教改革的相关精神，对本教材进行了再次修订。在第四版的基础上，我们秉持思政引领专业课程的精神，对内容进行了修订和完善，对例题资料进行了更新，并增加了章后二维码内容。

本书由辽宁理工学院工商管理学院教授杜晓光，副教授郑晶晶、李迎盈任主编。全书共十二章，其中，杜晓光编写（修订）第一、二、三、四章；郑晶晶编写（修订）第五、十一、十二章，修订第六章；李迎盈编写（修订）第七、八、十章，修订第九章；无锡太湖学院会计学院陆易编写第六章；无锡太湖学院会计学院仲伟俊编写第九章。第五版的修订工作由杜晓光教授主持。

由于编者水平所限，书中仍存在诸多尚待完善之处，望使用本教材的师生给予指正。此外，在编写和修订过程中，我们参考了许多专家、学者及广大同行的精心之作，东北财经大学出版社孙平编辑也为本书的出版倾注了大量心血，在此一并表示感谢。

编　者

2021年9月

2023年8月修改

目　录

导言

"企业财务分析"课程思政切入点

党的二十大报告指出，教育是国之大计、党之大计。培养什么人、怎样培养人、为谁培养人是教育的根本问题。育人的根本在于立德。全面贯彻党的教育方针，落实立德树人根本任务，培养德智体美劳全面发展的社会主义建设者和接班人。

课程思政就是要求专业教师把做人做事的基本道理、社会主义核心价值观的要求、实现民族复兴的理想和责任融入专业课程的教学中，把"立德树人"作为教育的根本任务。搞好课程思政的建设，必须明确专业课知识点中所能够切入的思政元素，将专业知识点与思政元素进行无缝链接。现结合"企业财务分析"课程内容，简要概括一下思政切入点。

一、以企业财务分析的综合性特征为切入点，融入"大局观"思政元素

财务分析是企业管理的一个重要组成部分，它主要是利用价值形式对企业生产经营的各方面进行预测、决策、分析与评价，具有广泛性、综合性的特征。因此，做好财务分析工作必须具有大局意识，熟悉财务分析的内外环境，处理好企业与政府、投资者、债权人、债务人、受资者以及企业内部各部门之间的关系。通过对财务分析特征的理解，学生能够明白大局意识是财务分析工作必须具备的职业素养，从而将大局观念融入学生思想意识中，培养集体主义精神，注意交际沟通协调能力的培养。

二、以财务分析的专业性特点为切入点，融入"社会主义核心价值观"思政元素

重点是社会主义核心价值观中的法治、诚信、敬业三个方面。

授课过程中要让学生充分认识到财务分析人员在工作过程中应该秉持法治、诚信、敬业的态度，对财务指标进行准确的计算和评价，严格按照会计准则和财务通则进行分析，这样才能做出正确的决策。分析时，不能对财务报表进行随意修改，违反财经纪律，要时刻牢记法治、诚信的核心价值观。

授课时可以举出一些财务报表分析作假案例，比如瑞幸咖啡、康美药业等。这些弄虚作假行为，严重损害了社会公众的利益，扰乱了整个市场经济秩序，违背了社会主义核心价值观。

三、以资本、资产对应关系分析为切入点，融入"科学发展观"思政元素

企业的主要财务活动体现在资产运用和筹资两个方面。资产运用形成企业的资产结构，筹资的结果形成企业的资本结构。二者的对应关系能够反映企业的整体财务状况。

企业财务的稳定性和安全性不仅仅取决于资产结构是否合理，也不仅仅取决于资本结构是否合理，只有将两者联系起来，当其对称结构合理时，企业财务才具有稳定性和安全性。这其中体现的财务思想充满了“科学发展观”的理念。

“科学发展观”归纳起来大致有三个方面，即全面发展观、协调发展观和可持续发展观。“科学发展观”第一要义是发展，核心是以人为本，基本要求是全面协调可持续，根本方法是统筹兼顾。这些思想基本都能在资本、资产对应关系分析的内容里体现。授课时可以此为切入点，紧密结合我国发展成果，对学生进行“科学发展观”教育。

四、以风险分析所涉内容为切入点，融入大学生“创新创业”思政元素

风险分析的核心是投资风险的分析。讲授此部分内容可以引入一些案例，例如华为、阿里巴巴等的创业故事，即分享它们的成功经验，又以它们化解风险、险中求胜的经历激发学生的创新创业愿望。同时培养学生树立有序思维，注意风险的理财意识。

五、以收益分配分析为切入点，融入“公平、公正”思政元素

企业利润分配不仅影响企业筹资和投资决策，而且涉及国家、企业、投资者、职工等多方利益关系，有关企业长远利益与近期利益、整体利益与局部利益的协调。利润分配必须兼顾各方面的利益，投资与收益对等，公开公平公正。如果企业利润分配不公，会影响企业和谐健康发展。通过企业利润分配分析的学习，引导学生做人做事都要遵守公平、公正的基本原则，这也是社会主义核心价值观在工作实践中的体现。

六、以企业发展能力分析为切入点，融入“发展是硬道理，实现中国梦”思政元素

企业是一个以获利为目标的组织，其出发点和归宿是获利。企业一旦成立，就会面临竞争，并处于发展和萎缩的矛盾之中，企业必须生存下去才可能获利，而企业要获得生存就必须求得不断发展。发展是生存之本，也是获利之源。从企业财务管理目标的实现来看，企业发展能力也是直接影响企业财务管理目标实现的一个重要因素。

改革开放以来，我国经济社会面貌发生了翻天覆地的变化，极大地解放和发展了生产力，这是发展是硬道理的生动体现。我们必须毫不动摇地坚持下去，同时更要贯彻新发展理念，坚持发展应该是科学发展和高质量发展的战略思想，努力实现更高质量、更有效率、更加公平、更可持续的发展。

授课时可从企业发展的角度，上升到国家发展层面，向学生灌输发展是硬道理，国家只有不断发展才能日益强大的思维理念。

第一章

财务分析基础

学习目标

了解财务分析的特点、基本要求、原则、方法，掌握财务分析应注意的问题。

第一节 财务分析的特点和基本要求

财务分析是利用会计报表提供的数据，采取一定方法进行的计量分析，它是按一定标准对企业的各种经济情况进行比较的一种工具。通过财务分析可评价一个企业经营绩效的好坏和经营结果的优劣，为企业经营者制订经营计划和进行财务控制提供依据；为投资者进行投资决策提供信息；为政府、税收、金融等部门进行监督提供依据。通过分析，可以透视企业经济活动的内部联系，并与内部条件、外部环境相结合，进行深入考察，找出企业本身的优势和弱势，做出实事求是的评价和积极可行的决策。

随着经济的不断发展，会计已经不再单纯满足某一信息使用者的需求，其提供的信息往往需要分析和转换而成为信息需求者的有用信息；另外，经济学、管理学等相关学科的复杂性也使得会计学者不可能完全或直接掌握其会计信息的需求，而需要将相关学科决策需求分析和转换为会计信息需求，这也是会计学发展所需要的。在会计学与相关学科的信息转换中，财务分析起着重要的作用。财务分析会根据相关学科或人们对会计信息的需求，将标准的会计信息分析转换为决策与管理所需要的信息；同时，财务分析又根据相关学科理论与实务所需要的信息，分析和转换为会计应该提供的信息。

随着相关学科理论与实务对会计信息需求的加大，财务分析在连接会计学与相关学科关系中的地位与功能将进一步扩展。从财务分析在会计学与相关学科关系中的地位和作用来看，随着会计学科地位的提升，以及相关学科对会计学信息需求范围、数量与质量要求的提高，财务分析将在分析主体、分析对象、分析内容和学科地位上有进一步的扩展与提升。财务分析不仅要满足投资者、债权人等外部信息需求者的需要，而且要满足管理者、员工等内部信息需求者的需要；不仅要满足管理学理论与实务发展的需要，而且要满足经济学理论与实务发展的需要。财务分析不仅是一门独立的边缘性学科，而且将成为一门独立于会计学和财务学等专业方向的日趋成熟的学科。

一、财务分析的特点

（一）财务分析是一种事后分析

财务分析是以定期的财务报告为依据，对已经形成的财务状况和财务成果进行的分析，带有明显的总结性。这种分析与管理会计、财务管理中的分析不同，尽管也能够为信息使用者的决策行为提供依据，但分析方法和内容本身不具有事前分析的性质。

（二）财务分析是一种数据分析

财务分析所使用的资料主要来源于各种会计报表。从整个报表体系来看，它能综合地或总括地反映出企业在一定会计期间内资金流转、财务状况和盈利水平的全貌，从而能提供给各有关人员阅读，满足他们对不同会计信息的需要。我们只要将有关数据通过某种形式联系起来加以分析比较，就会有更多的隐含在会计报表中的重要信息被清晰地显示出来。

（三）财务分析的结果具有相对准确性

财务分析是以财务报告为基础的事后分析，分析所采用的数据是确定的，分析的过程实质上是对已发生的财务状况和结果进行评价的过程，不具有预测性，因此，分析结果通常相对财务预测等财务数据而言具有较高的准确性。

二、财务分析的基本要求

（1）要有充分的历史数据（如5年或5年以上时间的数据）和现实数据与资料。

（2）要有健全的会计制度和会计方法，保证财务数据的正确性、完整性、系统性和及时性。

（3）要有前后一致的会计标准和会计方法，保证财务数据的可比性和可靠性。如有变动，应在分析时作必要调整，以达到可比。

（4）除会计报表数据外，还要掌握与财务分析有关的非会计数据和非金额表示的资料（如市场变化、物价变动、银根松紧等）。

（5）要正确运用各种分析方法。每种分析方法分别适用于不同条件，反映不同情况，必须根据企业具体情况正确运用。

第二节 财务分析的内容

财务分析的内容主要由资本与资产的分析、企业三大能力的分析、风险分析和财务的综合分析等组成。这些内容概括起来，可从以下三个方面理解：

一、内部分析和外部分析

根据分析者的不同，可将财务分析分为内部分析和外部分析。

内部分析是从经营者的角度分析的。其目的是判断企业的经营是否顺利，或者把握企业经营活动的真实状态，以便开展切合实际的经营活动。这是一种为经营者寻求经营管理情报而进行的分析。

外部分析是企业外部的人们根据各自的要求而进行的分析。比如，银行等金融机构为了观察企业是否确实具有还债能力（信用能力），对其贷款是否安全而进行的会计报表分析；投资者为了判断自己的投资是否安全，是否有利可图，而对所要投资的企业的会计报表进行的分析；政府，特别是税务当局，往往出于征税等目的，分析各企业所提交的会计报表，等等。如上所述，由企业外部的有关单位所进行的分析就是外部分析。

二、流动性分析和收益性分析

根据分析的目的不同，可将财务分析分为流动性分析和收益性分析。

在流动性分析中，通过观察企业生产经营活动的手段，即资本的筹措来源和占用情况，可以看出企业的生产经营活动是否顺利。这种侧重于企业资本活动方面的分析叫作流动性分析。它是以资本的周转期为中心进行分析的。企业资本的流动性，也可以理解为资本需要与资本补充的关系，它可以反映企业资本的安全性，并进而在一定程度上反映出企业的偿债能力。因此，一般也将流动性分析称为安全性分析。

所谓收益性分析，是判断企业有多大程度的可获取利润的能力的分析。如果企业进行正常的生产经营活动，其结果必然表现出良好的收益性和较强的偿债能力，财务分析往往是以收益性分析为中心展开的。

三、财务的综合分析

财务的综合分析，主要是对资产负债表、利润表和现金流量表的增减变化和趋势进行分析，而报表中所反映的种种比率关系，则应由流动性分析、收益性分析等来解决。

一般认为，资产负债表反映企业的财务状况，利润表反映企业的经营业绩，现金流量表则反映企业现金流量的结构和趋势，进而反映企业的偿债能力和支付能力。三个方面的综合分析，就构成了财务分析的重要内容。

第三节 财务分析的原则

财务分析的原则主要包括以下四个方面：

一、相关性原则

相关性原则指财务分析的结果应能够对拟将进行的生产经营活动产生影响，可作为企业决策者一系列决策行为的重要参考。相关性与信息使用者的目的有着密切的联系。例如，作为债权人，其决策所需的信息主要是企业偿债能力方面的信息；作为投资者，其决策所需的信息主要是企业盈利能力方面的信息；而对企业管理者来说，其决策所需的信息就涉及财务分析的全部领域。

二、客观性原则

客观性原则要求对财务报表的分析要从实际出发，坚持实事求是，切不可以出于某种主观动机或需要去拣选数据或修订数据，要反对主观臆断、断章取义或按照结论选择数据。

三、明了性原则

明了性原则指财务分析的结果要直观、易懂、明确，使财务信息使用者能够准确地加以理解和运用。该原则要求企业在财务分析过程中尽量采用通用的计算方法和计算口径，对于行业财务制度中已规定的计算方法和计算口径，分析人员必须共同遵守；对于未作规定部分，应在探讨和实践的基础上尽可能达成一致做法。对于没有统一计算口径的指标，应注明所采用的分析计算方法。

四、时效性原则

时效性原则指财务分析的结果要做到有用、及时，当财务信息使用者需要时给予提供。

第四节 财务分析的形式与步骤

一、财务分析的形式

财务分析，可以根据分析内容、分析时间和分析人员的不同，采用不同的分析形式。

（一）全面分析和专题分析

全面分析和专题分析是依据分析内容来划分的。全面分析是对企业全部财务活动进行综合的、系统的分析。既要分析主观和客观的情况，又要分析内部和外部的原因，通过各项财务指标分析，最后找出主要矛盾，并对企业财务活动进行综合评价。专题分析则与此相反，这种分析往往带有调查研究的性质，主要是对企业的关键问题或存在的薄弱环节进行专门分析。专题分析主题突出，便于深入，涉及面窄，针对性强，效果明显。全面分析和专题分析的要求各不相同，必须相互结合。有时专题分析的选题是在全面分析的基础上确定的，有时则根据具体情况临时决定。所以，专题分析既是全面分析的深入，又是全面分析的补充。

（二）定期分析和不定期分析

定期分析和不定期分析是依据分析时间来划分的。定期分析是指企业按照规定的时间所进行的分析，一般是年度、季度、月度终了时进行。不定期分析是根据企业生产经营活动的情况临时进行的分析，通常是在生产经营活动或财务活动出现问题时进行。这种分析的内容一般属于专题分析。定期分析便于定期全面评价企业的财务活动，不定期分析便于处理企业临时发生的有关问题。两者各有特点，在实际工作中要很好地结合起来。

（三）专业分析和群众分析

专业分析和群众分析是依据分析人员来划分的。前者是指企业财务管理人员对财务活动所进行的分析，这是财务分析的主要含义。群众分析是指以企业职工群众为主体所进行的一种局部分析，是专业分析的辅助形式和补充，本书对此内容不予涉及。

以上各种形式的分析各有特点，在实际工作中，要结合企业的具体情况灵活运用，使各种形式的财务分析相互结合，更好地达到分析的要求。

二、财务分析的步骤

财务分析工作一般分为以下几个步骤：

（一）明确分析目的

明确分析目的是分析工作的起点和关键。比如，要采用什么形式分析，通过分析想解决什么问题等，否则容易造成“为分析而分析”，起不到分析的作用。

（二）拟定分析提纲

分析目的明确以后，就要拟定分析提纲，以便做到心中有数，这有利于分析工作的安排。

（三）收集分析资料

资料准备是财务分析的重要阶段。资料准备不充分，问题分析不深入，就会影响分析的质量。在收集分析资料时，除了财务部门掌握的数据和情况以外，还要收集一些其他资料。同时，对资料的正确性和可行性，要反复加以核对，防止发生差错。

（四）进行具体分析

这是财务分析的核心阶段。分析时，除了找差距、查原因外，更重要的是明确主客观因素和主次要矛盾，以便加以正确评价。

（五）得出分析结论

经过具体分析以后，就要得出结论，提出建议，指明取得的成绩和存在的问题，今后如何改进等，以进一步提高财务管理水平。

（六）编写分析报告

财务分析的最后一个阶段就是编写分析报告。分析报告获得通过以后，就要贯彻执行，使分析的结果在今后的财务管理工作中发挥作用。

第五节 财务分析的基本方法

财务分析的基本方法有趋势分析法、结构分析法、财务指标分析法、对比分析法和因素分析法等几种。

一、趋势分析法

趋势分析法是通过观察连续数年的会计报表，比较、分析某些项目或指标的增减变化情况，从而判断其发展趋势，并对未来的结果做出预测的一种财务分析方法。

例如，A公司2016—2020年连续5年的产品销售收入等项目金额如表1-1所示。从表中数据可看出，5年来A公司产品销售收入有较大的增长，但产品销售利润增长较缓。如果我们进一步计算趋势百分比，就能更准确、清晰地反映各年变动的程度。

表1-1 A公司2016—2020年产品销售数据 单位：万元

项 目	2016年	2017年	2018年	2019年	2020年
产品销售收入	870	975	1 106	1 208	1 189
产品销售成本	664	750	860	955	948
产品销售费用	8	9	10	14	19
产品销售税金	48	50	57	65	59
产品销售利润	150	166	179	174	163

趋势百分比的计算可以采用定比或环比两种计算方法。定比是选定某一年作为基年，然后其余各年与基年比较，计算出趋势百分数。环比则是各年的数值均与前一年的数值比较，计算出趋势百分数。表1-2是以2016年为基期计算的A公司产品销售收入等项目的趋势百分数。该表用百分比反映的变化趋势，较之用绝对数（表1-1）反映的变化趋势，能更准确地说明A公司5年来产品销售收入得到了较大的增长，但产品销售利润则增长较慢，低于产品销售收入的增长，甚至在2019年、2020年两年还出现下降的趋势，从表中数据还可看出其原因主要是产品销售成本和产品销售费用增长太快，远远高于产品销售收入的增长，从而影响了产品销售利润的增长。

表1-2　　A公司2016—2020年产品销售等项目的趋势分析（以2016年为基期）

项　目	2016年	2017年	2018年	2019年	2020年
产品销售收入	100%	112%	127%	139%	137%
产品销售成本	100%	113%	130%	144%	143%
产品销售费用	100%	113%	125%	175%	238%
产品销售税金	100%	104%	119%	135%	123%
产品销售利润	100%	111%	119%	116%	109%

采用定比方法计算趋势百分数时，应注意基期的选择要有代表性。如选择不当，容易产生误解。此外，趋势分析法中还包括趋势预测分析。趋势预测分析运用回归分析法、指数平滑法等方法来对会计报表数据进行分析预测，分析其发展趋势，并预测出可能的发展结果。接下来简要介绍如何运用趋势线性方程来进行趋势预测分析。

运用趋势线性方程作趋势分析，是预测销售和收益所普遍采用的一种方法。其公式表示为：

$$y=a+bx$$

式中：a和b为常数；x为时期系数的值，是由分配确定的，并要使$\sum x=0$。为了使$\sum x=0$，当时期数为偶数或奇数时，值的分配稍有不同。

当时期数为奇数时，x的确定见表1-3。

表1-3　　时期数为奇数时x的确定

年度	2016年	2017年	2018年	2019年	2020年
x =	−2	−1	0	+1	+2

当时期数为偶数时，x的确定见表1-4。

表1-4　　时期数为偶数时x的确定

年度	2016年	2017年	2018年	2019年	2020年	2021年
x =	−3	−2	−1	+1	+2	+3

常数a和b则可由下式确定：

$$b=(n\sum xy)/(n\sum x^2)$$

$$a=\sum y/n$$

式中：n为时期数。

仍以表1-1中A公司产品销售收入数据为例，运用趋势线性方程进行分析预测（见表1-5）。

表1-5 趋势线性方程分析 金额单位：万元

年度	x	销售收入（y）	xy	x^2
2016年	−2	870	−1 740	4
2017年	−1	975	−975	1
2018年	0	1 106	0	0
2019年	+1	1 208	1 208	1
2020年	+2	1 189	2 378	4
合计	0	5 348	871	10

$$b=\frac{5\times 871}{5\times 10}=87.1$$

$$a=\frac{5\ 348}{5}=1\ 069.6$$

因此，预测的趋势方程为：

$\hat{y}=1\ 069.6+87.1x$

式中：$\hat{y}$为预测的销售收入；x为时期系数值。

要预测2021年的产品销售收入，只要确定x的值就可算出。在前面，我们分配给2020年的值为+2，因此这里确定2021年的时期系数值为+3。2021年的产品销售收入测算为：

$\hat{y}=1\ 069.6+87.1x=1\ 069.6+87.1\times 3=1\ 330.9$（万元）

二、结构分析法

结构分析法是将会计报表中的某一关键项目金额作为100%，再将其余有关项目金额换算为对该关键项目的百分比，以揭示出会计报表中各项目的相对地位和总体结构关系。

我们以表1-1中A公司的销售收入等项目数据为例，以产品销售收入为100%，计算出其他项目的结构百分比（见表1-6）。从各期结构百分比的变动可看出，产品销售成本和产品销售费用占产品销售收入比重逐期增加，导致产品销售利润率逐年下降。

表1-6 结构分析法金额 金额单位：万元

年度	2016年		2017年		2018年		2019年		2020年	
项目	金额	占收入的百分比	金额	占收入的百分比	金额	占收入的百分比	金额	占收入的百分比	金额	占收入的百分比
产品销售收入	870	100%	975	100%	1 106	100%	1 208	100%	1 189	100%
产品销售成本	664	76.3%	750	77%	860	77.8%	955	79%	948	79.7%
产品销售费用	8	0.9%	9	0.9%	10	0.9%	14	1.2%	19	1.6%
产品销售税金	48	5.5%	50	5.1%	57	5.2%	65	5.4%	59	5%
产品销售利润	150	17.2%	166	17%	179	16.2%	174	14.4%	163	13.7%

注：因四舍五入，百分比合计数不一定等于100%。

结构分析对于资产负债表和利润表的分析是很有用的。企业在正常经营的各个时期，资产负债表和利润表中各项目一般都应有一个正常的比例关系，即要有一个合理的分布结构。各项目结构百分比的任何异常变化，都应引起分析者的注意，并研究变化的原因，判断对今后财务状况和经营成果的影响。

趋势分析和结构分析的结果还可以用统计图表的形式予以直观地反映，在此不加以赘述。

三、财务指标分析法

财务指标分析法通常也称为财务比率分析法，是财务分析中运用最广泛的一种方法。财务指标分析法根据会计报表中两个项目或多个项目之间的关系，计算其比率，以评价企业的财务状况和经营成果。根据会计报表计算的财务指标一般有3类：

（1）反映企业偿债能力的财务比率，如流动比率、速动比率、负债比率等；

（2）反映企业获利能力的财务比率，如资产利润率、销售利润率、每股盈余等；

（3）反映企业经营和管理效率的财务比率，如资产周转率、应收账款周转率、存货周转率等。

实际上，第三类指标既与评价企业偿债能力有关，也与评价盈利能力有关。有关财务指标的计算和分析，我们将在本书后面的章节中论述。

四、对比分析法

对比分析法是将会计报表中的某些项目或财务指标与另外的相关资料相比较，以说明、评价企业的财务状况、经营成果的一种常用报表评价、分析方法。孤立地看单个会计报表项目或单个财务比率，不能说明什么问题，只有将其与另外可比的相关数据对比时，才能评价其好坏。会计报表的对比分析需要企业数据与财务分析评价基准作比较，财务分析评价基准就是在一定的评价目标下，人为设定的划分评价对象的财务标准，主要包括以下几个方面：

（一）经验基准

经验基准是指依据大量的长期日常观察和实践形成的基准，该基准的形成一般没有理论支撑，只是简单地依据事实现象归纳的结果。其优点是比较简单。其缺点是任何经验都只是在某一行业的某一时间段成立。

（二）行业基准

行业基准是指行业内所有企业某个相同财务指标的平均水平或者是较优水平。其优点是便于比较。其缺点是尽管行业内的企业可比性较强，但是很难找到两个经营业务完全一致的企业，即使行业内企业经营业务相同，也可能存在会计处理方法上的不同，在使用时需要考虑是否应调整不同企业间的会计政策差异。

（三）历史基准

历史基准是指本企业在过去某段时期内的实际值，根据需要，可以选择历史平均值，也可以选择最佳值作为基准。其优点是可比性强，可以使企业较为明显地观察出自身的变动情况，明了本企业在最近时期的经营得失。其缺点是即使企业的比较结果是超越历史的，也不能说明企业已经处在一个经营优良的状况，当企业发生重组和变更时，历史基准的可比性就会严重下降，原有的财务数据已经不能为今所用。对于新成立的企业，没有历史基准可用。

（四）目标基准

目标基准是指财务分析人员综合企业历史财务数据和现实经济状况提出的理想标准，在财务分析实践中，一般使用财务预算作为目标基准。其优点是此类基准一般为企业内部分析人员评价考核的指标，数据取得比较方便。其缺点是企业预算作为内部信息不对外公布，因此外部财务分析人员无法取得和使用，企业预算带有一定的主观人为因素，且很难随着经济环境的变动而调整，其客观性和可靠性可能存在一定问题。

以上各种财务分析评价基准各有不同的优缺点，在实践中应该根据企业的实际情况选择使用。

五、因素分析法

因素分析法是通过分析影响财务指标的各项因素并计算其对指标的影响程度，来说明本期实际与计划或基期相比财务指标变动或差异的主要原因的一种分析方法。因素分析法适用于多种因素构成的综合性指标的分析，如成本、利润、资产周转等方面的指标。

运用因素分析法的一般程序是：（1）确定某项指标由哪几个因素构成；（2）确定各个因素与该指标的关系；（3）采用适当方法分解因素；（4）计算确定各个因素影响的程度数额。

如果各项因素与某项指标的关系为加或减的关系时，可采用因素列举法。

例如，某财务指标 x，由 a 和 b 两个因素构成，为相加关系，即 $x=a+b$。实际数与计划数的差异为 y。

设计划数为 x_0：

$$x_0=a_0+b_0$$

本期实际数为 x_1：

$$x_1=a_1+b_1$$

实际数与计划数的差异 $y=x_1-x_0$，则 a 和 b 两因素对指标的影响程度分别为：a 因素的影响程度为 a_1-a_0；b 因素的影响程度为 b_1-b_0。

如果各项因素与某项指标的关系为乘或除的关系时，可采用连环替代法。连环替代法是根据指标构成因素的顺序逐次替代计算，以确定各因素对指标影响程度的方法。

例如，假设某项指标 f 由 a、b 和 c 三个因素构成，即 $f=a\cdot b\cdot c$。本期数 f_1 与基期数 f_0 的差异为 $D=f_1-f_0$。运用连环替代法，影响因素 a、b、c 各自的影响程度可逐项替代计算如下：

$$f_0=a_0\cdot b_0\cdot c_0$$

$$f_1=a_1\cdot b_0\cdot c_0 \qquad f_1-f_0=d_1\cdots a$$

$$f_2=a_1\cdot b_1\cdot c_0 \qquad f_2-f_1=d_2\cdots b$$

$$f_3=a_1\cdot b_1\cdot c_1 \qquad f_3-f_2=d_3\cdots c$$

$$D=d_1+d_2+d_3$$

应指出的是，在实际工作中，财务分析往往是以上几种基本分析方法的结合运用。几种分析方法互相结合、互相补充、互相印证，才能使我们从财务报表中对企业的财务状况、经营和管理情况、经营成果，以及未来发展的可能情况，获得较为全面和深入的了解，为制定各种经济决策提供可靠的依据。

第六节 财务分析应注意的问题

财务分析工作错综复杂，对财务管理人员的素质要求很高，对一些财务问题的理解和认识，往往因人的素质不同而得出不同的结论，因此分析时应注意以下问题：

一、企业内部财务人员在分析时应注意的问题

（一）要注意对会计报表的理解

会计报表分析的目的是要用简单明了的数据，表明企业的真实财务状况和经营业绩，因此，企业进行内部的会计报表分析时，不能简单依靠公开发表的会计报表。这主要是基于以下两点考虑：

(1) 公开发表的会计报表需按公认的会计准则和财务通则提供数据资料，有些数据经调整后不能直接、全面地反映企业的现实情况。

(2) 会计报表的数据只能反映企业过去的情况，不能预测未来。这就要求企业内部的有关人员提供更多的内部直接数据资料和企业未来计划或预测数据。

（二）要注意数据资料的可靠性

企业财务分析必须建立在比较健全的会计制度和财务管理组织机构的基础上，这样才能为分析提供比较可靠的数据资料；否则，由于提供的数据资料不充分、不准确，所进行的会计报表分析就会出现判断错误和决策失误。

（三）要注意正确使用分析的标准

财务分析过程中不仅要以本企业的历史情况作为分析的标准，还应以同行业的情况和本地区的平均水平作为标准。注意不要以几个简单的数字或比率做出武断的评价。

二、企业外部有关人员在分析时应注意的问题

（一）要估计企业提供信息的准确性

由于外部人员只能根据企业提供的会计报表进行分析，因此应仔细检查供会计报表分析的各指标、项目是否准确，确无弄虚作假情况后方能作为分析的依据。

此外，对于账簿体系和会计报表指标不够完善的企业，首先应对其提供信息的准确性加以估计和判断，然后在此基础上再进行分析。

（二）不能只注重定量分析，要对有关定性分析的结论给予充分的考虑

财务分析只能反映企业已发生的经济活动和经营业绩，不能直接反映产品的质量、设备性能、职工工作态度等定性情况。因此，在分析时应对上述因素给予充分的考虑。

（三）应注意选择适宜的分析方法

在财务分析过程中，应根据企业的生产经营类别、生产规模、分析目的和问题的重点，恰当地选用适宜的分析方法。在进行分析时，还应确定一个分析顺序，逐步分析，揭

示主要的问题。

（四）要注意对财务比率的评价

财务分析的重点不是计算财务比率，而是将财务比率作为暴露企业问题的线索。计算出来的各种财务比率要加工整理，进行综合分析，如有不正常情况，应进一步核实，查找原因。

本章小结

本章主要从财务分析的特点、要求、内容、方法及应注意的有关问题入手，对财务分析的基础知识做了比较全面的阐述。财务分析是理财工作的重要内容，对于公司的投资者、债权人和管理层了解公司的经营状况和财务状况，进而采取相应的对策，有着十分重要的意义。学习者必须对财务分析的特点、要求、内容、方法及应注意的问题等有一个比较全面的把握，以便为下一步的学习奠定扎实的基础。

复习思考题

1.从投资者、债权人、企业管理者三个角度谈谈财务分析的意义。

2.财务分析应遵循哪些基本要求？

3.财务分析的主要方法有哪些？

4.进行财务分析时应注意哪些问题？

同步练习题

一、单项选择题

1.企业的经营者为了寻求经营管理情报而进行的分析属于（　　）。

A.内部分析　　B.外部分析　　C.流动性分析　　D.收益性分析

2.在财务分析的原则中，（　　）与信息使用者的目的有着密切的联系。

A.明了性原则　　B.相关性原则　　C.实效性原则　　D.收益性原则

3.在财务分析的基本方法中，（　　）是最基础的。

A.趋势分析法　　B.因素分析法　　C.对比分析法　　D.结构分析法

二、多项选择题

1.财务分析的特点有（　　）。

A.事后分析　　B.事中分析　　C.数据分析　　D.结果确切性

2.在进行财务分析时，（　　）是根据分析时间不同划分的。

A.定期分析　　B.全面分析　　C.不定期分析　　D.专业分析

3.在进行财务分析时，（　　）是根据分析内容不同划分的。

A.定期分析　　B.全面分析　　C.专题分析　　D.专业分析

三、判断题

1.财务分析能够为信息使用者的决策行为提供依据，所以其具有事前分析的特点。（　　）

2.财务分析是对已发生的财务状况和结果进行的评价，分析的结果要做到有用、及时。（　　）

3.进行具体分析是财务分析工作的关键。（ ）

四、计算分析题

某公司连续5年的销售收入与净利润如表1-7所示。

表1-7 某公司连续5年的销售收入与净利润 单位：万元

项目	2016年	2017年	2018年	2019年	2020年
销售收入	4 500	5 000	5 000	5 833	7 200
净利润	450	500	400	700	900

要求：

（1）编制该公司的销售收入和净利润趋势表，并进行分析。

（2）说明基年选择应注意的问题。

第一章同步练习题参考答案

案例分析

甘肃电投主要财务指标变动趋势分析案例

第二章

企业资本分析

学习目标

了解资本的构成，掌握负债资本和权益资本的分析方法。

第一节 资产负债表上的资本

如果想通过资产负债表了解企业的财务状况，最好的办法是观察其右侧（贷方）。因为资产负债表的负债、权益部分，反映了企业资本的来源，根据它才能了解企业的全面财务构成——资本构成。

一、权益资本与负债资本

这是根据企业筹措资金（资本）来源的不同进行的分类。

如果是投资人或股东向企业投入的资金，就称为权益资本（自有资本）；由企业通过金融机构或有关方面借入而筹措的资金，就称为负债资本。

二、短期资本与长期资本

这是根据还债期限的长短所进行的分类。短期资本是必须在短期内（一年以内）支付的资金，企业只能在短期内使用。资产负债表上的流动负债就属于短期资本。长期资本的偿还期限较长（一年以上），是企业可永久或长期使用的资本。资产负债表上的非流动负债和所有者权益，就是长期资本。

当企业编制资金计划，或者是分析企业支付能力时，经常使用短期资本和长期资本的概念。

三、实收资本、权益资本与总资本

这是根据企业资本范围的角度所进行的分类。实收资本是企业投资者或股东向企业投入形成的资本，称为企业资本或法定资本金。所谓权益资本（自有资本），是归属于投资者或股东的资本部分，是资产负债表上的资本总额减去负债总额的差额。因此，权益资本（自有资本）除实收资本之外，还要加上资本公积等部分。所谓总资本，是权益资本与负债资本的总额，也就是指资产负债表右侧（贷方）的全部。这说明，企业从事生产经营活动的资金，不仅靠投资者或股东投资，还要从其他方面筹措。当企业将资金投入生产经营活动中时，一般不作权益资本、负债资本的区别，而作为总资本加以看待。当评价企业整体的效益时，就使用总资本这个概念。

第二节 权益资本分析

一、权益资本与负债资本的区别

权益资本与负债资本是形成企业资产的两大来源，但两者在企业的责任、承担的风险、权利及利益分配上有许多区别。

（一）参与企业经营管理权不同

企业的投资者对企业投入的资本金越多，形成权益资本越大，拥有权益越多，对企业经营管理权就越大；而债权人与企业只有债权债务关系，负债资本的多少，只能说明债权人拥有的债权，但债权人并不能参与企业的经营管理。

（二）与企业经营效益的关系不同

权益资本决定着投资者享有企业利润分配的多少，企业经营效益越好，权益资本分得的利润越多，反之越少，如果企业亏损，持有权益资本的投资者还要分担亏损；而拥有负债资本的债权人对企业只有事先约定的要求还本付息的权利，与企业经营效益无任何关系，企业即使亏损，仍要按要求与负债资本的多少给债权人偿还本息。

（三）使用时间不同

权益资本在企业生产经营期间，除依法转让外，是不允许随便抽回的，除非企业经营终止。对于股份有限公司，股票售出后具有不返还性，只能转让，不能退股。所以，权益资本是企业可长期使用的资金，而负债资本都有规定的偿还期限。基于此，权益资本一般用于固定资产的投资，而负债资本多投资于像流动资产那样的短期经营资产。

（四）企业破产时清算的权利不同

权益资本体现了投资者对企业净资产的索求权，而负债资本则体现了债权人对企业资产的索偿权。企业一旦破产，首先清偿债务，偿债后有剩余才能分配给投资者。

一般来说，权益资本越多，负债资本越少，企业的财务状况越好。特别是从债权人的立场来看，可担保负债资本的就是权益资本。因此，可以认为权益资本越多，偿还负债资本以及支付利息的能力越强。也就是说，当权益资本多的时候，负债资本的安全性就越大。从企业的立场来看，权益资本越多，说明企业的安全性越好，因为权益资本没有偿还期限，可以安心使用；如果负债资本多，支付利息、还债等必然增加，企业的安全性也会下降。

二、权益资本的内容

从资产负债表上观察，权益资本由实收资本、资本公积、盈余公积、未分配利润四项构成。

（一）实收资本

实收资本即企业设立时在市场监管部门登记注册的资本，故也称资本金，是投资者按照合同、协议或企业申办书中所规定的注册资本及其在资本总额中所占比例实际缴付给企业的出资额。企业的各方投资人，可以实物、货币以及无形资产等形式投入其认缴的出资额。我国境内企业所有制性质不同，经营形式多种多样，但不管哪种性质的企业，其实收资本一般可分为国家投资、法人投资、个人投资和外商投资等。

（二）资本公积

资本公积包括资本溢价、长期股权投资权益法下被投资单位资本公积发生变动、可供出售金融资产的公允价值变动、以权益结算的股份支付、可转债的转换权价值、认股权证等。

（三）盈余公积

盈余公积是指企业按照规定从净利润中提取的各种积累资金。公司制企业的盈余公积分为法定盈余公积和任意盈余公积，两者的区别就在于其各自计提的依据不同，前者以国家的法律或行政规章为依据提取；后者则由企业自行决定提取。

（四）未分配利润

未分配利润是企业留待以后年度进行分配的结存利润，也是企业所有者权益的组成部分。相对于所有者权益的其他部分来讲，企业对于未分配利润的使用和分配有较大的自主权。从数量上来讲，未分配利润是期初未分配利润加上本期实现的净利润，减去提取的各种盈余公积和分出利润后的余额。

三、权益资本的分析

当分析权益资本的时候，一般都将权益资本与负债资本的比率作为分析的基础。比较常用的分析公式如下：

（一）权益资本构成比率

$$\text{权益资本构成比率}=\frac{\text{权益资本}}{\text{总资本}}\times 100\%$$

$$\text{权益资本负债比率}=\frac{\text{权益资本}}{\text{负债资本}}\times 100\%$$

一般来说，企业比较理想的状况是，权益资本构成比率为50%以上，权益资本负债比率为100%以上。但是，根据具体情况，低于上述比率，企业也未必有危险，这里涉及如何正确进行负债经营的问题。

（二）资本金安全率

资本金是承担企业风险、分担企业损益的母体资本。其安全率可用下列比率判定：

$$\text{资本金构成比率}=\frac{\text{资本金}}{\text{总资本}}\times 100\%$$

$$\text{附加资本对资本金比率}=\frac{\text{附加资本}}{\text{资本金}}\times 100\%$$

一般来说，在企业总资本中，资本金所占比重越大，说明企业的财务状况越好，这对企业是有益的，但也不绝对。

附加资本对资本金比率的经济含义，需从附加资本的分析入手进行理解。附加资本是扣除资本金（实收资本）外的权益资本，主要是靠企业利润留存等活动而增加的资本部分。附加资本不像资本金那样须向投资者分配利润，而且筹措附加资本既无须支付费用，又不花费时间，在分配使用上又具有相当的自由。因此，在总资本中，附加资本越多越好。附加资本由于可按一定程序转增资本金，因此对资本金具有强化作用。这样，无论是投资者，抑或债权人，附加资本多，就意味着资本金担保牢靠，债权人的债权比较安全。从企业的立场来看，附加资本多，就表示企业自身的效益好，利润率高，应付危机的能力强。如果附加资本很充足，即使企业发生了亏损，也可以用附加资本来弥补亏损，这样资本金就不至于损失。附加资本对资本金的比率表示资本金的安全性。因此，这个比率也称为资本金安全率、实收资本安全率。从这个意义上理解，该比率当然高一些好。

【例2-1】某企业资产负债简表上的有关数据见表2-1。

表2-1 某企业资产负债简表 单位：万元

项目	年初余额	年末余额
流动负债	6.3087	20.21
非流动负债	21.94	21.2
所有者权益	70.0123	83.649
其中：		
实收资本	50	60
资本公积	10.7	11.7
盈余公积	8.2423	10.359
未分配利润	1.07	1.59

根据表2-1资料，计算有关指标如下：

1.权益资本构成比率

年初：$\frac{70.0123}{70.0123+6.3087+21.94}\times100\%=71.25\%$

年末：$\frac{83.649}{83.649+20.21+21.2}\times100\%=66.89\%$

2.权益资本负债比率

年初：$\frac{70.0123}{6.3087+21.94}\times100\%=247.84\%$

年末：$\frac{83.649}{20.21+21.2}\times100\%=202.00\%$

3.资本金构成比率

年初：$\frac{50}{70.0123+6.3087+21.94}\times100\%=50.88\%$

年末：$\frac{60}{83.649+20.21+21.2}\times100\%=47.98\%$

4.附加资本对资本金比率

年初：$\frac{70.0123-50}{50}\times100\%=40.02\%$

年末：$\frac{83.649-60}{60}\times100\%=39.42\%$

根据上述指标的计算结果，我们可以得出如下结论：

(1) 从权益资本构成比率和权益资本负债比率来看，说明该企业权益资本数量较多，情况比较理想，无论从年初还是年末观察，权益资本都在负债资本的两倍以上，但如果从负债经营的角度看企业的发展，企业还有很大的负债潜力，应该加以充分利用。

(2) 从资本金安全率角度看，企业状况也基本可以，但附加资本对资本金比率稍低了些。

(3) 从整体上观察，该企业的权益资本状况属于正常范畴，但如果将年初各指标与年末各指标比较分析，年末指标均出现下降趋势，尽管幅度不大，也应引起企业注意，以防患于未然。

第三节 负债资本分析

一、负债资本的内容

负债资本由如下两部分内容组成：

（一）流动负债

流动负债也叫短期负债资本，通常需在一年或超过一年的一个营业周期以内偿还或支付。流动负债包括从银行借入的短期借款、结算中形成的应付及预收款项、应付票据、应交税费、应付利息、应付职工薪酬和其他应付款等。下面择其主要项目略加说明。

1.短期借款

短期借款是指企业为了补充流动资金不足而向银行和其他金融机构借入的期限在一年以内用于生产经营的各种借款，主要包括临时借款、结算借款、周转借款、专项储备借款等，是流动负债的主体。

2.应付票据

应付票据是指企业根据购销合同进行延期付款的书面凭据。采用汇票结算时，它是购货方签发承兑汇票（包括商业承兑汇票和银行承兑汇票）后所构成的一种债务，承兑企业负有到期无条件支付票款的责任。未到期前，则形成企业的负债资本。

3.应付款项

应付款项是指企业因购买商品、材料物资和接受劳务供应等业务应付给供应单位的款项。其在负债资本的形成过程中占有一定的地位。

4.预收款项

预收款项是指企业按照合同规定向购货单位或个人预收的部分货款和定金，包括企业出口商品预收国外的外汇货款和定金。

5.应付职工薪酬

应付职工薪酬是指企业应付未付给企业职工的各种工资、奖金、津贴等。应付职工薪酬在未付之前，客观上形成企业的一项资金来源，因此构成负债资本。

（二）非流动负债

非流动负债又叫长期负债或长期负债资本，是指企业在一年或超过一年的一个营业周期以上到期必须偿还的负债。举借长期负债能够筹集企业扩大生产经营规模所需资金，但同时也形成了现时的债务，企业必须于偿还期满时以资产或劳务偿还。企业举借长期负债主要基于以下两点考虑：

（1）企业为扩大经营规模，须购置大量固定资产而占用大量资金，这笔资金是需长期占用的。如果单靠企业内部积累，需要时间太长，就会导致错失企业发展时机。

（2）长期负债与接受投资不同，债权人无权参与企业经营管理，无权参与企业的盈利分配，因此，采取长期负债筹资，不会影响筹资企业的控制权和本身的利益，并能保持股份有限公司的股票价格稳定。但由于长期负债的利息是企业一项长期性固定支出，会给企业带来一定的风险，必须结合市场变动情况予以考虑。

企业的长期负债一般可分为长期借款、应付债券、长期应付款和其他非流动负债四大类。下面简要加以阐述：

1.长期借款

长期借款是指企业在筹建期间进行基本建设或开业以后扩大业务经营以及进行更新改造需要增加固定资产时，自有资产不足而向金融机构和其他单位借入的偿还期在一年或超过一年的一个营业周期以上的债务。目前我国企业的长期借款主要是从金融机构借入。

2.应付债券

债券是企业为了筹集长期资金依照法定程序公开发行、保证在一定期限内还本付息的具有一定价值的证明文件。

债券也是企业一种重要的长期负债资本，它同样具有期限长、利息固定、数额大的特点，但与长期借款相比，债券可以从非银行的各单位、个人筹措，并可以在金融市场上流通转让。

3.长期应付款

长期应付款是指企业除长期借款和应付债券以外的其他各种长期应付款，包括采用补偿方式引进国外设备价款、应付融资租入固定资产的租赁费等。

4.其他非流动负债

其他非流动负债是指除前面所述的长期借款、应付债券、长期应付款以外的偿还期在一年以上的负债，目前主要有住房周转金和国家专项拨款。

二、负债资本的分析

负债资本的分析主要从以下四方面进行：

（一）负债资本构成分析

$$负债资本构成比率=\frac{负债资本}{总资本}\times100\%$$

$$负债资本比率=\frac{负债资本}{权益资本}\times100\%$$

一般认为，在企业的全部资本中，负债资本越少，企业状况越好。但是，根据其构成内容，有负债资本也未必就一定有危险，这主要取决于企业如何操作和市场的变化情况。

（二）负债资本安全率分析

$$负债资本安全率=\frac{资本金}{负债资本}\times100\%$$

上式表明资本金相对于负债资本的比重。由于资本金对于负债资本来说是最确实的保证，所以，这个比率表示负债资本的安全率。

（三）长期负债的分析

长期负债主要对固定资产等经营设备进行投资，回收期较长。通常，只有那些风险性小的企业或收益情况大致稳定的企业，才能利用巨额的长期负债。可根据以下比率判断长期负债的过多与不足：

（1）$长期负债构成比率=\frac{长期负债}{总资本}\times100\%$

（2）$长期负债对流动负债比率=\frac{长期负债}{流动负债}\times100\%$

上述比率主要侧重于长期负债的构成情况，比率值相对高一些被认为是有利的。

（3）$长期负债对负债资本比率=\frac{长期负债}{负债资本}\times100\%$

该比率反映负债资本中长期负债所占的比重。如果流动负债少而长期负债多，则表明企业的安全性好，因此，一般认为这个比率高为好。

（4）$固定资产对长期负债比率=\frac{固定资产}{长期负债}\times100\%$

该比率反映相对于长期负债固定资产的多少。因为固定资产担保着长期负债，所以，这个比率表示长期负债的安全率。

（四）流动负债的分析

流动负债通常是一年以内的短期负债，多数不必支付利息。当经营活动活跃时，流动负债相应就多，在这种情况下，销售额和流动资产也增多，因此，偿还流动负债不存在困难。可根据以下比率判断流动负债的过多或不足：

（1）$流动负债构成比率=\frac{流动负债}{总资本}\times100\%$

（2）$流动负债对非流动负债比率=\frac{流动负债}{非流动负债}\times100\%$

以上比率反映的是流动负债的构成情况。与长期负债相反，比率值相对低一些被认为是有利的。

（3）$流动负债对负债资本比率=\frac{流动负债}{负债资本}\times100\%$

该比率反映负债资本中流动负债所占的比重。如果从企业安全性的角度来看，这个比率低为好。

【例 2-2】根据表 2-1 资料及补充资料：年初固定资产为 63.1 万元，年末固定资产为 88.99 万元，计算有关指标如下：

1. 负债资本构成比率

年初：$\frac{28.2487}{98.261}\times100\%=28.75\%$

年末：$\frac{41.41}{125.059}\times100\%=33.11\%$

2. 负债资本比率

年初：$\frac{28.2487}{70.0123}\times100\%=40.35\%$

年末：$\frac{41.41}{83.649}\times100\%=49.50\%$

3.负债资本安全率

年初：$\frac{50}{28.2487}\times100\%=177.00\%$

年末：$\frac{60}{41.41}\times100\%=144.89\%$

4.长期负债构成比率

年初：$\frac{21.94}{98.261}\times100\%=22.33\%$

年末：$\frac{21.2}{125.059}\times100\%=16.95\%$

5.长期负债对流动负债比率

年初：$\frac{21.94}{6.3087}\times100\%=347.77\%$

年末：$\frac{21.2}{20.21}\times100\%=104.90\%$

6.长期负债对负债资本比率

年初：$\frac{21.94}{28.2487}\times100\%=77.67\%$

年末：$\frac{21.2}{41.41}\times100\%=51.20\%$

7.固定资产对长期负债比率

年初：$\frac{63.1}{21.94}\times100\%=287.60\%$

年末：$\frac{88.99}{21.2}\times100\%=419.76\%$

8.流动负债构成比率

年初：$\frac{6.3087}{98.261}\times100\%=6.42\%$

年末：$\frac{20.21}{125.059}\times100\%=16.16\%$

9.流动负债对非流动负债比率

年初：$\frac{6.3087}{21.94}\times100\%=28.75\%$

年末：$\frac{20.21}{21.2}\times100\%=95.33\%$

10.流动负债对负债资本比率

年初：$\frac{6.3087}{28.2487}\times100\%=22.33\%$

年末：$\frac{20.21}{41.41}\times100\%=48.80\%$

根据上述指标计算结果，初步进行如下分析：

（1）从负债资本的构成比率来看，年初为占总资本的28.75%，年末为33.11%，上升了4.36%，负债资本比率也同时上升了9.15%（49.50%-40.35%）。仅从数字变化情况分析，说明该企业的负债资本在增加，意味着企业风险程度在加大，应引起企业的注意。但如果结合其他有关情况分析，说明负债资本的增加是在企业可承受的范围之内，也不必大惊小怪。

（2）从负债资本安全程度的角度观察，该企业年初负债资本安全率为177.00%，年末降至144.89%，下降了32.11%，下降幅度为18.14%（32.11%÷177%×100%），应该说下降速度快了一些，这说明该企业负债资本的增长超过了资本金的增长，此种趋势如不加以必要控制，会对企业财务状况产生不良影响。

（3）从长期负债角度分析反映长期负债状况的三个指标，即长期负债构成比率、长期负债对流动负债比率和长期负债对负债资本比率，均呈现下降趋势，说明企业在流动负债和长期负债的比例安排上有些失衡，估计企业在筹措长期负债时遇到了困难。企业应该尽快扭转这种负债结构不尽合理的局面，或采取必要的措施加以补救。

而从固定资产对长期负债比率这一指标来看，年末较年初上升了132.16%，这种趋势显然是比较理想的，当然这里面包含了固定资产上升的同时，长期负债反而下降的因素的影响。但如果仅从长期负债安全性的角度理解，这种趋势是应给予肯定的。

（4）最后从流动负债的分析结果来看反映流动负债状况的三个指标，年末均较年初上升，这与流动负债比较理想的状况相比存在着一定的差距，可能会对企业的支付能力、周转状况产生一定的不良影响，这也间接印证了该企业长期负债的变化存在着某些不合理因素。

总之，该企业负债资本的变动趋势应该说弊大于利。尽管暂时我们还无法肯定这种现象会对企业产生哪些影响，但如果这种趋势长期保持下去，对企业的长远发展肯定是没有好处的。

本章小结

本章主要从资本筹措的角度讲述了企业的资本构成，并在此基础上介绍了权益资本与负债资本的分析。这些分析主要借助若干指标进行，从权益资本的分析来看，共涉及4个指标，它们的共同特点是指标值相对高一些，对企业是有利的；从负债资本的分析来看，共涉及10个指标，有的指标值高一些对企业有利，有的指标值低一些对企业有利。大家在利用这些指标对企业资本进行分析时，一定要采取辩证的态度。比如，权益资本负债率高一些对企业有利，但低一些也不能说企业肯定就出现问题，关键是看企业整体状况如何。这些随着学习的逐渐深入，大家会有更深刻的理解。

复习思考题

1.可以从哪些方面理解企业的资本构成？

2.怎样进行权益资本的分析？

3.负债资本的分析包括哪些内容？

同步练习题

一、单项选择题

1.投资人或股东向企业投入的资金，属于（　　）。

A.负债资本　　B.权益资本　　C.短期资本　　D.长期资本

2.下列指标更能说明企业资本金的安全性的是（　　）。

A.权益资本构成比率　　B.权益资本负债比率

C.资本金构成比率　　　　　　　　D.资本金安全率

3.下列项目不属于流动负债的是（　　）。

A.应付票据　　　B.应付账款　　　C.应付工资　　　D.应付债券

二、多项选择题

1.企业筹措的资金按其来源分为（　　）。

A.权益资本　　　B.负债资本　　　C.短期资本　　　D.长期资本

2.企业的资本根据还债期限的长短分为（　　）。

A.权益资本　　　B.负债资本　　　C.短期资本　　　D.长期资本

3.长期负债一般可分为（　　）。

A.长期借款　　　B.应付账款　　　C.应付工资　　　D.应付债券

三、判断题

1.资产负债表上的负债和权益资本都属于长期资本。（　　）

2.在建工程属于企业的资本，因此是企业的经营资本。（　　）

3.企业的资本公积可用来弥补亏损。（　　）

四、计算分析题

某公司简化的资产负债表如表2–2所示。

表2–2　　　　资产负债表（简表）　　　　单位：万元

项目	年初数	年末数
流动资产：		
速动资产	1 750	1 500
存货	2 000	2 250
固定资产	9 065	9 560
资产总计	12 815	13 310
负债：		
流动负债	2 325	880
长期负债	910	1 225
所有者权益：		
实收资本	2 500	2 500
资本公积	500	500
盈余公积	615	980
未分配利润	5 925	7 225
负债及所有者权益合计	12 815	13 310

要求：

（1）计算权益资本分析和负债资本分析的有关指标。

（2）根据计算结果进行相应的分析评价。

第二章同步练习题参考答案

延伸阅读

股东（所有者）权益与债权人权益的区别

第三章

企业资产分析

学习目标

了解资产的构成，掌握流动资产和固定资产的分析所使用的指标，能够比较全面地进行企业资产的分析。

企业的资产构成，根据企业的种类、规模、经营情况的不同，具有很大差别。研究企业的资产构成，可以了解企业的特点及经营状态。通过资产负债表可以分析企业的资产构成。

资产负债表的借方（左侧），叫作资产部分。一般认为，它表示企业的财产内容，但不能将其理解成企业财产的全部。因资产负债表是根据企业的正规会计记录，为了测定企业的经营成果而编制的，它并没有把企业的全部财产表示出来。具体地说，资产负债表的资产部分反映了企业资金的运用状态，也就是说，对资金投入后的使用形态所下的定义就是资产。

第一节 流动资产分析

一、流动资产的内容

企业的流动资产是指可以在一年或者超过一年的一个营业周期内变现或者运用的资产，即随着企业的生产经营活动而流入、流出的流动性高的资产。与固定资产相比，流动资产具有流动性较强的特点，即在不贬值的情况下，变现所需时间短、速度快。

（一）货币资金

货币资金包括库存现金、银行存款和其他货币资金。随着企业日常经营活动的开展，不断发生货币资产的收入和支出，如取得销售收入及其他收入，用于支付工资、购买原材料和固定资产、支付税金、偿还债务、发放红利等。频繁的流入和流出使货币资金成为流动资产中最活跃的因素，构成了企业财务活动的主体。货币资金的短缺，将给企业的资金周转带来困难和增加财务风险。

（二）应收和预付款项

应收和预付款项是企业之间的一种商业行为，属于企业的流动债权。该债权的增加，可以扩大销售，增加利润，但同时也增加了坏账风险；该债权的减少，固然能减少坏账损失，但势必影响销售，从而降低利润。因此，确定应收和预付款的规模，制定适当的信用政策，掌握合理的收款方针，对企业有很重要的意义。

应收和预付款项主要由应收票据、应收账款、预付账款、其他应收款、预交所得税等项目组成。

（三）应收票据

应收票据是指企业因销售商品、提供劳务而收到的商业汇票。分析人员应当关注企业持有的应收票据类型，是商业承兑汇票还是银行承兑汇票，如果是后者，因为银行是承兑人，基本不存在拒付，所以应收票据的质量是可靠的，但如果是前者，则应关注企业债务人的信用状况，看是否存在到期不能偿付的可能性。

（四）交易性金融资产

交易性金融资产是指企业为交易目的而持有的债券投资、股票投资和基金投资。

交易性金融资产持有的目的是近期内出售获利，所以交易性金融资产应当按照公允价值计价。对交易性金融资产进行分析时，首先，应当关注企业划分为该类别的资产是否与上述目的相符，如果企业持有该资产很长时间后没有出售，应当核实企业对该资产的分类是否正确；其次，应当关注资产在分析时的公允价值与报表上的数据是否一致，如果不一致，应该分析该交易性金融资产价值的变动是暂时性的还是可持续的；最后，应当获取最近时期的交易性金融资产的公允价值数据，增加分析的可靠性。

（五）存货

存货是指企业拥有的、在生产经营过程中可供销售或者耗用而储备的一切商品和货物。存货是企业流动资产的重要组成部分，在一般的企业，存货占据流动资产的主要部分，并且经常处于不断销售、耗用和重置的过程中，是一种流动性非常大的资产。存货是一种必要的储备，储备适量的存货，可以保证企业生产过程中销售和耗用的实时需要，可以为企业生产和销售创造有利的机会。但存货过量必然会造成资金的积压和浪费，将对企业产生不利的影响。

存货主要由原材料、燃料、在产品、产成品、库存商品等组成。

二、流动资产的构成分析

流动资产是企业持续性经营活动所必要的运转资产。流动资产多数为现金或能较快变成现金的资产。所以，流动资产多，企业的安全性就好。流动资产的构成分析常用以下比率：

$$\text{流动资产构成比率}=\frac{\text{流动资产}}{\text{总资产}}\times 100\%$$

这一比率主要是判断流动资产的金额是否适当，从企业安全性角度看，该比率应该高一些。

$$\text{流动资产对固定资产比率}=\frac{\text{流动资产}}{\text{固定资产}}\times 100\%$$

流动资产对固定资产比率是流动资产现值与固定资产现值的比。在流动资产内部，如果商品、产成品等存货及应收账款等所占比重过大，将是危险的。为了判断有没有这种危险，或者这种危险的程度如何，就要研究该比率。从这个意义上说，比率高是有利的，但也不是越高越好。

$$存货资产构成比率=\frac{存货}{总资产}\times100\%$$

存货是提高企业收益的直接手段，其数额过大或不足都是不恰当的。作为存货资产，如果过大，就要耗用过多的资金和费用；如果过少，又会出现生产经营上的困难。一般来说，通过该比率，特别是前后时期的对比，可以了解企业持有存货的适合程度。

$$应收账款对存货资产比率=\frac{应收账款}{存货}\times100\%$$

该比率可以判断存货资产与应收账款的比例是否合适。由于应收账款与存货资产是成比例变动的，因此，如果这个比率低，表示企业销售不好，存货资产过大。相反，如果这个比率高，则说明企业销售旺盛，存货资产低。但这时一定要与应收账款的回收情况结合起来考虑。

$$速动资产构成比率=\frac{速动资产}{总资产}\times100\%$$

速动资产是可以迅速转换成为现金或已属于现金形式的资产，计算方法为流动资产减去变现能力较差且不稳定的存货、预付账款、一年内到期的非流动资产和其他流动资产等之后的余额。也就是说，存货、预付账款、一年内到期的非流动资产和其他流动资产不属于速动资产。使用该比率的目的主要是判断企业速动资产的多余或不足。如果企业有充足的速动资产，就能得到企业职工或交易对方的信任，生产经营活动就能顺利进行。同时，金融机构也会在贷款上予以支持。但是，速动资产如果超过一定限度而过多，也会造成企业生产经营上的松散，以至出现浪费等现象，甚至产生对资金的不法行为，有时也可能掩盖有问题的贷款。

简言之，流动资产的构成分析，实质就是研究流动资产数额的大小。从企业安全性的观点来看，希望流动资产，特别是速动资产多。但从收益性观点来看，并不希望流动资产过多。企业为了扩大收益，一定要使流动资产迅速周转，并尽量压缩其规模。如果流动资产的金额减少，就可以减少存货等的保管费用和利息，收益性就增大了。

三、流动资产运用状况的分析

流动资产运用状况的分析主要是研究流动资产结构变化是否合理，与销售收入增减变化的对比是否正常，运用效果是否良好。

（一）流动资产结构变化的分析

流动资产结构变化的分析，是对企业各项流动资产的比重所进行的分析，也就是将流动资产分类，然后运用结构分析法，分析研究各项流动资产比重大小及其变化情况，从而评价流动资产结构变化是否合理，促使企业优化资产结构，保证生产经营任务的完成。

在分析流动资产结构时，一般重点分析速动资产中的货币资产和应收账款，原则上在全部流动资产中，盘存资产（存货）应占有较大的比重，而各项应收账款的比重应相对小些，这样的结构可以认为是比较合理的结构，当然，还要具体分析存货和应收账款的周转情况。现举例分析如下：

【例 3-1】某企业流动资产有关资料见表3-1。

表3-1 某企业流动资产相关资料 金额单位：万元

项目	本年度		上年度		结构变动		增减速度（%）
	金额	比重（%）	金额	比重（%）	金额	比重（%）	
1	2	3	4	5	6=2-4	7=3-5	8=6÷4
货币资金	80	5.52	78	5.64	2	-0.12	2.56
应收账款	320	22.07	305	22.05	15	0.02	4.92
存货	1 050	72.41	1 000	72.31	50	0.1	5
流动资产合计	1 450	100	1 383	100	67	—	4.84
销售收入	14 500	—	11 800	—	2 700	—	22.88

从表3-1来看，该企业本年度存货较上年度增长了50万元，比重也上升了0.1%，这可能是生产经营规模扩大的结果，是否如此，可结合进一步分析加以说明；货币资金的金额增长了2万元，但比重下降了0.12%，如未影响企业财务状况，也是允许的；应收账款无论是金额和比重都上升了，分别上升了15万元和0.02%，应引起企业注意，防止出现债权逾期不能收回问题。

（二）流动资产增减速度的分析

流动资产增减速度的分析，是用期末全部和各项流动资产增减速度指标与销售收入增减变动指标进行对比。一般来说，只要全部流动资产的增长速度低于销售收入的增长速度，存货的增长速度也低于销售收入的增长速度，应收账款的增长速度低于存货的增长速度，这样便说明企业以较少的流动资产完成了较多的生产经营任务，这是合理使用资金、加速资金周转的良好标志。

根据表3-1，该企业全部流动资产、其中的应收账款和存货的增长速度分别为4.84%、4.92%、5%，均低于销售收入的增长速度，符合上述提到的情况，说明该企业资金运转良好。

四、流动资产主要项目的分析

（一）货币资金的分析

1.现金收支分析

现金收支分析是对现金收支计划及其执行结果所做的分析。

现金收支计划主要是根据企业年度经营计划或生产财务计划编制的，可按年度、季度、月度分别制订，也可按年度分季、季度分月的方式制订。在执行中，还可视情况对原有计划做某些调整。现金收支计划的格式可分为三种：第一种是经常性现金收支计划；第二种是投资性现金收支计划；第三种是将两者结合在一起的综合性收支计划。综合性计划应按年度编制，而前两种可按季度或月度编制。

现金收支分析表的格式与现金收支计划表基本相同，二者的区别仅在于现金收支计划表中的金额一栏，在现金收支分析表中应改为三小栏：计划金额、实际金额、完成百分比，以便逐项进行对比分析和综合分析，目的在于考核现金计划的执行情况、现金收支平衡状况，分析现金收支差异的程度和原因，判断各项收支的合理性，以寻求改善现金管理、保证生产流通需要的途径。

现金收支分析表的格式参见表3-2、表3-3。

表3-2 经常性现金收支分析表的格式 金额单位：元

收入项目	金额			支出项目	金额		
	计划	实际	完成（%）		计划	实际	完成（%）
1.产品销售收入				1.工资性支出			
2.其他销售收入				2.材料能源支出			
3.营业外收入				3.管理费用			
4.固定资产变价收入				4.销售费用			
5.收回应收款				5.财务费用			
6.上级拨入				6.其他货币性支出			
（1）专项拨款				7.上交款			
（2）其他补助				（1）上交所得税			
				（2）上交销售税金			
				（3）上交其他税费			
				8.归还应付款			
				9.归还上期银行借款			
本期收入合计				本期支出合计			
期初实有现金余额				偿还本期借款			
本期追加借款				期末现金结存			
收入项合计				支出项合计			

表3-3 投资性现金收支分析表的格式 金额单位：元

收入项目	金额			支出项目	金额		
	计划	实际	完成（%）		计划	实际	完成（%）
1.自筹投入				1.购置固定资产			
2.联营投入				2.建筑安装工程			
3.集资投入				3.其他基建支出			
4.上级拨入				4.对外直接投资			
5.基建借款				5.长期证券投资			
6.其他收入				6.其他支出			
收入项合计				支出项合计			

2.现金存量分析

现金存量分析是对经常性现金保有量所做的分析，目的在于寻求最适度的现金保有量，既满足经营需要，又节约占用成本。

众所周知，企业在生产经营中必须保有一定数量的现金。现金保有量过少，影响生产周转；现金保有量过多，则加大占用成本。因此，西方学者借用存货管理中的经济订货模型，提出最佳现金存量模型。

在这一模型中，已知取得库存现金的主要来源为出售有价证券和借款，设想的现金存量的成本有二：一是转换成本，即出售一次证券或借款一次所需的手续费等费用，它仅与转换次数有关，而与转换金额无关；二是持有成本，即为保有现金而损失的证券利息收入或应支付的借款利息，它具有机会成本性质，属单位变动成本。若企业能找到一个合理的现金留存量，使总转换成本与总持有成本之和最小，则效果最佳。通过微分学求极值公式可导出以下最佳现金存量模型：

$$C=\sqrt{\frac{2FT}{K}}$$

式中：C为最佳现金存量（原有的加新增的）；F为现金转换成本（转换一次的成本）；K为现金持有成本（按单位成本或百分比计）；T为本期现金净需要量（支出减收入）。

【例3-2】某企业预计半年内需现金7.5万元，每次转换成本为26元，借款利率为5.04%（半年期利率），则最佳现金持有量为：

$$C=\sqrt{\frac{2\times 26\times 75\,000}{0.0504}}=8\,796.64\text{（元）}$$

为测算现金存量的总成本，可用下式：

$$\text{现金存量总成本（TC）}=\frac{C}{2}\cdot K+F\cdot\frac{T}{C}$$

本例计算结果为：

$$TC=\frac{8\,797\times 0.0504}{2}+26\times\frac{75\,000}{8\,797}=443.35\text{(元)}$$

$$\text{最佳转换次数}=\frac{\text{现金净需要量}}{\text{现金最佳存量}}=75\,000\div 8\,797=8.5\approx 9\text{（次）}$$

应当指出，现金存量模型中假定的现金净流出是均衡发生的，事实上很难做到。因而，此模型的运用有很大局限性，仅作为分析参考之用。

3.现金流量分析

现金流量分析是对未来一定期间内现金净流量（流入量减流出量）的预计和分析。通常，这种分析是与投资分析有关的。

企业现金流入的主渠道是销售收入。现金流出包括费用成本支出、利息支出和税金等。固定资产折旧计入费用成本，但不增加现金支出，实际上视同一笔现金流入。使用不同的折旧方法，对于现金流量会产生不同影响。

【例3-3】某企业预计每年现金收入为3万元，支出为0.8万元，其固定资产尚可用4年，需提取的折旧总额为4万元。若所得税税率为25%，年复利率为10%，试比较按直线法折旧和按年数总和法折旧对企业现金流量的影响。

按照直线折旧法：

税前现金年净流量=30 000−8 000=22 000（元）

年折旧额=40 000÷4=10 000（元）

年所得税税额=（22 000-10 000）×25%=3 000（元）

每年现金净流量=净利润+折旧回收额

=（22 000-10 000-3 000）+10 000=19 000（元）

在此基础上，再计算4年现金净流量的现值（即“净现值”）。

4年净现值合计=19 000×3.1699=60 228.10（元）

按照年数总和法，其现金流量的计算见表3-4。

表3-4 现金流量的计算（年数总和法） 单位：元

项目	第一年	第二年	第三年	第四年	合计
税前现金净流量	22 000	22 000	22 000	22 000	88 000
折旧	16 000	12 000	8 000	4 000	40 000
计税所得	6 000	10 000	14 000	18 000	48 000
年所得税税额	1 500	2 500	3 500	4 500	12 000
净利润	4 500	7 500	10 500	13 500	36 000
加：折旧回收额	16 000	12 000	8 000	4 000	40 000
现金净流量	20 500	19 500	18 500	17 500	76 000
折合现值	18 636	16 116	13 899	11 953	60 604

因60 604元>60 228元，故按年数总和法，现金净流量增大，但如果税务部门要求按直线折旧法调整计税所得，则按直线折旧法与按年数总和法的现金流量净现值相同。

4.现金比率分析

现金比率分析是用现金期初余额或平均余额与有关指标相比较而做出的分析。常用的现金比率分析指标有：现金比率和现金周转率。此类指标将在第七章详细论述。

（二）应收账款的分析

传统的计划经济体制强调资金的计划分配和商品交易中的“钱货两清”原则，将企业应收款项的发生看作是短期的、偶发的。我国向市场经济体制过渡后，直接投入市场的商品购销量、资金供求量空前增加，结算环节上占用资金的比重加大。而企业为了在激烈的竞争中获胜，也需要运用赊销等手段打开销路，从而使应收账款数额增加、时间延长。应收账款的管理涉及资产、负债、损益各个方面，其在企业财务管理中的地位与日俱增。目前，不少企业被“三角债”所困扰，更证明应收账款的管理具有重要的现实意义。

应收账款管理的主要手段，是就应收账款开展财务分析，并据以对应收账款进行调控。应收账款分析还应与商业信用策略分析相结合方能奏效。

1.应收账款成本效益分析

应收账款的发生有主动和被动之分。对于主动发生者（即采用赊销策略者）尤其应做好成本效益分析。只有在预计应收账款收益大于成本时，才适宜使用进取性应收账款策略。

应收账款的成本主要有三项：管理成本，指组织、管理应收账款所发生的费用，如收集客户信用状况的费用、收账费用等；机会成本，指因资金占用于应收账款而失去其他投资机会的损失，其最低标准为存款利息；坏账成本，指因无法收回应收账款而造成的坏账损失。

企业应收账款的收益具有机会收益性质，主要有两项：增售收益，指因赊销而增加的销售净收入或边际贡献（销售收入减变动成本）；节支收益，指因减少存货占用、加速存货周转而带来的费用节约额，如仓库保管费、保险费的节约等。

应收账款成本效益分析的重点在于分析、比较应收账款的机会成本和机会收益，计算机会所得。当机会所得大于零时，方案可取。因此，这种分析带有很大的预测成分。

以下各项分析的目的都是为降低应收账款成本或增加应收账款收益服务的。

2.应收账款的数量分析

企业应收账款占用金额的多少和占用期的长短，是应收账款分析中必须首先加以考虑的。常用的分析指标如下：

（1）应收账款平均占用额。这一指标用于衡量应收账款占用水平的高低。当其他条件不变时，占用额低好。

①预计应收账款平均占用额。它是用来比较应收账款成本和收益的基础指标，主要供预测用。其公式为：

$$应收账款平均占用额=\frac{本期销售收入\times赊销比例\times平均收现期}{本期日历天数}$$

【例3-4】某日化公司2021年计划销售额为2 400万元，预计有40%为赊销，平均收现期为1个月，则年度应收账款平均占用额为：

$$应收账款平均占用额=\frac{2\,400\times40\%\times30}{360}=80（万元）$$

②实际应收账款平均占用额（或平均余额）。

应收账款平均余额的计算公式为：

$$本月应收账款平均余额=\frac{月初应收账款余额+月末应收账款余额}{2}$$

将各月平均余额相加，再除以12，即可求出年度平均余额。

（2）应收账款周转率和应收账款平均占用期。该类指标将在第七章详细论述。

3.应收账款的质量分析

对应收账款的质量应适时展开分析。应收账款的质量分析，主要是分析各项应收账款可回收的程度及其可能发生的损失。常用的方法有账龄分析法、客户排队法等。

（1）账龄分析法。分析计算应收账款各明细账户的账龄分布情况，以便采取对策。应收账款账龄分析简表见表3-5。

表3-5 应收账款账龄分析简表

账龄（天数）	户数	占总数的百分比（%）	金额（万元）	占总金额的百分比（%）
0~10	50	42	832	52
11~30	25	21	320	20
31~45	16	13	208	13
46~60	7	6	32	2
61~90	9	7	48	3
90天以上	13	11	160	10
合计	120	100	1 600	100

假定该企业确定的信用期限为60天，则82%的客户和87%的应收金额符合要求，而其余部分则应采取紧急措施，催收账款。

（2）客户排队法。对到期仍未收回的应收账款，应根据客户一贯表现对其进行分类（见表3-6），并分别采取不同对策。

表3-6 应收账款中的客户分类

风险等级	逾期未收回的赊销款比例	客户数	占全部客户的百分比(%)
1	0~0.5%	20	61
2	0.5%~2%	6	18
3	2%~5%	4	12
4	5%~10%	2	6
5	10%以上	1	3
合计		33	100

对1级风险客户，仍可给予商业信用；对2级风险客户，应从严要求；对3、4级风险客户，则应经常了解其财务状况，并修改信用条件；对5级风险客户，则取消其今后的信用交易，改为现金交易。

4.信用政策分析

企业以赊销方式给予客户商业信用时，应不时开展分析，制定正确的信用政策。

（1）信用标准。

它是向客户提供商业信用的基本要求，通常用预期的坏账损失来衡量。坏账损失率即逾期未收回的赊销款比例（见表3-6）。对低于预定坏账损失率的客户，可提供商业信用，否则从严处理，直至拒绝提供商业信用。评估客户信用的尺度主要有：①品德（看是否赖账）；②能力（看还款能力）；③资本（看财务状况）；④担保（看有无抵押品）；⑤条件（看客观经济环境）。

（2）信用期限。

它是允许客户延时支付购货款的期限。信用期限长，可增加销量，但影响本企业资金周转，加大信用成本。确定信用期限时，通常应考虑出售商品的种类（如鲜活商品食用期短）、客户合理储备天数、本企业现金状况等因素。

（3）折扣条件。

它是企业给予客户在规定期内享受现金折扣优惠的条件。例如，2/12，n/30，表示在12天内付款，可享受2%的折扣；最后付款期为30天，从13天到30天内付款，无折扣；超过最后付款期则加收利息。折扣条件宽松，可招徕更多客户，提早收回现金，加速资金周转，减少坏账可能性，但增加了机会成本和折扣成本，必须权衡利弊，正确决策。

（4）收款策略。

它是指企业收回逾期账款时所应采取的策略。收账方式一般有委托代索、函索，直至诉诸法律。催账态度有积极、消极两种。前者可能加大收账成本，而减小坏账损失；后者恰好相反。究竟采取何种策略，要考虑欠款的金额、性质，对方及我方的情况等，经周密分析后，再慎重做出决定。

（5）信用政策变化的影响。

企业采取宽松的信用政策，如放宽信用标准或折扣期限，一般可以增加销售额；宽松的收账政策也可以降低收账成本，但增加了坏账损失的可能。为此，应进行比较测算。表3-7是某公司信用政策调整分析表，中间计算步骤略。

表3-7 某公司信用政策调整分析表 单位：万元

收支项目	按现行信用政策	信用政策变化的影响	按调整后信用政策
销售毛收入	2 400	+650	3 050
减：现金折扣	12	+20	32
销售净收入	2 388	+630	3 018
生产成本	1 200	+350	1 550
期间费用	480	+105	585
毛利	708	+175	883
减：信用成本	108	+75	183
（1）保留应收账款的成本	18	+10	28
（2）信用分析与收账费用	30	-15	15
（3）预计坏账损失	60	+80	140
税前利润	600	+100	700
所得税费用（税率25%）	150	+25	175
净利润	450	+75	525

（三）存货资产的分析

存货是企业流动资产的主要组成部分，在流动资产中所占比重较大。存货品种多、收发频繁，在存货管理中，合理占用、降低成本、加速流转、确保安全是基本要求。

存货分析内容较为广泛，这里着重叙述存货的定额分析、批量分析、周转分析。

1.存货定额分析

由于存货在生产经营过程中不断周转，企业可以根据实际需要，确定最低限度的存货占用量，即存货资金定额。

存货可概略分为材料、在产品、产成品三大类。相应地，可分别或综合计算其资金定额。确定存货定额的常用方法有三：周转期法、比率法和余额法。

（1）存货定额分析的基本方法。

①周转期法（定额日数法）。它是根据各种存货平均每日周转额及周转日数来确定存货资金定额的一种方法。

企业所需存货数量，主要取决于生产经营规模和存货周转速度，二者可分别以存货每日周转额和周转日数表示，其计算公式为：

存货资金定额=存货平均每日周转额×存货周转日数

上述定额可按全部存货、某类存货或某项存货（如某种原材料或燃料）计算。

②比率法。它是根据存货需要量和有关因素之间的比率来确定存货资金定额的一种方法。

与企业存货占用量相关的因素主要有销售额、成本、固定资产原值等，在农业企业中还有播种面积、牲畜头数等，从而也就有不同的比率计算法。例如，销售资金率法的公式为：

存货资金定额=计划年度商品销售收入×计划销售存货资金率

$$计划销售存货资金率=\frac{上年存货平均占用额-不合理占用额}{上年销售收入}×（1-计划资金周转加速率）$$

③余额法。它是以上期存货平均占用额（或平均余额）为基数，加以适当调整，来确定存货资金定额的一种方法。其计算公式为：

$$\frac{存货资金}{定额}=（\frac{上年存货}{平均占用额}-\frac{不合理}{占用额}）×（1±\frac{计划年度生产}{增减的百分比}）×（1-\frac{计划资金}{节约率}）$$

（2）储备资金定额的测算。

储备资金是指占用于材料类存货的资金。

现以定额日数法说明储备资金中原材料资金定额的测算，其公式为：

原材料资金定额=原材料平均每日耗用量×原材料计划价格×原材料资金周转日数

原材料资金周转日数=在途日数+验收日数+整理准备日数+应计供应间隔日数+保险日数

在途日数指付款后、货到前所占用的日数；验收日数指货到后，计量、点收、化验、检查，直到入库为止所需的日数；整理准备日数指原材料在投入生产前进行技术处理和生产准备所占用的天数；保险日数指为防止运输困难或供应中断等意外情况而追加保险储备所占用的日数；供应间隔日数指前后两次原材料到货间的相隔日数乘以供应间隔系数之和。

供应周期受供货单位距离的远近、生产条件、交通条件和发货起点，以及采购单位的资金力量、采购费用等因素的影响。合理确定供应周期，是核定原材料资金定额的关键所在。

供应周期一般按合同确定。若同一种原材料由几个单位供应，各单位每次供应的数量、日期又不同，应计算加权平均供应周期。其计算公式为：

$$平均供应周期=\frac{\sum(每一单位供应周期×计划期该单位供应总量)}{\sum计划期供应总量}$$

平均供应周期的计算可参考表3-8的资料。

表3-8 加权平均供应周期的计算

供应单位	计划期供货次数（次）	每次供应量（千克）	供应周期（天）	计划期供应量（千克）
天津某公司	3	2 000	30	6 000
沈阳某工厂	6	500	15	3 000
上海某商店	2	400	45	800
合计				9 800

$$平均供应周期=\frac{30×6\,000+15×3\,000+45×800}{9\,800}=26.6（天）$$

在计算供应周期时，还应乘以一定的压缩比（供应间隔系数），才能用于计算原材料资金定额。因为每次购入原材料投产后，原材料储量因耗用而逐渐减少，到下次进货前，库存达到最低点；再购进一批原材料后，原材料储量恢复最高点。同时，企业使用的材料品种往往不止一项，可以交叉进货，调剂资金占用。因此，可以按平均占用额而不按最高占用额核定原材料资金，二者的比例称为供应间隔系数。供应间隔系数的计算公式为：

$$供应间隔系数=\frac{各种材料每日占用额合计}{各种材料最高日占用额合计\times 供应周期}$$

供应间隔系数的计算可参考表3-9的资料。

表3-9 供应间隔系数的计算 单位：元

材料名称	第1天	第2天	第3天	第4天	第5天	合计	5天中最高占用额
A	50	37.5	25	12.5	0	125	50
B	10	5	0	20	15	50	20
C	0	40	30	20	10	100	40
合计	60	82.5	55	52.5	25	275	110

$$供应间隔系数=\frac{275}{110\times 5}=0.5$$

或

$$供应间隔系数=\frac{\frac{275}{5}}{110}=0.5$$

供应间隔系数还有两种确定方法：一是经验法，根据历史资料主观判定，一般认为，该系数在0.5~0.8之间为好；二是公式法（只适用于均衡投料的企业），可用以下公式计算：

$$P=\frac{n+1}{2n}$$

式中：P为供应间隔系数；n为供应周期。

现举例说明原材料资金定额的计算。

【例3-5】某种原材料供应周期为5天，均衡投料，平均日耗量为800件，单位成本为10元，在途、验收、整理各需1天，保险日数2天，求其资金定额。

解：

$$供应间隔系数=\frac{5+1}{2\times 5}=0.6$$

材料资金定额=（1+1+1+5×0.6+2）×800×10=64 000（元）

（3）生产资金和产成品资金定额的测算。

生产资金是指材料投产后，到产品完工入库为止所占用的资金，主要指在产品资金。在产品资金定额的计算公式为：

在产品资金定额=在产品每日平均周转额×在产品资金周转日数

=产品平均日产量×产品计划单位成本×生产周期×在产品成本系数

计算在产品成本系数的原理与计算供应间隔系数相似。在产品成本系数的计算公式为：

$$在产品成本系数=\frac{在产品平均成本}{产成品计划成本}=\frac{生产周期内累计发生的成本额}{产品计划单位成本\times 生产周期}$$

产成品资金是指从产品验收入库至产品销售取得货款或结算借款为止所占用的资金。产成品资金定额的计算公式为：

$$产成品资金定额=计划期产品平均日产量\times产品计划单位成本\times产成品资金周转日数$$

$$=\frac{计划期产量\times计划单位成本}{计划期日数}\times产成品资金周转日数$$

其中，产成品资金周转日数的计算公式如下：

$$产成品资金周转日数=储存日数+发运日数+结算日数$$

储存日数指从产品入库到发出为止的日数，包括发货间隔日数、包装日数和选配日数，其中，发货间隔日数（又名组织成批日数）亦可乘以发货间隔系数，即打一折扣，其原理与供应间隔系数、在产品成本系数相似。发运日数指从产品发运起到取得运输凭证为止所需的日数。结算日数指从取得运输凭证起到收回货款或取得结算借款为止所需的日数。

【例3-6】某产品计划平均日产量为10件，计划单位成本为20元，每批发货50件，用托收方式结算，包装、发运各需1天，求产成品资金定额。

解：

$$发货间隔日数=\frac{50}{10}=5（天）$$

$$发货间隔系数P=\frac{n+1}{2n}=\frac{5+1}{2\times5}=0.6$$

$$产成品资金定额=10\times20\times（5\times0.6+1+1+3）=1\ 600（元）$$

注：本例中采用托收承付，结算期按3天算。

2.存货批量分析

存货批量分析的目的在于找到合理的订货批量，以控制库存，达到既保证生产又节约费用支出的目的。通常推荐的存货批量分析方法是经济订货量法，又名EOQ模型法。

企业材料储备总费用一般包括以下四项：①材料进价，包括货款和运杂费；②订货成本，包括订货手续费、采购业务费等（还有一种订货机会成本，如订货时间拖长或批量过小导致生产的损失等，为简化计算暂略）；③储存成本，包括保管费、利息费、保险费、定额损耗等（还有一种储存机会成本，如库存物资变质损失的风险等，暂略）；④缺货成本，存货不足应负担的机会成本，如停工待料损失、延期交货而应支付的罚金和商誉损失等，因不便预计，暂且略。后三项又合称材料储备总成本。在储备总成本中订货成本大多属固定成本，不受一次订货量大小的影响，而储存成本中大多属变动或半变动成本，其发生总额与每次订货量有密切关系。因此，可以建立数学模型，寻求使年订货成本与年储存成本之和为最小的订货批量，即经济订货批量（EOQ）。

由微分学求极值原理求得下式：

$$经济订货量=\sqrt{\frac{2\times年(日)需求量\times每次订货成本}{年(日)单位变动储存成本}}$$

用字母表示为：

$$Q=\sqrt{\frac{2RS}{K}}$$

式中：Q为每次订货量（最佳）；R为年（日）需求量；S为每次订货成本；K为年（日）单位变动储存成本。

由此可以进一步算出储备总成本（缺货成本暂略），其计算公式为：

年储备总成本=年订货次数×每次订货成本+年平均储备量×年单位变动储存成本+固定成本

用字母表示为：

$$TC=\frac{R}{Q}\times S+\frac{Q}{2}\times K+F$$

此处，F为储备总成本中的固定成本。

因为在最优批量公式中，固定成本为无关成本，代入Q值后，又可导出下式：

$$TC=\sqrt{2RSK}$$

【例3-7】某物资公司计划每年需购进某原料640千克，每次订货成本为37.5元，年变动储存费用每千克30元，求经济订货量及最佳年储备总成本（固定费用300元）。

解：（1）经济订货量：

$Q=\sqrt{2\times 640\times 37.5\div 30}=40$（千克）

（2）最佳年储备总成本（计入固定费用）：

$TC=\frac{640}{40}\times 37.5+\frac{40}{2}\times 30+300=1\ 500$（元）

（3）最佳年储备总成本（又一算法，不计固定费用）：

$TC=\sqrt{2\times 640\times 37.5\times 30}=1\ 200$（元）

该算法的计算结果与（2）恰恰相吻合。

在EOQ模型的建立过程中有几个基本假定：①缺货即补；②需求均衡且连续；③每次订货量和订货费不变；④单位储存成本不变；⑤机会成本不计。事实上，这几个假定往往不完全成立，因而使模型的运用受到很大局限。尤其在我国，一般订货费用很小，订货人员办公、差旅费大多列入管理费，故据此算出的订货量往往偏小，这一点值得注意。

3.存货周转分析

在周转资金总量既定条件下，存货周转的快慢与平均存货占用量成反比。周转愈快，则占用量愈小，反之愈大。加速存货资金周转，有助于合理减少资金占用。因而，存货周转分析是流动资产分析中的重要组成部分。此类分析将在第七章进行详细论述。

第二节 证券资产分析

证券资产是指票面载有一定金额，代表财产所有权或债权，可以有偿转让的凭证，如股票、债券等。

证券资产按持有目的和时间的长短来看具有双重性。一般来说，短期持有，以交易为目的的证券资产可归类为流动资产；长期持有，以投资或控股为目的的证券资产可归类为非流动资产。

科学地进行证券资产分析，能增加企业收益，减少风险，有利于财务目标的实现。证券资产的分析一般可从以下两个方面进行：

一、证券资产的一般分析

（一）证券资产风险与报酬分析

证券投资的报酬往往与其风险程度密切相关，报酬率高的证券，其风险性也大。应对风险的最普通办法是投资的分散化，就是选择若干种证券加以搭配，建立证券组合。通过多种证券的报酬高低、风险大小的互相抵消，证券组合在保持特定收益水平的条件下将总风险减少到最低限度，或者将风险限制在投资者愿意承担的特定水平，以便尽可能使收益最大化。

1.证券组合的定性分析

定性分析是传统的方法，它从投资者对于证券投资的目标出发，研究如何进行证券组合，以满足投资者的目标。总体来说，证券投资的目标都是高报酬、低风险，具体说来则有以下区别：

有些投资者的目标是取得经常收入，即按时取得利息和股息收入，也包括资本增值或减少损失。他们财源不足，要依靠投资收入支付必要的费用。他们认为投资的当前收入比资本回收更重要，要求当前收入的稳定性和可靠性。这种目标决定了他们会选择安全的投资对象，而不是有增长前景但当前收入不稳定的证券。按照这种目标，债券比股票的收入要好，资信好的大公司股票股利也较稳定，是其合适的投资对象。

有些投资者的目标是资本增长。资本增长着眼于长期的资本增值，而不是当前的收入。他们不依靠投资的经常收入来支持当前的营运。因此，他们有两个选择：一是不断积累投资并进行再投资，使资本增加的价值越来越多；二是选择增长型的股票，通过股息的增加和股价的上涨而提高资本价值。前一种办法的风险相对小一些，后者则冒较大风险，因股价的涨落无定，要能在经济上和心理上承受股价的大幅度下跌才行。以资本增长为目标的投资人，必须对投资做长期安排，只追逐短期利益，通常对长期增长不利。

有些投资者的目标是上面两种投资目标的结合，那就是选择不同的投资对象，分别做出安排。

有些投资者还有另外的投资目标，例如，为了利用短期闲置的资金而选择流动性、变现性好的短期债券，宁肯减少些投资的收入。

目标确定之后，就要选择若干证券，构成证券组合，以实现目标。选择的基础是了解每种证券的特点。为此要对证券进行分类，主要包括按风险大小分类、按长期和短期分类、按收入型和增长型分类。然后确定证券组合的风险水平，即决定愿意承担多大的风险，一般有三种类型：高风险组合，要选择销路好、预期盈利超过平均收益的公司股票，如制药、高科技公司的股票等；中风险组合，要选择一些债券和一些公用事业或成熟工业的股票，如化工、钢铁公司的股票等；低风险组合，要选择政府公债和一些高质量的股票，虽收益不高，但可靠性强。

然后，按分散化原则选定具体证券品种。分散化的方式包括：种类分散化，使债券和股票搭配；到期日分散化，使债券的到期日分散在不同年份，以分散利率风险；部门或行业分散化，使工业、金融、运输、旅游业搭配，使新兴工业和成熟工业搭配；公司分散化，使价格大起大落的股票和价格变化不大的股票搭配。具体选择是一项复杂的工作，要根据投资目标反复比较才能确定。一般来说，有5~10种证券就可以达到分散风险的目标，组合内的证券越多风险越小，与此同时，预期的报酬也会越低。

证券市场是不断变化的，选择证券组合的收益和风险也会不断发生变化。因此，要跟进证券组合实施后的情况，审查是否达到了原定目标，审查的重要依据是股市综合指数，也就是看投资证券组合是否达到了市场平均收益水平。

如果投资没有达到原定的目标，或者投资组合的预期收益低于市场平均收益水平，或者投资者本身的财务状况变化而要求修改投资目标，或者某种证券出现异常情况，就应及时考虑更换证券品种或搭配比例，以改变证券组合的构成。

2.证券组合的定量分析

前述的定性分析大多依靠投资者的综合判断，缺乏精确的科学计算。虽然对证券的收益和风险也有一些估算，但是对如何搭配投资组合才能在满意的风险水平下使收益最大，没有严格的推理过程和精确的计算方法。

为了解决这个问题，出现了当代证券组合理论。该理论主要包括以下内容：

(1) 风险分散理论。

该理论认为，若干种股票组成的投资组合，其收益是这些股票收益的加权平均数，但是有时有交叉影响；其风险不一定是这些股票风险的加权平均风险，故投资组合能降低风险。接下来，以A和B两种股票的组合来说明为什么投资组合能降低风险。

【例3-8】假设总投资100万元，A、B股票各占50%。如果A和B完全负相关，那么组合的风险被全部抵消，见表3-10。如果A、B完全正相关，那么组合的风险不降低也不扩大，见表3-11。

表3-10 A、B股票组合的风险分析（完全负相关） 金额单位：万元

年度	A		B		组合	
	报酬	报酬率	报酬	报酬率	报酬	报酬率
2017年	20	40%	−5	−10%	15	15%
2018年	−5	−10%	20	40%	15	15%
2019年	17.5	35%	−2.5	−5%	15	15%
2020年	−2.5	−5%	17.5	35%	15	15%
2021年	7.5	15%	7.5	15%	15	15%
平均数	7.5	15%	7.5	15%	15	15%
标准差		22.6%		22.6%		0

表3-11 A、B股票组合的风险分析（完全正相关） 金额单位：万元

年度	A		B		组合	
	报酬	报酬率	报酬	报酬率	报酬	报酬率
2017年	20	40%	20	40%	40	40%
2018年	−5	−10%	−5	−10%	−10	−10%
2019年	17.5	35%	17.5	35%	35	35%
2020年	−2.5	−5%	−2.5	−5%	−5	−5%
2021年	7.5	15%	7.5	15%	15	15%
平均数	7.5	15%	7.5	15%	15	15%
标准差		22.6%		22.6%		22.6%

实际上，各个股票之间不可能完全正相关，也不可能完全负相关，大部分股票间的相关系数在0.5~0.7之间，所以不同股票投资组合可以降低风险，但又不可能完全消除风险。一般而言，股票种类越多，风险越小。假定投资组合包括市场上的全部股票，则只担负市场风险，而不担负公司的特有风险。

风险分散理论证明，不同股票之间的相关程度可以通过复杂的计算确定，并在此基础上进一步找出最优的证券组合。

（2）贝塔系数分析。

应用上述风险分散理论来选择证券组合，需要大量而复杂的计算，即使对数学和计算机有相当基础的人也很难应用。于是学者们提出了投资组合的简化分析模型，其核心是贝塔系数分析。

该理论认为，股票投资的风险分两类：一类是市场风险，它们源于公司之外，如通货膨胀、经济衰退等，所有公司都受其影响，表现为整个股市平均报酬率的变动。这类风险，无论购买何种股票都无法避免，不能用多元化投资来回避，而只能靠更高的报酬率来补偿。另一类是每个公司特有的风险，它源于公司本身的经营活动，表现为个股报酬率自身的变动。这类风险可通过多元化投资来分散，称为公司特有风险。在整个股市变动时，各股的反应都不一样，有的发生剧烈变动，有的只发生较小变动。计量不同股票随市场变化趋势的指标是“贝塔系数”，即风险系数。

贝塔系数是反映个别股票相对于平均风险股票的变动程度的指标。它可以衡量个别股票的市场风险，而不是公司特有的风险。

贝塔系数=某种证券的风险报酬率÷证券市场全部证券的风险报酬率

假如A股票的贝塔系数等于1，则它的风险与整个市场的平均风险相同。这就是说，市场收益率上涨1%，则A股票的收益率也上升1%。假设B股票的贝塔系数为2，则它的风险程度是股票市场平均风险的两倍。这就是说，市场收益率上涨1%，则B股票的收益率上升2%。假设C股票的贝塔系数是0.5，则它的风险程度是股票市场平均风险的一半。这就是说，市场收益率上涨1%，则C股票的收益率只上升0.5%。贝塔系数可以反映各种股票不同的市场风险程度。既然股票的特有风险可以通过投资组合来分散，则市场风险就成了投资人关注的焦点，因此，贝塔系数成为股票投资决策的重要依据。

应当注意，贝塔系数不是某种股票的全部风险，而只是与市场有关的一部分风险；另一部分风险是与市场无关的，是与企业本身的活动有关的风险。企业的特有风险可通过多元化投资分散掉，而贝塔系数反映的市场风险不能被互相抵消。投资组合的市场风险（即贝塔系数）是个别股票的贝塔系数的加权平均数，它反映特定投资组合的风险，即该组合的报酬率相对于整个市场组合报酬率的变化程度。

（二）证券资产投资环境分析

企业进行证券投资，要在分析风险和报酬两大基本因素的情况下做出决策。为开展证券投资决策，一般要从以下几方面进行宏观和微观投资环境分析：

1.国民经济形势分析

国民经济形势分析，亦称证券投资的宏观经济分析，是指从国民经济宏观角度出发考察其对证券投资的影响。国民经济形势分析的主要内容包括以下几方面：

（1）国民生产总值分析。

国民生产总值是反映一国在一定时期内经济发展和趋势的应用最广泛的综合指标，它是一定时期内一国所生产的最终产品（包括商品和劳务）的市场价值总和。如果国民生产总值呈不断增长趋势，则此时企业进行证券投资一般会获得比较好的收益，反之则收益会降低。

(2) 经济周期分析。

传统的周期理论将资本主义经济周期划分为衰退、危机、复苏、繁荣四个阶段。衡量进入哪一个阶段，可以采用相应的一系列指标。第一类是提前进入转折点的指标，如存货、公司利润、股价指数等，称为领先性指标；第二类是与经济周期同时达到高峰或低谷的指标，如工业产量、销售额、居民收入等，称为同步性指标；第三类是落后于经济周期转折的指标，如产品单位成本、平均失业期限、企业欠债数额等，称为滞后性指标。投资者应密切注意这三类指标的变化，以便采取相应对策。我国经济发展大致也有三个周期性阶段：扩展期、调整期、稳定期。对于证券投资者来说，在经济迅速发展期，要有耐心，不急于抛售；在经济下降期，要当机立断，及时处理。

(3) 通货膨胀分析。

通货膨胀对证券投资影响很大。首先，通货膨胀会降低投资者的实际收益水平。其次，通货膨胀严重影响股票价格，以致影响证券投资决策。一般认为，通货膨胀率较低时，危害并不大，但对股票价格有推动作用。当通货膨胀持续增长时，整个经济形势会变得很不稳定，这既影响企业发展，又致使利率上升，从而使股价下跌。

(4) 货币供给及利率分析。

货币供给与股票价格之间存在长期的相关性，即货币供应量与股市价格（综合指数）的基本趋势一致。货币供应量增大，股价将上扬。

同样，市场利率水平也对证券价格有重要影响。利率上升或下降，会使证券价格下降或上升。

但应注意，在我国，货币供给和利率变化主要靠宏观政策调整。作为企业投资者，得到上述信息后再来调整投资策略恐为时已晚，应留有一个提前期才好。

2.行业分析

行业分析的内容包括行业的市场类型分析和行业的寿命周期分析等。

(1) 行业的市场类型分析。

根据各行业拥有的企业数量、产品性质、企业控制价格的能力、新企业进入市场的难易程度等因素，可以将行业的市场类型分为四种：完全竞争、不完全竞争或垄断竞争、寡头垄断以及完全垄断（见表3-12）。

表3-12　　行业的市场类型

市场类型	厂商数量	产品差异	厂商对价格的控制能力	新企业进入的难易程度	典型行业
完全竞争	很多	同质	没有	很容易	农业
垄断竞争	较多	存在着实际或观念上的差异	较小	较容易	服装、鞋等轻工业
寡头垄断	很少	同质或略有差异	较大	很不容易	钢铁、汽车等重工业
完全垄断	一个	独特产品，不存在替代品	很大	不可能	公用事业

上述四种类型，从竞争程度看依次是递减的。某个行业内的竞争程度越大，则企业的产品价格和利润受供求关系的影响越大，企业倒闭的可能性就越大。因此，投资于该行业的证券风险越大。

(2) 行业的寿命周期分析。

一般来说，行业的寿命周期分为四个阶段：

①初创期。一个新行业的诞生往往是新的技术、产品和市场需求的结果。在这个时期，产品的研究、开发费用很高，而市场需求因大众对其缺乏了解而相对较小，因而盈利情况往往不稳定。

②成长期。在这一阶段，随着生产技术的逐渐成熟，产品成本逐步降低，市场需求不断扩大，因而利润增加迅速，企业间竞争也日趋激烈。

③成熟期。经过成长期后，少数资本雄厚、技术强、管理好的大企业生存了下来并基本控制了整个行业。每个企业都占有一定的市场份额并且变化很小。企业之间的竞争逐渐由价格竞争转为非价格竞争，如提高产品质量、加强售后服务等。企业的利润增长速度较成长期大为降低，但总量要比成长期大得多，而且企业遭受的风险较小。

④衰退期。经过相当长的成熟期之后，行业会慢慢走向衰退。这主要是因为，新技术不断涌现，新产品不断问世，人们的消费倾向发生变化所致。此时，企业数量下降，利润减少，市场萎缩。

作为投资企业，在选择什么样的行业作为投资对象时，一般来说，最好不投资于初创期的行业，因为这一时期利润不高，但风险很大。投资于成长期的行业风险也较大，但利润比较高，偏好风险的投资者一般都喜欢对成长期的行业进行投资。成熟期的行业一般处于稳定发展阶段，风险小，利润比较多，将资金投放此类行业是比较理想的。对处于衰退期的行业，则一般不进行投资。

(3) 经济情况的变化对行业的影响。

经济情况的变化对不同行业的影响程度是不同的。据有些学者分析，当我国经济状况不佳时，受影响的行业依次是：

①建筑业、建材业；

②旅游业、娱乐业、高中档餐饮业；

③房地产业；

④汽车业、家具业；

⑤运输、航运业；

⑥原材料、能源业；

⑦文化用品业、出版业；

⑧高档服装业、食品业；

⑨中低档服装业、仓储业；

⑩农业。

3.企业经营管理情况分析

通过上述分析，基本上可以确定投资的行业。但在同一行业中又有很多企业，应该投资于哪一个企业的证券，这就必须对企业的经营管理情况进行分析，主要包括以下几方面：

(1) 企业竞争能力分析。

企业的竞争能力强，说明企业发展前景好，企业证券有吸引力。因此，竞争能力是评价企业经营状况的重要标准。企业的竞争能力可用销售额、销售额增长率、市场占有率等几个指标进行分析。

(2) 企业盈利能力分析。

企业盈利能力越强，企业所发行的证券就越安全，报酬率就越高。因此，盈利能力是进行证券投资的一个必须考虑的因素。盈利能力可通过利润总额、利润增长率、销售利润率、成本费用利润率、投资报酬率等进行分析。

(3) 企业生产经营效率分析。

企业生产经营效率越高，企业越有发展前景，其证券越受投资人欢迎。能否充分利用生产能力，使企业生产和销售高效率进行，是衡量企业管理水平高低的一个重要方面。

(4) 企业应用现代化管理手段能力的分析。

企业是否能及时接受并运用现代化的管理方法，是企业经营能否成功的关键。因此，在进行证券投资之前，必须对这方面情况进行考察。

(5) 企业财务状况分析。

企业财务状况是影响证券投资的主要因素之一。在进行证券投资之前，必须认真分析企业财务状况。企业财务状况可以通过流动比率、速动比率、负债比率、存货周转率、应收账款周转率等指标进行分析和评价。

(三) 证券投资技术分析

上述证券投资的宏观和微观环境分析，又称证券的基本分析，它是通过分析证券价格所反映的经济状况来预测证券价格走势的一种方法。另一种分析方法被称为证券的技术分析，它是以证券市场的历史数据为依据，运用图表方式来预测证券价格走势的一种方法。

基本分析论者认为，证券价格变动趋势主要取决于其内在价值，而内在价值又主要受证券发行单位的经营及国民经济发展形势的影响。而技术分析论者认为，证券的内在价值并不重要，证券价格变动趋势主要取决于证券的市场供求，而市场供求又在很大程度上受人们的心理支配。这两种看法各有一定的道理。一般认为，长期投资适用基本分析，短期投资适用技术分析。由于我国证券市场建立时间较短，短期投资者居多，因此，技术分析方法的运用较为广泛。但应指出，由于我国股票市场还不成熟、不规范，加之技术分析方法五花八门，其分析结果仅可作为一般参考，而不能盲从。

技术分析有两个基本假设：第一，证券的市场价格只受证券的供求关系支配；第二，从长远看，股价运动有一定趋势，该趋势会重复出现。因此，股价可用图表预测。

技术分析论者通过对市场的长期观察发现，个别股票的价格走势未必与整个股市的价格走势一致，股市的价格变化也未必与基本经济情况的变化一致。股市价格的运动具有一定惯性，市场高涨时，质量好的股票价格先涨；市场低落时，质量差的股票先跌。这就进一步说明运用技术分析的必要性。

技术分析的代表理论为“道”理论，由美国查尔斯·道首创。“道”理论认为，股价变动有三个基本类型：①日常变动，即股价每天的波动，并不重要；②次级变动，即在看涨行情中的突然回落，或看跌行情中的突然回升，一般可持续两周、一两个月，最长可达一年；③基本趋势，即较长期出现的看涨或看跌趋势（又称牛市或熊市），可持续1~4年。股价分析的重点应放在第②、③项上。在分析时，应特别注意牛市或熊市出现的转折点。发现转折，应立即做出正确的投资决策。

二、证券资产的会计分析

（一）交易性金融资产分析

交易性金融资产持有的目的是近期内出售获利，所以交易性金融资产应当按照公允价值计价。在对其进行分析时，首先，应当关注企业划分为该类别的资产是否与上述目的相符，如果企业持有该资产很长时间后没有出售，应当怀疑企业对该资产的分类是否正确；其次，应当关注该资产在分析时的公允价值与报表上的数据是否一致，如果不一致，应当分析该交易性金融资产价值的变动是暂时性的还是可持续的，最好应当获取财务分析时最近时间的交易性金融资产的公允价值数据，提高分析的可靠性。

（二）长期股权投资分析

按照《企业会计准则第2号——长期股权投资》的规定，企业的权益性投资可以分为以下几个类别：第一，对投资单位实施控制的权益性投资，即对子公司投资；第二，与其他合营方一同对被投资单位实施共同控制的权益性投资，即对合营企业投资；第三，对被投资单位具有重大影响的权益性投资，即对联营企业投资；第四，对被投资单位不具有控制、共同控制和重大影响，并且在活跃市场中没有报价、公允价值不能可靠计量的权益性投资。对长期股权投资进行分析时，主要分析以下内容：

1.长期股权投资会计政策分析

（1）分析企业长期股权投资的会计核算方法是否适当。

在长期股权投资的初始计量中，应当关注的是构成控制关系的情况，也就是形成控股合并的投资行为。对此类合并应当区分是同一控制下的企业合并还是非同一控制下的企业合并。对于同一控制下的企业合并形成的长期股权投资，投资与被投资方均受同一主体控制，这种情况一般发生在企业集团内部，只能看作企业集团整体的资产负债的重新组合，所以该投资的初始计量基础不能以该股权的公允价值计量，而只能以被合并方所有者权益的账面价值为基础确认企业的长期股权投资，而长期股权投资的入账价值与企业为取得投资而支付的补价之间的差额也只能作为资本公积项目处理。对于非同一控制下的企业合并形成的长期股权投资，形成的基础是双方的独立意志，双方达成的交易价格也是公允的，所以长期股权投资的入账价值应当为合并方支付的对价的公允价值。

长期股权投资的后续计量应当视与被投资企业之间的控制或影响程度而定，在成本法或权益法之间进行选择。对于企业持有的对子公司的投资，以及对被投资单位不具有控制、共同控制和重大影响，并且在活跃市场中没有报价、公允价值不能可靠计量的长期股权投资，企业应当采用成本法核算。在初始投资或追加投资时，按照初始投资或追加投资的成本增加长期股权投资的账面价值，获得的被投资单位宣告分派的现金股利，投资单位按应享有的部分确认为当期投资损益。对于合营企业和联营企业的投资应当采用权益法核算。在初始投资或追加投资时，企业应当比较初始投资成本与投资时应享有被投资单位可辨认净资产公允价值的份额，对于初始投资成本小于应享有被投资单位可辨认净资产公允价值的份额的，应对长期股权投资的账面价值进行调整，计入取得投资当期的损益。在持有期间，长期股权投资依据被投资单位所有者权益的变动而相应变动。

（2）分析投资收益的数据的质量。

长期股权投资中的投资收益的数据因为采用不同的会计核算方法而质量不同。在成本法下，投资收益来自于被投资单位的现金股利；而在权益法下，确认的投资收益一般大于收到的现金股利，造成最后一定的投资收益没有对应的现金流支撑。

(3) 关注长期股权投资的减值准备是否充分。

有市价的长期股权投资的质量是否恶化，比较容易判断，而没有市价的长期股权投资，其价值是否减损，应当对被投资企业进行综合调查分析，例如，观察被投资单位的生产经营是否发生变更，其产品的市场份额是否在下降，其现金流是否恶化等。

在对长期股权投资的会计政策进行分析时，同时应当关注企业长期股权投资增减变动趋势，分析增减变动的原因。

2.长期股权投资结构分析

注意观察长期股权投资结构变动趋势，分析企业对外投资比重的合理性。一般来说，如果企业生产经营没有达到最佳经济规模，或没有达到规模经济，就不应该将自己的资金大量投向其他企业。实际中，很多企业都希望这个比重高些，主要原因就在于这些企业认为资本经营是现代企业经营发展的新趋势，而对外投资就是资本经营的重要形式。但是，对外投资比重为多少才合理必须结合企业自身的经营状况、经济规模及发展目标而定。

(三) 持有至到期投资分析

持有至到期投资是指到期日固定、回收金额固定或可确定，且企业有明确意图和能力持有至到期的非衍生金融资产。很明显，持有至到期投资一般指长期债券投资，对其进行分析时应注意以下几点：

1.对被投资单位的履约行为进行分析

应当观察被投资单位是否存在到期不能付息的情况，如果是分期还本的债权，还应当注意是否企业到期不能支付本金；该项投资持有至到期后，是否被投资单位不能按时还本，存在违约行为。

2.分析债务人的偿债能力

虽然被投资单位截至分析前都已经按照条款履约，但是应当关注债务人未来的偿债能力，关注其现金流是否充分，是否存在违约风险。

3.持有期内投资收益的确认

依据企业会计准则的要求，按照权责发生制的原则，投资企业并不是在收到现金时确认投资收益，而是依据债权条款，按照时间的推移，对已经发生的债权利息无论是否收到现金均确认投资收益。如果出现被投资单位不能按时付息的情况，企业的投资收益将仅仅停留在账面上，并没有现金支撑。

(四) 可供出售金融资产分析

对于公允价值能够可靠计量的金融资产，企业可以将其直接指定为可供出售金融资产。例如，在活跃市场上有报价的股票投资、债券投资等，如果企业没有将其作为交易性金融资产、持有至到期投资和长期股权投资，则应将其作为可供出售金融资产处理。可供出售金融资产的计量与交易性金融资产相同，都是按照公允价值进行计量，区别在于公允价值变动并不对应计入当期损益，而是直接计入所有者权益项目，排除了企业借此操纵利润的可能。对可供出售金融资产的质量分析应参照交易性金融资产进行。

第三节 固定资产分析

一、固定资产的内容

固定资产是指企业使用期限超过一年的房屋、建筑物、机器、机械、运输工具，以及其他与生产、经营有关的设备、器具、工具等。不属于生产经营主要设备的物品，单位价值在2 000元以上，并且使用年限超过两年的，也应当作为固定资产。固定资产是企业的劳动手段，也是企业赖以生产、经营的主要资产。从会计的角度划分，固定资产一般被分为生产用固定资产、非生产用固定资产、租出固定资产、未使用固定资产、不需用固定资产、融资租赁固定资产、接受捐赠固定资产等。固定资产分析对于企业的管理非常重要。

二、固定资产分析

（一）固定资产构成分析

根据下面的比率可以判断固定资产的构成是否适当：

$$固定资产构成比率=\frac{固定资产}{总资产}\times 100\%$$

此类指标表明固定资产占总资产的规模，比率越大说明企业的经营风险越大。

$$固定资产对流动资产比率=\frac{固定资产}{流动资产}\times 100\%$$

上述比率为多少才合适，要加以具体分析。一般来说，商业企业的固定资产比例较小，工业企业比例较大。但是，在工业企业内部也有差异，如化学工业或钢铁工业等行业的企业中，固定资产数额就非常大。而那些加工度高的行业，固定资产就相对要少。从总体上看，随着竞争的激化，技术革新的开展，设备的更新成为当务之急，设备投资的活跃，使固定资产趋于增大，这几乎成为所有企业不可避免的倾向。可见，根据行业和设备投资程度的不同，固定资产比例的大小也不同。

（二）投资规模分析

为了说明企业的资产构成和资本构成的关系，需要进行投资规模的分析，主要应用以下两种比率：

$$固定比率=\frac{固定资产}{权益资本}\times 100\%$$

所谓固定比率，就是固定资产和权益资本的比例，它表明资本的固化程度。由于投入到固定资产的资本长期被固化，所以，要求投入到固定资产的资本和权益资本一样，原则上没有还债期限，能安心地用到固定资产中。如果将像流动负债一样还债期限短的资本投入到固定资产中，那是很危险的。研究固定比率，就是为了判断这种危险的程度。对多数企业来说，固定比率以低于100%为佳。

$$固定资产对长期资本比率=\frac{固定资产}{长期资本}\times 100\%$$

在某些行业中，由于自身的特点，需要巨额的固定资产，很难用权益资本来筹措全部的固定资产，这时就有必要借助于公司债券、长期负债。在这种行业中，固定比率就超过了100%，但是只要长期负债的偿还期限足够长，就不一定有危险，为此，我们就可以使用上述比率进行判断。上述公式中的长期资本是权益资本与长期资本之和，是可以安心地投入到固定资产的资本，这个比率也称为固定长期适合率，原则上以低于100%为好。

（三）固定资产运用状况分析

固定资产是企业从事生产经营的物质技术基础，在企业中起着十分重要的作用。固定资产运用状况的分析主要包括以下几个方面：

1.固定资产增减变动情况的分析

固定资产增减变动不外乎两方面的原因：一是固定资产原值的增加或减少；二是固定资产折旧额的变动。从趋势上看，固定资产的增加是主要方面，这说明企业生产经营规模的不断扩大，应对激烈竞争能力的不断增强。但如果增加过快，则会给企业带来一系列问题：第一，产生巨额的不变费用。例如，无论销售额与产值高还是低，固定资产总是会发生一定的折旧费、修理费、保险费、利息等。因此，如果靠销售额来回收不变费用，固定资产的增加就成了经营上的不利因素。第二，固定资产的周转是缓慢的，每年只能回收其一部分价值，因此，越是将巨额资本投入到固定资产，资本的回收就越缓慢。这样，由于对固定资产的过度投资，容易造成周转资本不足的后果，并影响企业的生产经营活动，就更增加了回收不变费用的负担。第三，固定资产的过分增加，使企业对市场经济形势的应变能力减弱。当市场发生变化时，固定资产往往不易迅速地被改变以适应变化了的市场形势。这样，过多的固定资产会影响企业的收益能力和安全性。企业应尽量避免固定资产过分增长。当进行设备更新或扩充时，一方面要慎重考虑将来的需要和产品销路等状况；另一方面要充分考虑，一旦更新或扩充了设备，如何对待随之而来的各种风险。

为了具体反映固定资产增减变化的有关情况，可以根据有关资料进行以下比率的计算：

（1）固定资产增长率。

$$固定资产增长率=\frac{本期固定资产原值增加额-本期固定资产原值减少额}{本期期初固定资产原值}\times100\%$$

该比率就是全年净增加的固定资产数额与原有固定资产总额的比率，它可以说明固定资产增长的规模和速度。

（2）固定资产更新率。

$$固定资产更新率=\frac{本期新增加的固定资产原值}{本期期末全部固定资产原值}\times100\%$$

该指标反映固定资产更新的规模和速度，分析时要与企业的发展需要相联系，进而判断更新的规模和速度是否适当。

（3）固定资产退废率。

$$固定资产退废率=\frac{本期退废的固定资产原值}{本期期初全部固定资产原值}\times100\%$$

该指标是企业全年报废清理的固定资产与原有固定资产总额的比率。固定资产的退废，一般应有相应的更新，才能维持企业再生产规模，因此，应将该指标与固定资产更新率相比较。

2.固定资产结构变动情况的分析

固定资产结构，是指各类固定资产原值占全部固定资产总值的比重，反映固定资产的配置情况。在各类固定资产中，生产用固定资产，特别是其中的生产设备，与产品生产直接相关，在全部固定资产中应占较大的比重。非生产用固定资产的增长不应超过生产用固定资产的增长，其比重降低应当认为是正常的。未使用和不需用的固定资产应查明原因，采取积极措施，将其压缩到最低限度，以消除对企业的不利影响。概括地说，固定资产结构变动的分析主要包括三个方面的内容：一是是否遵循了优先增加生产用固定资产的原则；二是考察未使用、不需用等固定资产的处理情况；三是了解生产用固定资产内部之间配备比例的合理性。分析的方法是将不同时期的上述资料加以比较。需要说明的是，由于不同企业生产技术特点不同，企业间固定资产的结构是不相同的，因此，分析时对此要加以考虑。

3.固定资产磨损情况的分析

固定资产的磨损程度反映了一个企业固定资产的技术状况，通常使用以下两个指标：

$$\text{固定资产磨损率}=\frac{\text{固定资产累计折旧额}}{\text{固定资产原值}}\times 100\%$$

$$\text{固定资产净值率}=\frac{\text{固定资产净值}}{\text{固定资产原值}}\times 100\%$$

或 固定资产净值率=100%-固定资产磨损率

上述两个指标，前者反映固定资产平均损耗程度，后者反映固定资产平均新旧程度。二者表现为互补关系，磨损率大，净值率小；净值率大，磨损率小，二者之和为100%。如果净值率大，磨损率小，说明固定资产较新，技术状况较好；反之，说明固定资产较旧，技术状况较差，需要进行固定资产更新。

本章小结

本章对企业资产的构成，以及流动资产和固定资产的分析进行了比较全面的阐述，尤其对流动资产的主要项目——货币资金、应收账款、存货等资产进行了较深入的分析。企业资产是企业生产经营的物质基础，企业资产的作用发挥得如何，对企业经济效益会产生重要影响。在企业的全部生产中，流动资产运用得如何，对企业生产经营活动的影响是最大的，因此，学习者应在全面掌握资产分析的基础上，重点学习流动资产的分析。

复习思考题

1.企业资产构成可从哪些方面理解？

2.如何对固定资产进行分析？

3.如何对流动资产进行分析？

4.如何对现金资产、应收账款资产、存货资产进行分析？

同步练习题

一、单项选择题

1.不属于流动资产范畴的是（　　）。

A.速动资产　　B.盘存资产　　C.固定资产　　D.存货资产

2.固定资产净值率与（　　）之和为1。

A.固定资产退废率　　B.固定资产更新率

C.固定资产磨损率　　D.固定资产增长率

3.下列各项中不属于流动资产的是（　　）。

A.货币资产　　B.应收账款　　C.预收账款　　D.应收票据

二、多项选择题

1.流动资产的主要项目包括（　　）。

A.现金资产　　B.应收账款资产　　C.存货资产　　D.证券资产

2.在应收账款的成本效益分析中，相关成本包括（　　）。

A.管理成本　　B.机会成本　　C.坏账成本　　D.短缺成本

3.在存货分析中，确定存货定额的常用方法有（　　）。

A.周转期法　　B.比率法　　C.余额法　　D.总量法

三、判断题

1.固定资产净值率和固定资产磨损率为互补关系，磨损率大，净值率小；反之亦然。二者之积为1。（　　）

2.企业的流动资产多，企业的安全性好，所以企业的流动资产越多越好。（　　）

3.投资者投资的证券风险大，就一定能得到高的投资报酬率。（　　）

四、计算分析题

某公司现金收支状况比较平稳，预计全年现金需要量250 000元，现金与有价证券的转换成本为每次500元，有价证券的年利率为10%。

要求：

（1）计算最佳现金持有量。

（2）计算最佳现金持有量下的全年现金管理成本、全年现金交易成本和全年现金持有机会成本。

（3）计算最佳现金持有量下的全年有价证券交易次数和有价证券交易间隔期。

第三章同步练习题参考答案

延伸阅读

关于资产观点的不同阐述

第四章

资产与资本对称结构分析

学习目标

在了解资本分析和资产分析的基础上，进一步把握资产与资本的对应关系，在进行企业会计报表分析时，将资产与资本的变化联系起来考虑问题，以免得出片面的结论。

企业资产的价值形态即为企业的资本。在多数情况下，我们习惯将企业资本称为权益，本章也采用这种说法。

第一节 资产与权益对称结构分析的目的与内容

资产负债表是企业财务报表体系中最重要的一张报表，它能够包容企业几乎全部的主要财务信息，加之资产和负债的客观存在，使资产负债表的编制能够最大限度地减少人为因素的影响，比较真实地反映企业的财务状况。前面对于权益和资产所做的分析，显然是割裂了资产负债表左右两方的联系，分别独立地分析企业的筹资状况和资产运用状况，这种分析固然重要，但不是资产负债表分析的全部内容。因此，应在对权益和资产分别分析的基础上，就资产负债表的整体进行分析。

一、资产与权益对称结构分析的目的

资产与权益对称结构分析的目的在于：

（一）对企业的整体财务状况做出恰当的评价

资产负债表的重要功用体现在它能从资产运用和筹资两方面相互联系地反映企业的整体财务状况。通过对资产负债表左右两方相互联系的分析，可以发现在资产、权益单独分析时不能发现的问题，并可以补充、完善甚至修正资产、权益单独分析时所做出的结论。而且只有将资产负债表作为一个整体进行分析，才能对资产负债表所提供的财务信息有一个更全面、更深刻的理解，其分析评价才具有最终结论性。

（二）判断企业财务的稳定性和安全性

企业财务的稳定性和安全性不仅仅取决于资产结构是否合理，也不仅仅取决于资本结构是否合理，只有将两者联系起来，当其对称结构合理时，企业财务才具有稳定性和安全性。

二、资产与权益对称结构分析的内容

资产与权益对称结构分析包括以下内容：

（1）资产与权益的对称关系分析，包括资产与权益总量对等关系分析、资产与权益结构对应关系分析及资产与权益风险对应关系分析。

（2）资产与权益对称结构形式分析，包括对正常经营企业资产与权益对称结构形式分析和财务危机企业资产与权益对称结构形式分析。

（3）企业财务状况整体分析。

第二节 资产与权益对称关系分析

资产与权益之间客观存在的内在联系是资产与权益对称结构的形成基础。对称关系就是指资产与权益各项目的依存关系，了解和分析这种对称关系，就可以对资产负债表有一个总体的把握。

一、资产与权益总量对称关系分析

资产与权益总量对称关系最终表现为资产等于权益，或者说资产等于负债加所有者权益。这种恒等关系是会计核算的基础，也是构成资产负债表的基础。在资产负债表中，右方是负债和所有者权益，表明资金来源方式和性质；左方是资产，表明资金的具体运用形态。作为同一资金的两个侧面，资金来源与资金运用在数量上的恒等构成了资产与权益总量对称相等的关系，具体表现为：

（一）资金进入企业

当资金进入企业时，根据取得资金的方式和性质，表现为资产负债表右方的负债或所有者权益。同时根据资金的具体形态表现为资产负债表左方的资产，既可能是货币资产，也可能是实物资产，或者是无形资产。在数量上左右两方必然相等。

（二）资金形态或性质变化

如果在企业经营中资产形态发生变化，如货币资产转化为存货资产、固定资产、无形资产等形态，并不会改变资产总量，因而也不影响资产与权益总量对称相等关系。同样，如果资金来源方式或性质发生变化，如一项负债转化为另一项负债，或负债转化为所有者权益，并不改变权益总量，也不会对资产与权益总量对称相等关系产生任何影响。

（三）资金退出企业

当资金退出企业时，依据其资金的具体形态，表现为资产的减少，或者是货币资产，或者是实物资产，或者是其他资产的减少。同时，依据退出资金的性质，表现为负债或所有者权益的减少。这种变化虽然影响到资金总量，但由于同时涉及资产负债表的左右双方，而且数额相等，所以不会影响资产与权益总量对称相等关系。

（四）经营收益

企业经营收入中相当于经营成本的部分实际上是资产占用形态的转换。扣除经营成本后的余额即为企业经营收益，是通过企业生产经营活动形成的资金来源，其性质是所有者权益。同时，这一余额又表现为企业资产的增加，而且双方增加的数量相同。

企业资产各项目的上述对称相等关系自然会成为资产和权益总量对称相等关系的依据。

二、资产与权益结构对应关系分析

企业资产存量受生产经营规模制约，因此，按照资产存量与经营规模之间的关系，可以把企业资产分为两大部分：

（1）与企业正常经营规模相匹配的经常永久性占用的资产。这部分资产可以满足企业生产经营活动的最基本需要，包括固定资产和永久性占用流动资产。所谓永久性占用流动资产，是指货币资产、债券资产、存货资产等在年度内平均占用的最低水平，是保证企业正常生产经营活动的需要量。

（2）与企业经营周期相匹配的临时性占用的资产。这是由于季节性经营或其他原因引起的一定时期内资产占用的临时性增加，随着企业生产经营活动趋于正常，这部分资产将随时转换或退出。

资产结构的这种划分制约着企业的筹资结构，形成了资产与权益结构对应关系，表现为：

（一）以长期资金满足永久性占用资产的资金需要

由于固定资产占用与永久性流动资产占用具有相对稳定的特点，用长期资金来满足其资金需求，能够保证企业正常的、基本的经营活动的顺利进行，使企业的财务结构更具稳定性，其风险程度也会降低。这是由长期资金的基本性质决定的。企业长期资金包括所有者权益和非流动负债，所有者权益的不返还性和非流动负债的偿还期较长的特点，与永久性占用资产形成了一种内在的对应关系。如果企业以流动负债来满足这部分资产的资金需要，必然会给企业带来较大的偿债压力，当债务偿还期已到而资产未能变现时，企业可能会因此陷入财务困境。即使企业以多期流动负债相衔接的办法来满足其资金需要，虽然能获得降低资金成本的好处，然而一旦新债难以筹措，企业资金需求得不到满足，正常的生产经营活动就将无法进行。

（二）以短期资金满足临时性占用资产的资金需要

临时性占用资产是一种短期资产，变现速度快，以短期资金来满足这部分资产的资金需要可以保证在债务到期时能够及时偿还。这样可以使企业的资本结构具有较大的弹性，需要的时候就可以举债，不需要的时候就及时清欠。

（三）以长期资金满足临时性占用资产的资金需要

以长期资金满足短期资产的资金需要，即使短期资产没能如期及时变现，也不会对企业偿债产生太大影响，这是一种最稳健的筹资政策。其代价是要支付较高的资金成本，影响企业的最终财务成本，而且使企业的资本结构弹性变弱。

三、资产与权益风险对应关系分析

资产负债表的左方按资产的流动性排列，这种排列方式主要是为了说明资产的变现速度，反映企业资产流动性程度，但同时也隐含着对风险大小和收益高低的揭示。一般来说，流动资产的风险要小于固定资产，同时其收益能力也低于固定资产。因此，资产在资产负债表中的排列也是一种风险从小到大、收益从小到大的排列方式。但资产结构发生变化时，企业资产的风险和收益也会随之发生变化。

资产负债表的右方按权益的时间长度来排列，反映企业对资金使用时间的长度。短期资金对偿债能力要求较高，风险也相对大些，但其筹资成本低的特点决定了最终收益也较高。长期资金尽管风险小，但因其资金成本高而收益相对比较低。可以看出，资产负债表右方是按风险与收益从大到小进行列示的。

资产负债表的这种排列方式形成了独特的风险与收益对应关系，会对风险和收益形成一种调节作用，最终影响到企业资产结构和权益结构的决策。较大的财务风险可以用较小的资产风险来调节，较大的资产风险可以用较小的财务风险来中和。

第三节 资产与权益对称结构形式分析

企业资产与权益对称结构千差万别，但归纳起来可以分为正常经营企业的对称结构和财务危机企业的对称结构两大类。

一、正常经营企业资产与权益对称结构分析

正常经营企业资产与权益对称结构可以分为保守结构、稳健结构、平衡结构和风险结构四种类型。

（一）保守结构

在这一结构形式中，无论资产负债表左右的资产结构如何，资产负债表右方的资金来源方式全部是长期资金，长期负债与所有者权益的比例高低不影响这种结构形式。其形式见表4-1。

表4-1 资产负债表（保守结构）

<table>
<tr><td rowspan="2">流动资产</td><td>临时性占用流动资产</td><td rowspan="3">非流动负债
所有者权益</td></tr>
<tr><td>永久性占用流动资产</td></tr>
<tr><td colspan="2">非流动资产</td></tr>
</table>

从表4-1可以看出，保守结构的主要标志是企业全部资产的资金需要依靠长期资金来源满足。其结果是：

（1）企业风险极低。从前面的风险分析中我们知道，筹资风险是建立在经营风险的基础上的，只要企业资产经营不存在风险，其偿债风险就会消除。由于这一形式中的偿债风险极低，因此，即使提高非流动资产比例，资产风险加大，两方综合起来，也会形成一方较大的风险被另一方极小的风险中和，而使企业风险降低，不至于导致企业被迫清算资产以偿还到期债务。

（2）导致较高的资金成本。相对于其他结构形式，保守结构的资金成本最高，但前提是短期债务成本低于长期债务成本。

（3）筹资结构弹性弱。一旦企业进入用资淡季，对资金存量不易做出调整，尽管企业可以通过将闲置资金投资于短期证券市场来调节，但必须以存在完善的证券市场为前提，而且这种投资的收益也不一定足以抵补这种高成本。

实务中这种形式的资产与权益对称结构很少被企业采用。

（二）稳健结构

在这一结构形式中，长期资产的资金需要依靠长期资金来满足，短期资产的资金需要则使用长期资金和短期资金共同满足，长期资金和短期资金在满足短期资产的资金需要方面的比例不影响这一形式。其形式可用表4-2来表示。

表4-2 资产负债表（稳健结构）

<table>
<tr><td rowspan="2">流动资产</td><td>临时性占用流动资产</td><td>流动负债</td></tr>
<tr><td>永久性占用流动资产</td><td rowspan="2">非流动负债
所有者权益</td></tr>
<tr><td colspan="2">非流动资产</td></tr>
</table>

从表4-2可以看出，稳健结构的主要标志是企业流动资产的一部分资金需要使用流动负债来满足，另一部分资金需要则由非流动负债来满足。其结果是：

（1）足以使企业保持相当优异的财务信誉，通过流动资产的变现足以满足偿还短期债务的需要，企业风险较小。

（2）企业可以通过调整流动负债与非流动负债的比例，使负债成本达到企业目标标准。相对于保守结构形式而言，这一形式的负债成本相对要低，并具有可调性。

（3）无论是资产结构还是资本结构，都具有一定的弹性，特别是当临时性资产的资金需要降低或消失时，可通过偿还短期债务或进行短期证券投资来调整；一旦临时性资产的资金需要产生，又可以通过重新举借短期债务或出售短期证券来满足。

这是一种能为所有企业普遍采用的资产与权益对称结构。

（三）平衡结构

在这一结构形式中，以流动负债满足流动资产的资金需要，以长期负债及所有者权益满足长期资产的资金需要，长期负债与所有者权益之间的比例如何不是判断这一结构形式的标志。其形式可用表4-3来表示。

表4-3 资产负债表（平衡结构）

流动资产	流动负债
非流动资产	非流动负债 所有者权益

这一结构形式的主要标志是流动资产的资金需要全部依靠流动负债来满足。其结果是：

（1）同样高的资产风险与筹资风险中和后，使企业风险均衡。

（2）负债政策要依据资产结构变化进行调整，与其说负债结构制约负债成本，不如说资产结构制约负债成本。

（3）存在潜在的风险。这一形式以资金变现的时间和数量与偿债的时间和数量相一致为前提，一旦两者出现时间上的差异或数量上的差异，如销售收入未能按期取得现金，应收账款没能足额收回，短期证券以低于购入成本出售等，就会使企业产生资金周转困难，并有可能陷入财务危机。

这一结构形式只适用于经营状况良好、具有较好成长性的企业。企业对这一结构形式的非稳定性特点应给予足够重视。

（四）风险结构

在这一结构形式中，流动负债不仅用于满足流动资产的资金需要，而且还用于满足部分非流动资产的资金需要，这一结构形式不因为流动负债在多大程度上满足非流动资产的资金需要而改变。其形式可用表4-4表示。

表4-4 资产负债表（风险结构）

<table>
<tr><td>流动资产</td><td rowspan="2">流动负债</td></tr>
<tr><td rowspan="2">非流动资产</td></tr>
<tr><td>非流动负债
所有者权益</td></tr>
</table>

这一结构形式的主要标志是以短期资金来满足部分非流动资产的资金需要。其结果是：

（1）财务风险较大，较高的资产风险与较高的筹资风险不能匹配。流动负债和非流动资产在流动性上并不对称，要是通过变现非流动资产来偿还短期内到期的债务，必然会给企业带来沉重的偿债压力，从而要求企业极大地提高资产的流动性。

（2）相对于其他结构形式，其负债成本最低。

（3）企业存在“黑字破产”的潜在危险。由于企业时刻面临偿债的压力，一旦市场发生变动，或意外事件发生，就可能引发企业资产经营风险，使企业资金周转不灵而陷入财务困境，造成企业因不能偿还到期债务而“黑字破产”。

这一结构形式只适用于处在发展壮大时期的企业，而且只能在短期内采用。

二、财务危机企业资产与权益对称结构分析

财务危机企业资产与权益对称结构有两种形式，可以用表4-5和表4-6来表示。

表4-5 资产负债表（1）

<table>
<tr><td>流动资产</td><td rowspan="2">负债</td></tr>
<tr><td rowspan="3">非流动资产</td></tr>
<tr><td>投入资本</td></tr>
<tr><td>损失</td></tr>
</table>

表4-6 资产负债表（2）

<table>
<tr><td>流动资产</td><td rowspan="2">负债</td></tr>
<tr><td rowspan="2">非流动资产</td></tr>
<tr><td>损失</td></tr>
</table>

表4-5所示的资产与权益对称结构的典型特征是，由于企业经营亏损，所有者权益已小于投入资本，表明企业已处在十分危险的状态，如果企业不能扭亏，将会导致破产。表4-6所示的资产与权益对称结构的典型特征是，企业亏损不仅吃掉了全部投入资本，连债权人的资本也被吃掉一部分，表明企业已经资不抵债，陷入破产境地。这样的企业只能通过重建或重组才有可能起死回生。

第四节 企业财务状况的总体分析

资产负债表的本质是反映企业的财务状况，对资产和权益所做的单独分析只能反映企

业的基本信息，即资产运用状况和筹资状况。因此，单纯依据这种分析，只是一些具体的、基本的分析，容易把分析引入歧途。所以，对企业整体财务状况的分析，必须结合资产负债表左右两方各项目之间的相互联系和依存关系，才能做出综合评价。以下几方面的分析必须以资产与权益对称结构关系为基础。

一、资产变动的来源分析

前面对资产所做的分析，能使我们了解到一个企业资产的分布情况和配置情况、各类资产的变化情况及对总资产变动的影响程度，以及这些变化的趋势等基本信息。但是，据此我们还难以对企业的生产经营和资本保值增值做出评价。换言之，就是不能说明企业资产变动的来源性质。如果将资产负债表左右两方联系起来分析，就可以根据资产和权益双方变动情况的分析做出相应评价。

（1）资产增加，负债增加，所有者权益不变或投入资本减少。资产增加会使企业经营规模扩大，但这种扩大是靠负债来支持的，企业的生产经营并没有盈利，也许是没有盈利，也许是把全部盈利都分配给投资者了（以下不考虑利润分配问题）。

（2）资产增加，负债不变或减少，投入资本增加，留存收益不变。显然，资产增加是投资者追加投资的结果，而不是生产经营活动所致，据此仍不能判断生产经营的效益如何。但如果留存收益减少，则表明企业经营亏损。

（3）资产增加，负债不变，投入资本不变，留存收益增加。资产的这种变化显然得益于企业过去的生产经营活动，这时，增加额越大，表明企业过去一年的生产经营活动效率越高，资本保值增值得以实现，因此应对企业的生产经营活动从总体上做出良好评价。如果资产增加，负债减少，投入资本减少，或资产增加，负债和投入资本也增加，但两者增加数之和小于资产增加数，则仍可做出上述评价。

（4）资产减少，负债减少，所有者权益不变。这是企业理财活动的结果，而不是生产经营的效益高低造成的。

（5）资产减少，负债不变或增加，投入资本减少，留存收益不变。投资人收回投资是企业资产减少的主要原因，不表明企业生产运营状况不好。

（6）资产减少，负债不变或增加，投入资本不变或增加，留存收益减少，表明企业当年经营亏损，连资本保值都没能做到。

（7）资产不变，负债减少，投入资本减少，留存收益增加。此时留存收益增加数等于负债和投入资本减少数之和，虽然企业生产经营规模没有变动，但仍能对企业过去一年的经营活动做出良好的评价。

二、企业风险影响分析

前已说明，资产负债表的左方是按资产风险从小到大排列，而右方则是按筹资风险从大到小排列的。如果就资产而言，当资产结构发生变化时，资产风险也在变化。例如，当流动资产比例增大时，只能说明企业资产风险降低，但企业风险是否降低，或达到什么程度是难以判断的。如果就权益而言，当权益结构发生变化时，筹资风险也会变化。例如，当流动负债比率提高时，只能说明企业筹资风险在增加，但同样不能据此对企业风险做出评价。当我们将资产负债表的左、右两方联系起来综合分析时就会发现，除了理论上的两种极端情况之外，实务中企业必然是长短期资产并存，同时长短期资金来源并存。这两种极端情况是：①资产全部为非流动资产，资产风险达到最高，而资产的资金来源全部为投入资本时，这时最大的资产风险将被无风险的产权筹资所稀释；②企业资金全部来源于流动负债，使筹资风险达到最高，但当企业资产全部是货币资产时，最大的筹资风险将被极低的资产风险所稀释。因此，企业资产与权益对称结构关系如何，会对企业风险产生影响：①当企业资产风险较大时，通过降低筹资风险，就可以使企业风险降低；②当企业筹资风险较大时，可以通过降低资产风险而使企业风险降低；③当企业资产风险较大时，再提高筹资风险，企业风险会更大。

三、负债成本影响分析

负债成本除受各种负债方式的资金成本影响外，还受到负债结构的影响。负债成本影响分析是建立在对负债单独分析的基础上的。如果将权益结构与资产结构综合起来，就形成了资产与权益对称结构，从这一对称结构中可以发现，负债结构必然受到资产结构的制约，不同的资产与权益对称结构会对负债成本产生制约作用。

【例4-1】某企业流动资产存量为2 000万元，流动负债的资金成本为5%，非流动负债的资金成本为10%，如果仅就满足流动资产资金需要的负债成本来分析，各种不同资产与权益对称结构条件下的负债成本为：

（1）保守结构：长期负债为2 000万元，负债成本为10%。

（2）稳健结构：如果要求流动资产是流动负债的2倍，则流动负债为1 000万元，非流动负债为1 000万元。

负债成本=5%×50%+10%×50%=7.5%

（3）平衡结构：流动负债为2 000万元，负债成本为5%。

（4）风险结构：如果流动负债的50%用于流动资产投资，另外50%用于长期投资，这部分非流动资产的资金需要本应由非流动负债来满足而改为由流动负债来满足，则会使非流动负债减少2 000万元，可以节约资金成本为：

10%-5%=5%

尽管由于满足流动资产的资金需要而支付流动负债成本5%，但和资金成本节约5%相抵，相当于满足流动资产需要的资金，没付任何代价。

本章小结

本章主要从资产与资本（权益）之间对应关系的角度，从整体上分析了资产负债表在反映企业财务状况方面的重要作用，是在第二章、第三章内容的基础上，综合评价资产、资本（权益）对企业财务状况的影响。这种评价带给我们的重要启示是：①任何财务指标都不是独立发生作用的；②相关的财务指标之间一定存在着某种内在联系，分析这种联系是了解企业财务状况的最好办法；③企业是一个整体，财务报表的分析也必须从整体上把握，孤立地、割裂地评价某一财务指标的做法是不可取的。

复习思考题

1.某公司债务的市场价值下跌1 000万元，这对公司是福还是祸？为什么？

2. 如果你拥有一个公司，你喜欢公司资产的市场价值上升1 000万元，还是债务的市场价值下跌1 000万元？

同步练习题

一、单项选择题

1. 在资产与权益对称结构中，（　　）的主要标志是企业流动资产的一部分资金需要由流动负债来满足，另一部分资金需要则由长期负债来满足。

A. 保守结构　　B. 稳健结构　　C. 平衡结构　　D. 风险结构

2.（　　）是企业普遍采用的一种资产与权益对称结构。

A. 保守结构　　B. 稳健结构　　C. 平衡结构　　D. 风险结构

3. 在资产与权益对称结构中，（　　）虽然风险极低，但导致较高的资金成本，在实务中很少被企业采用。

A. 保守结构　　B. 风险结构　　C. 平衡结构　　D. 稳健结构

二、多项选择题

1. 企业资产与权益对称结构分析的内容包括（　　）。

A. 资产与权益的对称关系分析　　B. 资产与权益对称结构形式分析

C. 企业财务状况整体分析　　D. 企业财务状况分项分析

2. 资产与权益对称结构分析的目的包括（　　）。

A. 评价企业的整体财务状况　　B. 判断企业财务的稳定性和安全性

C. 分析企业的资金来源　　D. 分析企业的经营收益

3. 正常经营企业资产与权益对称结构可以分为（　　）。

A. 保守结构　　B. 稳健结构　　C. 平衡结构　　D. 风险结构

三、判断题

1. 单独分析资产、权益就可以对企业进行综合评价。（　　）

2. 资产负债表既可以表明资金来源方式和性质，也可以表明资金的具体运用形态。（　　）

3. 一般情况下，当企业资产结构发生变化时，资产风险也相应变化。（　　）

第四章同步练习题参考答案

延伸阅读

资本经营与资产经营

第五章

企业偿债能力分析

学习目标

了解企业偿债能力指标的构成及意义，掌握各种偿债能力指标的计算方法，能够运用各种指标对企业的偿债能力进行分析。

偿债能力分析是指企业对其所欠债务的偿还能力所进行的分析。对于会计报表使用者来说，企业偿债能力的分析是非常重要的。本章将重点介绍企业的短期偿债能力和长期偿债能力指标的计算与分析。

第一节　偿债能力指标分析的意义及应注意的问题

一、偿债能力指标分析的意义

在现代企业制度下，企业的投资者、债权人、经营者和政府都站在各自的立场上，从各自的目的和利益出发，关心企业的财务状况和经营成果，而企业财务报表可以总括地反映其财务状况和经营成果，是投资者、债权人、经营者及其他有关人士进行决策的重要依据。企业偿债能力指标分析主要有以下几方面的现实意义：

（1）通过短期偿债能力指标的计算及分析，可以比较全面地分析企业历年短期偿债的风险，确定适当的指标比率，树立企业良好的信誉。

（2）通过长期偿债能力指标的计算及分析，可以揭示企业年度收益与偿还长期债务能力之间的关系。企业获利能力强，才能保证其有效地偿还长期债务。

（3）通过对影响短期偿债能力和长期偿债能力的其他因素进行比较分析，增加控制企业财务风险的有效措施，提高偿还债务的能力，维护企业的信誉，从而稳健地控制企业未来的风险，使企业在市场经济中立于不败之地。

（4）通过偿债能力指标比率的分析，可以反映并据以评价企业的财务状况或发现经营中存在的问题，从而揭示企业生产经营的全貌，为投资者、债权人和企业管理当局作决策提供可靠的依据。

二、偿债能力指标分析应注意的问题

进行会计报表分析时，计算各项指标使用的会计报表数据不一定反映真实情况，这是因为：

（1）比率分析所用的各种数据，一般都未按物价水平加以调整。因此，报表分析结果经常会受到物价变动因素的干扰而失去应有的意义。

（2）非流动资产的余额，是按历史成本减折旧或摊销计算的，不代表现行成本或变现价值。

（3）有些项目，如科研开发支出和广告支出，从理论上看是资本支出，但发生时已立即列作当期费用。

（4）有些项目是估计的，如无形资产摊销和开办费摊销，但这种估计未必准确。

（5）发生了非常或偶然的事项，如资产盘盈或坏账损失，可能歪曲本期的净收益，使之不能反映盈利的正常水平。

对同一会计事项的账务处理，企业会计准则允许使用几种不同的规则或程序，企业可以自行选择，所以，不同的企业可能选择不同的会计处理程序，使它们的财务比率失去可比性。例如：

①存货成本和销货成本的计价，可以使用先进先出法、加权平均法、个别辨认法等；

②折旧的提取，可以使用直线法或各种加速折旧法；

③核算对外投资的收益，可以使用成本法或权益法。

虽然在会计报表的文字说明中，对企业的主要会计政策有一定的表述，但报表信息使用者不一定能完成建立可比性的调整工作。为此，在进行偿债能力分析时，要考虑多种影响因素来计算指标比率，不能将其绝对化。

第二节　短期偿债能力分析

短期偿债能力是指企业在短期内偿还债务的能力。短期偿债能力对企业至关重要，如果无法保持一定的短期偿债能力，意味着企业在偿还长期债务方面也可能存在问题，不仅不能满足短期债权人的偿债要求，也不能满足长期债权人乃至投资者的偿债要求。即使是一个盈利不错的企业，也存在着由于资金周转不灵偿还不了短期债务而面临破产的危险。因此，企业的各类短期债权人出于自己利益的考虑，非常关注企业的短期偿债能力，企业管理当局出于维护企业财务形象的考虑也需要分析短期偿债能力。

一、偿债能力分析所需的会计报表数据资料

为了便于说明，本章各项财务指标比率的计算将主要使用A公司作为案例，该公司的简要资产负债表、利润表见表5-1、表5-2。

二、短期偿债能力计算及分析

企业短期偿债能力的强弱表现为资产变现能力的强弱，变现能力的强弱则表现为一个营业周期内全部或部分流动资产与流动负债比例大小。说明一个企业短期偿债能力的指标主要有：净营运资本、流动比率、速动比率和现金比率。

表5-1 资产负债表（简表）

编制单位：A公司 2020年12月31日 单位：元

资产	期末余额	年初余额	负债及所有者权益	期末余额	年初余额
流动资产：			流动负债：		
货币资金	500 000.00	250 000.00	短期借款	600 000.00	450 000.00
以公允价值计量且其变动计入当期损益的金融资产	60 000.00	120 000.00	应付票据	50 000.00	40 000.00
应收票据	80 000.00	110 000.00	应付账款	1 000 000.00	1 090 000.00
应收账款	3 980 000.00	1 990 000.00	预收款项	190 000.00	90 000.00
预付款项	540 000.00	110 000.00	其他应付款	70 000.00	120 000.00
其他应收款	120 000.00	220 000.00	应付职工薪酬	140 000.00	170 000.00
存货	1 270 000.00	3 300 000.00	应交税费	70 000.00	80 000.00
一年内到期的非流动资产	450 000.00	0.00	应付股利	280 000.00	100 000.00
流动资产合计	7 000 000.00	6 100 000.00	其他应付款	70 000.00	10 000.00
非流动资产：			一年内到期的非流动负债	500 000.00	0.00
持有至到期投资	0.00	0.00	其他流动负债	30 000.00	50 000.00
固定资产	12 380 000.00	9 550 000.00	流动负债合计	3 000 000.00	2 200 000.00
在建工程	100 000.00	250 000.00	非流动负债：		
无形资产	60 000.00	80 000.00	长期借款	4 500 000.00	2 450 000.00
长期待摊费用	50 000.00	150 000.00	应付债券	2 400 000.00	2 600 000.00
其他非流动资产	30 000.00	0.00	长期应付款	500 000.00	600 000.00
非流动资产合计	12 620 000.00	10 030 000.00	其他非流动负债	30 000.00	150 000.00
			非流动负债合计	7 430 000.00	5 800 000.00
			所有者权益：		
			实收资本	1 000 000.00	1 000 000.00
			资本公积	160 000.00	100 000.00
			盈余公积	740 000.00	400 000.00
			未分配利润	7 290 000.00	6 630 000.00
			所有者权益合计	9 190 000.00	8 130 000.00
资产总计	19 620 000.00	16 130 000.00	负债及所有者权益总计	19 620 000.00	16 130 000.00

表5-2 利润表（简表）

编制单位：A公司 2020年度 单位：元

项目	上期金额	本期金额
一、营业收入	28 500 000.00	30 000 000.00
减：营业成本	25 030 000.00	26 440 000.00
税金及附加	280 000.00	280 000.00
管理费用	400 000.00	460 000.00
财务费用	960 000.00	1 100 000.00
销售费用	200 000.00	220 000.00
加：公允价值变动收益	360 000.00	200 000.00
投资收益	240 000.00	400 000.00
二、营业利润	2 230 000.00	2 100 000.00
加：营业外收入	170 000.00	100 000.00
减：营业外支出	50 000.00	200 000.00
三、利润总额	2 350 000.00	2 000 000.00
减：所得税费用	750 000.00	640 000.00
四、净利润	1 600 000.00	1 360 000.00

（一）净营运资本的计算与分析

净营运资本是指流动资产超过流动负债的部分，是反映短期偿债能力的一项基本指标。其计算公式为：

净营运资本=流动资产−流动负债

【例5-1】根据A公司的资料，可以计算出该公司2019年年末和2020年年末的净营运资本如下：

2019年年末净营运资本=6 100 000−2 200 000=3 900 000（元）

2020年年末净营运资本=7 000 000−3 000 000=4 000 000（元）

通过计算得出该公司的净营运资本2019年年末为390万元，2020年年末为400万元。企业用流动资产偿还全部流动负债，剩余的是净营运资本。本例中，A公司2019年、2020年净营运资本均已超过流动负债数额，这说明该公司短期偿债能力较强。

净营运资本是用于计量企业短期偿债能力的绝对数指标，它反映的是流动资产可用于归还或抵补流动负债后的余额。会计人员在财务报表中将“流动资产”和“流动负债”分别列示并按照流动性排序，是为了便于分析短期偿债能力，企业是否偿还短期债务要看有多少债务、有多少可以变现偿债的流动资产。当流动资产大于流动负债时，净营运资本为正，说明净营运资本出现溢余。此时，与净营运资本对应的流动资产是以一定数额的长期负债或所有者权益作为资金来源的，净营运资本数额越大，说明不能偿债的风险越小；反之，企业部分长期资产以流动负债作为资金来源，企业不能偿债的风险很大。

短期债权人希望净营运资本越多越好，这样可以减少贷款风险。净营运资本短缺，企业为了维持正常的经营和信用会进行不利的借款，从而影响利息和股利的支付能力。因为流动资产与长期资产相比获利性差，过多地持有净营运资本，意味着流动负债少而流动资产多，不利于企业提高盈利能力，而且，除了短期借款以外的流动负债通常不需要支付利息，流动负债过少说明企业利用无息负债扩大经营规模的能力较差。因此，企业应保持适当的净营运资本规模。

但是，应注意的是，由于净营运资本是流动资产与流动负债之差，是个绝对数，如果企业之间规模相差很大，绝对数相比的意义有限。

另外，净营运资本还有一种计算公式：

净营运资本=流动资产-流动负债

=（总资产-非流动资产）-（总资产-所有者权益-非流动负债）

=（所有者权益+非流动负债）-非流动资产

=长期资本-长期资产

当流动资产小于流动负债时，净营运资本为负数，表明长期资本小于长期资产，有部分长期资产由流动负债提供资金来源。由于流动负债在一年内需要偿还，而长期资产在一年内不能变现，偿债所需现金不足，必须设法另外筹资，否则财务状况不稳定。

（二）流动比率的计算与分析

流动比率是衡量企业流动资产在短期债务到期前可变为现金，用于偿还流动负债的能力，表明企业每1元钱流动负债有多少元流动资产作为支付的保障。其计算公式为：

$$流动比率=\frac{流动资产}{流动负债}$$

【例5-2】根据A公司的资料，按公式可计算出流动比率如下：

$$年初流动比率=\frac{6\ 100\ 000}{2\ 200\ 000}=2.77$$

$$年末流动比率=\frac{7\ 000\ 000}{3\ 000\ 000}=2.33$$

计算公式中的流动资产包括货币资金、交易性金融资产（短期证券）、应收票据、应收账款和存货等项目，流动负债包括短期借款、应付票据、应付账款、一年内到期的非流动负债、应交税费和其他各项应付费用等项目。

用流动比率来衡量企业资产流动性的大小，自然要求企业的流动资产在清偿流动负债以后还有余力去应付日常经营活动中的其他资金需要。特别是对债权人来说，此项比率越高越好，因为该比率越高，债权越有保障。

在会计实务工作中，一般认为企业合理的最低流动比率是200%。这是因为流动资产中变现能力最差的存货金额约占流动资产总额的一半，余下的流动性较大的流动资产至少要等于流动负债，企业的短期偿债能力才会有保障。基于这一标准，A公司年初、年末流动比率是基本正常的。

由于市场经济中各种行业的经营性质或经营周期的不同，对资产流动性的要求并不一样，应该有不同的衡量标准，最后的结论只有和同行业平均流动比率、本企业历史流动比率进行比较才能确定。使用流动比率分析时应注意：

（1）我国部分行业流动比率参考值为：汽车1.1、房地产1.2、制药1.25、建材1.25、化工1.2、家电1.5、计算机2、电子1.45、商业1.65、机械1.8。需要指出的是，这种比较通常并不能说明流动比率为什么高或低，要找出过高或过低的原因还必须分析流动资产和流动负债所包括的内容以及经营相关因素。一般情况下，营业周期、流动资产中的应收账款和存货的数额与周转速度是影响流动比率的主要因素。

（2）从合理利用资金的角度而言，各行各业、各不同企业应根据自身的情况和行业特点，确定一个流动比率的最佳点。流动比率过高，往往说明企业在资金使用上不尽合理，应将其多余的资金用于收益性较好的投资或其他方面。如存货周转较快、结算资产较好的企业，其流动比率可以小于2，既能满足偿债需要，又使该比率不致过高。

（3）当企业用流动资产偿还流动负债或通过增加流动负债来购买流动资产时，流动比率计算公式的分子与分母将等量地增加或减少，并造成流动比率本身的变化。流动比率的这一特点，使得企业管理当局有可能在该比率不理想时，通过年末突击性偿还短期负债，下年初再举借新债等手段粉饰其流动比率的状况。

（4）流动资产的长期化问题。理论上说，流动资产是指能够在一年内变现或耗用的资产，实际上资产负债表上的流动资产总有一些是已经“沉淀”了一年以上，不可能在一年变现的，如长期积压的存货和长期挂账的应收款项等。从会计处理看，长期的欠款仍然反映在其收款项目中，被长期化了的“流动资产”，数量再多也不表示企业的短期偿债能力强。如果一个企业的长期化流动资产数量较大，则较高的流动比率不仅不能说明企业的短期偿债能力强，反而给报表使用者造成一种假象。为使流动比率能如实反映企业的偿债能力，对于已经被长期化的那部分流动资产，最好是在计算流动比率时扣除。

（5）流动资产中虚拟资产的问题。在资产负债表的流动资产部分，有一些项目，如金融资产的公允价值部分等，实际是虚拟资产，不能用于偿还债务，计算流动比率时最好也要扣除。考虑以上两点，账面未扣除虚拟资产的流动比率就有可能高估企业的短期偿债能力。换句话说，实际的短期偿债能力可能并没有按账面数字计算的流动比率所反映的那么高。

（6）流动比率还会掩盖流动资产或流动负债的内部结构性矛盾，这是流动比率指标的又一个缺陷。例如，有时流动比率高，可能是存货积压或滞销的结果，也可能是应收账款大量挂账或三角债的结果，甚至还可能是拥有过多的现金而未很好地加以利用的缘故，这些都会影响企业的正常经营和获利能力。

（7）流动资产的变现时间结构与流动负债的偿还时间结构很难做到一致，即使流动比率较高，有时也难以满足偿付流动负债的需要。为弥补流动比率的这一缺陷，财务人员还必须注意观察速动比率和现金比率等指标。因此，即使一个企业有一个较高的流动比率，也不要就此认为企业的短期偿债能力就一定好。这个道理说明，财务分析人员不能过分相信单纯依据资产负债表计算的财务指标。对流动比率指标来说如此，其他财务指标同样如此。

（三）速动比率的计算与分析

速动比率是衡量企业流动资产中可立即用于偿还流动负债的能力，这个指标也被称为酸性测试比率。构成流动资产的各项目流动性的差别很大，其中，部分可以在较短时间内变现的被称为速动资产，包括货币资金、交易性金融资产和各种应收、预付款项等，速动资产之外的流动资产被称为非速动资产，包括存货、一年内到期的非流动资产及其他流动资产。速动比率的计算公式为：

$$速动比率=\frac{速动资产}{流动负债}$$

【例 5-3】根据A公司的资料，计算速动比率如下：

$$年初速动比率=\frac{6\,100\,000-3\,300\,000}{2\,200\,000}=1.27$$

$$年末速动比率=\frac{7\,000\,000-1\,270\,000}{3\,000\,000}=1.91$$

在利用速动比率进行财务分析时应注意的是：

（1）如果流动比率较高，而流动资产的流动性却很低，则企业偿债能力仍然不高。在流动资产中，交易性金融资产可以立刻在市场上出售，转化为现金；应收票据和应收账款通常也可在较短时期内变为现金；存货则流动性较差，变现时间长，不包括在速动资产之内，如果一家企业流动比率过高，而速动比率较低，则往往说明企业有大量存货；至于预付费用，由于在流动资产总额中所占比重较小，一般不予考虑。因此将现金、短期资产、应收票据及应收账款等项目合在一起，称作速动资产，其与流动负债的比率称为速动比率。速动比率是对流动比率的补充，它们的关系取决于存货的变化方向和变化速度，或两个比率同方向、同比例变化，或同方向、不同比例变化，或按不同方向变化。

（2）一般认为，企业正常的速动比率为1，低于1的速动比率被认为是短期偿债能力偏低。但这个比率并不是绝对的，不同的行业应该有所差别，所以要参照同行业资料和本企业历史情况进行判断。部分行业速动比率的参考值为：汽车0.85、房地产0.65、制药0.9、化工0.9、家电0.9、商业0.45、机械0.9。

它们表现出以下两个特点：第一，商业企业存货周转快，且所占比重较大，应付账款一般较多，在日常营业过程中产生大量货币资金可以应付支付需求，因此速动比率为0.5即属正常。要求其比率为1，等于要求其售前支付价款或售后立即付款，对商业行业既无必要，也不适合供大于销的市场基本格局。第二，一些行业如汽车业，由于其生产技术特点，占用存货很多，要求其比率大于1既不合理也不现实。

（3）企业有时在计算速动比率之后，还可进行速动资产够用天数的分析。速动资产够用天数指根据预计的营业开支，计算现有的速动资产足够支用的天数。其计算公式为：

$$速动资产够用天数=\frac{速动资产}{预计每天营业开支}$$

其中：

$$预计每天营业开支=\frac{预计年度营业开支-非现金开支}{360}$$

【例 5-4】A公司2020年年末的速动资产为573万元，根据近年来的开支记录，预计2021年营业总开支1 525万元，其中非现金开支150万元，则：

$$速动资产够用天数=573\div\frac{1\,525-150}{360}=150（天）$$

这就是说，现有的速动资产预计可供来年150天营业之用，而无须补充新的资源，显然这是相当稳健的。也有人认为，速动资产够用天数这一指标可以取代速动比率，或至少可以作为说明短期偿债能力的一个重要的补充数据。因为速动比率是相对于流动负债而言的，而够用天数则依据营业开支水平计算，如果开支水平较高，够用天数较短，则势必要动用其他资产或欠下新的债务，对企业的偿债能力自然会产生不利的影响。

该比率虽然弥补了流动比率的某些不足，但仍没有考虑速动资产的构成。尽管速动资产变现能力较强，但速动资产仍不等于企业的现时支付能力，各种不同的速动资产变现能力仍然存在差异。比如，当企业速动资产中含有大量不良应收账款时，或企业的短期股票投资被套牢而转化为事实上的长期投资时，即使其比率大于1，也不能保证企业有很强的短期偿债能力。因此，该比率应与速动资产变现能力强弱结合起来考察，应结合应收账款周转率及坏账准备率分析，如果应收账款的流动性存在问题，实际坏账可能比计提的坏账准备要多时，则要求企业有更高的速动比率。

（四）现金比率的计算与分析

现金比率是指现金资产与流动负债的比率。速动资产中，流动性最强的可直接用于偿债的资产被称为现金资产，包括货币资金、交易性金融资产等。与速动资产不同之处在于现金资产本身可以直接偿还债务，其他速动资产则需变现后才能偿债，而非速动资产需要等待不确定的时间，才能转换为不确定金额的现金。现金比率计算公式为：

$$现金比率=\frac{货币资金+交易性金融资产}{流动负债}\times 100\%$$

【例 5-5】根据A公司的资料，计算现金比率如下：

$$年初现金比率=\frac{250\ 000+120\ 000}{2\ 200\ 000}=0.168$$

$$年末现金比率=\frac{500\ 000+60\ 000}{3\ 000\ 000}=0.187$$

在进行现金比率分析时应注意的是：

（1）现金类资产对流动负债比率反映企业的即刻变现能力，意味着作为偿债保证的资产是变现力为百分之百的资产，因而，以此偿还流动负债也具有百分之百的稳定性和安全性，以此衡量企业偿还流动负债能力更为稳健。

（2）企业在进行财务分析时需要从最保守的角度对流动性进行分析，如在企业已将应收账款和存货作为抵押品的情况下，或者当财务分析人员怀疑企业存货和应收账款存在流动性问题时，评价企业短期偿债能力的最好指标就是现金比率。但是，企业很少重视这个指标，因为如果要求企业有足够的现金等价物或短期证券以偿还流动负债是不现实的。如果企业的流动性不得不依赖于现金和短期证券，表明它的偿债能力可能是减弱了。除非企业处于财务困境中，否则分析者很少重视现金比率指标，但在某些企业，如存货和应收账款流转速度很慢和高度投机的企业，现金比率很重要。

（3）使用这一比率时，还必须注意现金及有价证券的内涵变化。比如某些限定用途、不得随便动用的现金，减少了企业实际可用的现金数量；而某些账面价值不能准确反映其市价变动的有价证券，应对其按照实际价格进行相应调整，才能揭示其真正的变现价值等。

（4）现金比率固然能反映企业的直接支付能力，但企业没必要总是保持足以偿还流动负债的货币资金和短期证券，因为这差不多相当于流动负债所筹集的资金没有得到利用。因此，在评价企业变现能力和短期偿债能力时，不宜将现金比率作为主要指标，它只是表明企业在最坏情况下对短期债务的应变能力。企业一旦面临财务危机，即使企业有较高的流动比率和速动比率，也往往无法满足债权人的要求。可见，采取现金比率来衡量企业的短期偿债能力是一种极其稳健的方法，一般情况下只将现金比率作为流动比率和速动比率的补充或辅助指标。

流动比率、速动比率与现金比率的关系如图5-1所示。

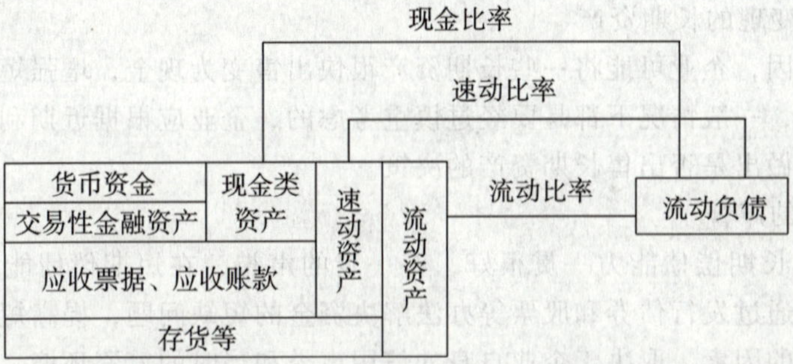

图5-1 流动比率、速动比率与现金比率的关系

流动比率、速动比率与现金比率的关系是：

（1）以全部流动资产作为偿付流动负债的基础，所计算的指标为流动比率。它包括可变现能力较差的存货和一年内到期的非流动资产，若存货中存在超储积压物资时，会形成企业短期偿债能力较强的假象。

（2）速动比率以扣除变现能力较差的存货和一年内到期的非流动资产等作为偿付流动负债的基础，它弥补了流动比率的不足。

（3）现金比率以现金类资产作为偿付流动负债的基础，但现金持有量过大会对企业资产利用效果产生副作用，这一指标仅在企业面临财务危机时使用，相对于流动比率和速动比率来说，其作用力度较小。

（五）现金流量与短期债务的比较

经营活动现金流量是可以偿债的现金流量，流动负债所需现金是偿还短期债务所需的现金，二者相除称为现金流量比率。其计算公式为：

$$现金流量比率=\frac{经营活动现金流量}{流动负债}$$

公式中流动负债，通常使用资产负债表中流动负债年初与年末的平均数。为了说明期末的现金流量对短期债务的保障程度，也可以使用期末数。

现金流量比率表明每1元流动负债的经营活动现金流量保障程度。该比率越高，偿债能力越强。

三、影响短期偿债能力的其他因素

上述变现能力指标的计算和分析之中的绝大多数数据资料是从会计报表中取得的。当然，还有一些会计报表资料中没有反映出来的因素也会影响企业的短期偿债能力，甚至影响力相当大。会计报表的使用者多了解些这方面的情况，有利于做出正确的判断。

（一）增强变现能力的因素

企业流动资产的实际变现能力，可能比会计报表项目反映的变现能力要好一些。影响变现能力的其他因素主要有以下几个方面：

1.可动用的银行贷款指标

银行已同意、企业未办理贷款手续的银行贷款限额，可以随时增加企业的现金，提高支付能力。这一数据不反映在报表中，必要时应在财务状况说明书中予以说明。

2.准备很快变现的长期资产

由于某种原因，企业可能将一些长期资产很快出售变为现金，增强短期偿债能力。企业出售长期资产，一般情况下都是要经过慎重考虑的，企业应根据近期利益和长期利益的辩证关系，正确做出是否出售长期资产的决策。

3.偿债能力的声誉

如果企业的长期偿债能力一贯很好，有一定的声誉，在短期偿债能力方面出现困难时，可以很快地通过发行债券和股票等办法解决资金的短缺问题，提高短期偿债能力。这个增强变现能力的因素，取决于企业自身的信用声誉和当时的筹资环境。

（二）削弱变现能力的因素

削弱企业流动资产变现能力的因素，未在会计报表中反映的主要有：

1.未作记录的或有负债

或有负债是有可能发生的债务，对这些或有负债，按照我国企业会计准则的规定并不作为负债登记入账，也不在报表中反映。只有已办理贴现的商业承兑汇票，作为附注列示在资产负债表的下端，其他的或有负债，包括售出产品可能发生的质量事故赔偿、尚未解决税额争议时可能出现的不利后果、诉讼案件和经济纠纷案可能败诉并需赔偿等都没有在报表中反映。这些或有负债一旦成为事实上的负债，将会加大企业的偿债负担。

2.担保责任引起的负债

企业有可能以自己的一些流动资产为他人提供担保，如为他人向金融机构借款提供担保、为他人购物提供担保或为他人履行有关经济责任提供担保等。这种担保有可能成为企业的负债，增加偿债负担。

第三节 长期偿债能力分析

长期偿债能力是指企业偿付长期债务的能力。对企业长期偿债能力，主要是通过利润表或资产负债表所反映的情况来进行考察。从会计实务角度分析，企业获利能力是决定企业长期偿债能力的一个重要因素，同时，债务结构总额与企业规模之间的关系也影响企业的长期偿债能力。因此，反映企业长期偿债能力的指标主要有资产负债率、产权比率、有形净值债务率、销售利息比率、利息保障倍数等。

一、长期偿债能力的分析

通常企业对一笔债务总是负有两种责任：一是偿还债务本金的责任；二是支付债务利息的责任。分析一个企业的长期偿债能力，主要是为了确定该企业偿还债务本金与支付债务利息的能力。

（一）资产负债率的计算与分析

资产负债率是衡量企业利用债权人提供的资金进行经营活动的能力，也用于反映债权人发放贷款的安全程度。其计算公式为：

$$资产负债率=\frac{负债总额}{全部资产总额}$$

【例 5-6】根据A公司的资料，计算资产负债率：

$$年初资产负债率=\frac{8\ 000\ 000}{16\ 130\ 000}\times100\%=49.597\%$$

$$年末资产负债率=\frac{10\ 430\ 000}{19\ 620\ 000}\times100\%=53.16\%$$

资产负债率反映了在总资产中有多大的比例是通过借债筹集的，即举债经营程度，它也可以用来衡量企业在清算时保护债权人利益的程度，即负债保障程度。从理论上讲，一般认为资产负债率为50%为宜，如果高于100%则表明企业资不抵债，视为达到破产界限。财务分析时，应结合行业特点、企业收支水平、收支现状、营业周期以及特定时期宏观信贷政策等多种因素综合考虑。从上例的计算结果看，A公司年末资产负债比率略高于50%，问题不大，但与期初相比，有上升趋势，企业应注意。

在利用资产负债率进行财务分析时应当注意：

（1）不同的信息使用者分析的角度不同。

①从债权人的角度来看，负债比率越小，表明所有者权益比率越大，企业的财力就越雄厚，偿债能力也就越强，债务的保障程度就越高，债权的风险也就越小；反之，债权的风险就越大。因此，对债权人来讲，负债比率越小越好。尤其是在企业清算时，资产变现所得很可能低于其账面价值，所有者一般只承担有限责任，资产负债率过高，债权人可能蒙受损失。

②从投资者的角度来看，企业通过举债所筹措的资金与投资者提供的资本在经营活动中发挥同样的作用，从充分利用财务杠杆的角度，可能希望资产负债率高些，但该比率过高会影响企业的筹资能力。

③从企业管理当局的角度而言，负债比率反映了其经营策略。负债比率越高，企业承担的风险就越大，但获利的机会也就越大；反之，则说明企业管理当局比较保守，缺乏举债经营意识。因此，企业在运用举债经营策略时，必须审慎考虑，权衡利弊，保持适度的比率。

（2）当资产负债率在50%与100%之间变化时，属于“黄灯区”，表明企业负债较重，企业资产的大部分或全部是负债形成的。这类企业的经营和财务风险较大，对投资者和债权人都不利。当这种情况发生时应及时发出警报，使企业迅速改善财务状况，以避免资不抵债情况的发生。

当资产负债率超过临界点，大于100%时，企业便进入“红灯区”，财务状况处于“红灯区”时，应对企业经营理财活动中存在的问题进行分析，找出亏损源，采取行之有效的、针对性极强的措施积极应对。

50%是美国的一个经验值。众所周知，美国是证券或股票市场高度发达的国家，许多企业能够通过发行股票来融资，这是美国企业能够将资产负债率保持在50%或以下的重要条件。这个情况在中国或证券市场还不甚发达的其他国家很难实现或维持。

（3）实际上，即使是证券市场发达的国家，适度的资产负债率水平或适度的负债经营规模也要综合考虑若干因素来确定。所考虑的因素至少有以下几个方面：

①经济周期。从经济发展的不同阶段看，资产负债率与经济景气呈正相关关系。经济

景气时，企业面临的经济环境与市场条件比较有利，产品销路好，举债可以增加企业的发展能力；反之，经济不景气时，产品销售下降，银根紧缩，举债容易增加风险和发生债务危机。

②行业性质。由于各行业的具体情况不同，因此其负债能力也有差别。企业负债率的差别主要有以下原因：

一是资产流动性。一般而言，资产流动性较强的行业，其周转能力和变现能力较强，可允许的资产负债的适度规模也较大。如美国零售行业的资产负债率约为60%，而制造业企业的资产负债率则为50%左右。

二是资金密集度。属于资金密集型的行业，由于其资金利润率相对高，所以较之劳动密集型的行业，适度的负债规模增大。

三是行业成熟度。一般而言，属于发展速度快的新兴行业，资产负债率可以高一些，而已经进入成熟或衰退期的行业，则应逐步降低资产负债率。

③资金市场。直接融资市场比较发达时，企业的资产负债率可能较低；间接融资市场发达时，企业的资产负债率可能较高些。如日本企业资产负债率高的主要原因之一就是其资本市场发展较为缓慢，企业主要依靠银行间接融资。

④企业介入直接资本市场的程度。一般情况下，上市公司直接介入资本市场，因此其资产负债率也低于非上市公司。

⑤企业经济效益水平。获利能力越强，财务状况越好，变现能力越强的企业，就越有能力负担财务上的风险，可允许的适度负债水平也可以高些。

⑥文化传统和理财风险态度。在一个崇尚稳健和保守的文化环境中，一般不会过多地举债而增加财务风险。此外，经济学将人对风险的态度分为三种类型，即所谓风险偏好、风险中性和风险厌恶。负债的规模，无疑与企业经营者的风险态度有关，实际上也就是与举债者的心理素质有关。对企业来说，应当根据自身的实际情况，研究确定自身可容许的适度的负债规模，以防范财务风险和财务危机。

进入20世纪80年代以来，西方发达国家企业的资产负债率保持在60%与70%之间，90年代后，资产负债率已经降到50%左右，东南亚一些大型上市公司的资产负债率则更低一些。总体上看，我国企业目前的资产负债率水平还是偏高。若扣除数量较大的潜亏和损失挂账的虚数，平均负债水平可能会更高。还有相当部分企业的资产负债率已经超过了100%。企业负债的过度是由于预算软约束的经济体制和资本市场不甚发达造成的。

（4）根据以上的分析，降低资产负债率和优化资本结构的主要措施有：

①通过深化经济体制改革，建立健全社会主义市场经济体制，强化企业的预算约束，减弱企业资金扩张和过度负债的欲望和冲动，使企业能够自主经营、自负盈亏，使企业真正确立起负债经营的风险意识。

②通过深化企业产权体制改革，完善企业法人治理结构，在企业内部建立起负债经营的自我约束体制，通过自我约束，有效地控制负债规模。

③大力发展和逐步完善直接资本市场，使更多的有发展前景的企业能够通过发行股票等直接融资方式解决发展中的资金问题，这是解决企业负债水平偏高问题的最根本途径。

（二）产权比率的计算与分析

产权比率是负债总额与股东权益总额之间的比率，是衡量长期偿债能力的指标之一，也称为债务股权比率。其计算公式如下：

$$产权比率=\frac{负债总额}{股东权益总额}$$

【例 5-7】根据A公司的资料，计算该公司产权比率：

$$年初产权比率=\frac{8\,000\,000}{8\,130\,000}=0.984$$

$$年末产权比率=\frac{10\,430\,000}{9\,190\,000}=1.1349$$

从计算结果看，年末该企业债权人提供的资本是股东资本的1.1349倍，如果经营不是很景气，则表明该企业举债经营的程度偏高，财务结构不很稳定。

该项指标反映由债权人提供资本与股东提供资本的相对关系，反映企业基本财务结构是否稳定。一般来说，该指标等于1为最佳，但也不能一概而论。产权比率低，是低风险、低报酬的财务结构；产权比率高，是高风险、高报酬的财务结构。从股东来看，在通货膨胀加剧时期，企业多借债可以减少利息负担和财务风险；在经济繁荣时期，多借债可以获得额外的利润；在经济萎缩时期，少借债可以减少利息负担和财务风险。

该指标同时也表明债权人的资本受到股东权益保障的程度，或者说企业清算时对债权人利益的保障程度。通常来说，债权人的索偿权在股东前面。从上例来看，如果A公司进行清算，则债权人的利益因股东能够提供的资本所占比重较小而缺乏保障。

（三）有形净值债务率的计算与分析

有形净值债务率是企业负债总额与有形净值的比率。其计算公式为：

$$有形净值债务率=\frac{负债总额}{股东权益-无形资产净值}\times 100\%$$

【例 5-8】根据A公司的资料，计算该公司有形净值债务率：

$$年初有形净值债务率=\frac{8\,000\,000}{8\,130\,000-80\,000}\times 100\%=99.38\%$$

$$年末有形净值债务率=\frac{10\,430\,000}{9\,190\,000-60\,000}\times 100\%=114.24\%$$

所谓有形净资产，数量上为所有者权益减去无形资产后的净值，它实质上是产权比率指标的延伸，是更为谨慎保守地反映在企业清算时债权人投入的资产受到股东权益保障的程度，这一指标的优劣主要通过企业不同时期的比较来说明。之所以将无形资产扣除，是因为无形资产具有极大的不确定性，它包括的商誉、商标、专利权以及非专利技术等，在企业清算时，不一定能用来还债，谨慎起见则一律视为不能还债，将其从分母中扣除。当然，从长期偿债能力来讲，该比率越低越好。

（四）销售利息比率的计算与分析

销售利息比率是指企业一定时期的利息费用占销售额的比率。其计算公式为：

$$销售利息比率=\frac{利息费用}{销售收入}$$

【例 5-9】根据A公司的资料，计算该公司销售利息率：

$$上年销售利息率=\frac{960\,000}{28\,500\,000}=0.0337$$

$$本年销售利息率=\frac{1\,100\,000}{30\,000\,000}=0.0367$$

该项指标主要反映企业销售状况对利息费用偿付的保障程度。一般来说，在企业债务规模基本不变的情况下，产品销售状况越好，偿还企业到期利息的能力就越强，因此该指标低一些对企业是有利的。

（五）利息保障倍数的计算与分析

利息保障倍数是指企业在一定时期内获取的收益与所需支付的债务利息之间的比值。其计算公式为：

$$利息保障倍数=\frac{净利润+利息费用+所得税费用}{利息费用}$$

【例5-10】根据A公司的资料，计算该公司利息保障倍数：

$$2019年利息保障倍数=\frac{1\ 600\ 000+960\ 000+750\ 000}{960\ 000}=3.45（倍）$$

$$2020年利息保障倍数=\frac{1\ 360\ 000+1\ 100\ 000+640\ 000}{1\ 100\ 000}=2.82（倍）$$

利息保障倍数反映企业收益为所需支付利息的多少倍，借以衡量企业对长期债务的保障程度，衡量债权人的风险大小，评价企业举债规模是否适当。利息保障倍数越大，说明企业支付利息和偿还债务的能力越强，债权人利益的保障程度越高。从长远看，企业的利息保障倍数至少要大于1，否则便不能举债经营。

合理确定企业的利息保障倍数需要将该企业的这一指标与其他企业，特别是本行业平均水平进行比较，来分析决定本企业的指标水平。同时从稳健性的角度出发，最好比较本企业连续几年的该项指标，并选择最低指标年度的数据作为标准。这是因为，企业在经营好的年头要偿债，而在经营不好的年头也要偿还大约同量的债务。某一个年度利润很高，已获利息倍数也会很高，但不能年年如此。采用指标最低年度的数据，可保证最低的偿债能力。一般情况下应采纳这一原则，但遇到特殊情况，需要结合实际来确定。

在运用利息保障倍数进行分析评价时，应注意以下问题：

（1）利息费用的计算。公式中的利息费用一般取当期利润表中的财务费用，但此数并不准确，因为借款利息费用应包括计入当期损益（财务费用）和予以资本化两部分，且当期财务费用项目不仅包括利息费用，还包括汇兑损益、利息收入等内容。因此，计算利息费用时应尽量通过有关账簿取得准确数据。

（2）利息费用的实际支付能力。由于到期债务是用现金支付的，而企业的当期利润是依据权责发生制原则计算出来的，这意味着企业当期利润可能很高，但不一定具有支付能力。所以，使用这一指标进行分析时，还应注意企业的现金流量与利息费用的数量关系。

（六）现金流量利息保障倍数

现金流量利息保障倍数是指经营活动现金流量对利息费用的倍数。其计算公式如下：

$$现金流量利息保障倍数=\frac{经营活动现金流量}{利息费用}$$

现金流量利息保障倍数是现金基础的利息保障倍数，表明每1元利息费用有多少倍经营活动现金流量作为保障。它比以利润为基础的利息保障倍数更可靠，因为实际用以支付利息的是现金，而不是利润。

（七）现金流量债务比

现金流量债务比是指经营活动现金流量与债务总额的比率。其计算公式如下：

$$现金流量债务比=\frac{经营活动现金流量}{债务总额}$$

一般来讲，该比率中的债务总额采用期末数而非平均数，因为实际需要偿还的是期末金额，而非平均金额。

该比率表明企业用经营活动现金流量偿付全部债务的能力。比率越高，偿还债务总额的能力越强。

（八）净营运资本与长期负债比率

净营运资本与长期负债比率是指企业的净营运资本与长期债务的比例关系。其计算公式为：

$$净营运资本与长期负债比率=\frac{流动资产-流动负债}{长期负债}\times100\%$$

【例 5-11】根据A公司的资料，计算该公司净营运资本与长期负债比率：

$$2019年净营运资本与长期负债比率=\frac{6\ 100\ 000-2\ 200\ 000}{5\ 800\ 000}\times100\%=67.24\%$$

$$2020年净营运资本与长期负债比率=\frac{7\ 000\ 000-3\ 000\ 000}{7\ 430\ 000}\times100\%=53.84\%$$

由计算得知，该指标年末比年初有所下降，其主要原因是长期负债年末有所上升，使该公司净营运资本对长期负债的保障程度有所削弱。但该指标是否合理，还要与同行业相比较方能判断。

长期负债会随着时间的推移延续不断地转化为流动负债，即转变为一年内到期的非流动负债。因此，流动资产除了要满足偿还流动负债的要求，还须有能力偿还长期负债。一般而言，保持长期负债不超过净营运资本较为理想，净营运资本与长期负债比率越高，表明企业的短期偿债能力越强，而且预示着企业未来偿还长期债务的保障程度也越强。保持长期债务不超过净营运资本，就不会因这种转化而造成流动资产小于流动负债，从而使长期债权人和短期债权人感到贷款有安全保障。但该指标在一定程度上受企业筹资策略的影响，因为在资产负债比率一定的情况下，保守的做法是追求财务稳定性，更多地筹措长期负债；而激进的做法是追求资本成本的节约，更多地用流动负债来筹资。

（九）长期负债比率

长期负债比率是指企业长期负债与负债总额之间的比率，用以反映企业负债中长期负债资金的比重。其计算公式为：

$$长期负债比率=\frac{长期负债}{负债总额}\times100\%$$

【例 5-12】根据A公司的资料，计算长期负债比率：

$$2019年长期负债比率=\frac{5\ 800\ 000}{8\ 000\ 000}\times100\%=72.50\%$$

$$2020年长期负债比率=\frac{7\ 430\ 000}{10\ 430\ 000}\times100\%=71.24\%$$

由计算可知，该公司债务融资中长期负债和短期负债都略有上升，长期负债在负债总额中所占比重相对稳定，表明该公司负债结构相对稳定。

长期负债比率的高低可以反映企业借入资金成本的高低，同时也可反映企业筹措长期负债资金的能力。相对而言，长期负债具有期限长、成本高、风险性低、稳定性强的特点，在资金需求量一定的情况下，提高长期负债比率，意味着企业对短期借入资金依赖性的降低，从而减轻企业的当期偿债压力。

二、影响长期偿债能力的其他因素

在分析企业长期偿债能力时，除对上述直接反映长期偿债能力的指标进行计算、分析，还要对一些影响企业长期偿债能力的财务项目或因素给予足够的重视，逐一加以考察。

（一）资产价值

资产负债表上的资产价值主要是以历史成本为基础确认计量的，这些资产的账面价值与实际价值往往有一定的差距。

1.资产的账面价值可能被高估或低估

资产的账面价值是历史数据，而市场处于不断变化之中，某些资产的账面价值已不能完全反映其实际价值，如企业处于城市中心地段的厂房会发生大幅度增值（这部分增值没有确认，使其账面价值大大低于市场价值），而一些技术落后的设备其账面价值又会大大高于市场价值（技术落后导致市场价值已经贬值，而账面价值没有变动的话，账面价值虚增）。

2.某些入账的资产毫无变现价值

这类项目包括长期待摊费用和某些人为制造的应收账款、存货等，前者已作为费用支出，只是因为会计上的配比原则才作为资产保留在账面上，而后者是粉饰的结果，这类资产的流动性几乎等于零，对于企业的偿债能力毫无意义。

3.尚未全部入账的资产

按照现行企业会计准则，企业的资产并非全部在资产负债表中得到反映，一些非常重要的项目往往未被列作资产入账。如企业自行开发的、成本较低而计入期间费用的商标权、专利权等，其商用价值是不容忽视的。又如，一些企业的衍生金融工具是以公允价值披露在财务附注中的，这种揭示有助于使用者分析与之相关的企业的重大盈利机会或重大潜在风险。

（二）或有项目或承诺事项

或有项目是指在未来某事件发生或不发生的情况下，最终会带来收益、财产或损失、负债，但现在无法肯定的目前状况、条件或因素，如票据贴现、附有条件的捐赠财产、产品售后服务责任、未决诉讼等。或有项目的特点是现存条件的最终结果不确定，它的处理取决于未来的发展。由于或有项目是将来可能发生的，因而在企业财务报表中往往并不反映，但这些项目一旦发生便会改变企业的财务状况。所以，在进行长期偿债能力分析时，就必须考虑它们的潜在影响。

承诺事项是指企业由具有法律效力的协议或协议的要求而引起义务的事项，例如，与贷款有关的承诺、信用证承诺、售后回购协议下的承诺。在未来的特定期间内，只要达到特定条件，即发生资产减少或负债增加。当企业参与合资时，通常要做出承诺，如要为合资企业的银行贷款提供担保，或者与合资企业签订长期的原材料购货合同。这类活动可能使得公司存在大量的不出现在资产负债表中的潜在负债或义务。这种潜在债务是所有合资企业，包括那些已经合并的企业都存在的。为了了解重要的潜在负债或承诺，应阅读与合资企业有关的附注，然后认真考虑这些因合资而使企业承担的附加的承诺的有关信息。

无论是或有事项，还是承诺事项，均有可能减弱企业长期偿债能力，必须对此严加观察和分析，以防患于未然。

（三）长期租赁

当企业急需某种设备或资产而又缺乏足够的资金时，可以通过租赁的方式解决。财产租赁有两种形式：融资租赁和经营租赁。

融资租赁是租赁公司垫付资金购买设备后租给承租人使用，承租人按合同规定支付租金（包括设备买价、利息、手续费）。一般情况下，承租方在付清最后一笔租金后，设备的所有权归承租方所有，实际上属于变相的分期付款购买固定资产。因此，在融资租赁形式下，租入的固定资产作为企业的固定资产入账进行管理，相应的租赁费用作为长期负债处理。这种资本化的租赁，在分析长期偿债能力时，已经包括在债务比率指标计算之中。

经营租赁是指以出租人向承租人提供设备等资产的短期使用权为特征的租赁形式。对于经营租赁，由于设备的所有权最终属于出租人，因此承租方无须对租赁设备计提折旧，无须在资产负债表中反映，只需将租金计入费用。当企业的经营租赁量比较大、期限比较长或具有经常性时，则构成了一种长期性筹资，这种长期性筹资虽然不包括在长期负债之内，但到期时必须支付租金，会对企业的偿债能力产生影响。因此，如果企业经常发生经营租赁业务，应考虑租赁费用对偿债能力的影响。

（四）合资经营

合资经营就是指两个或两个以上企业为某一特定目的而建立的联合关系。某些合资经营可能采用合伙企业形式或其他非股份公司的企业形式，另外一类合资经营则是采用由两个或多个企业共同拥有的股份公司的形式。

由于合资企业有多种形式，对其会计处理的会计原则是很灵活的，即把合资企业看作投资还是应合并企业是关键问题。一些合资企业对母公司来说非常重要，这就有一个问题，即母公司对其有控制能力还是仅仅有重要影响。当母公司有控制能力时通常要按持股比例与合资企业合并，而其他合资企业通常用权益法核算并在投资账户中反映。这两种情况都需要在附注中作为重要的信息揭示出来。

此外，国家信贷政策的调整、全球性或区域性经济发展状况等对长期偿债能力均有影响。只是这些影响大都难以进行准确的定量分析，其分析的准确性较多依赖于分析人员的专业判断。

本章小结

企业偿债能力是企业重要的财务能力，它与企业盈利能力、资产管理能力共同反映出企业财务状况。企业偿债能力分为短期偿债能力和长期偿债能力。其中短期偿债能力指标构成要素由流动比率、速度比率、现金比率等指标组成，主要反映企业偿还流动负债的能力。企业短期偿债能力的高低，主要取决于企业资金的流动性。长期偿债能力指标构成要素则由资产负债率、产权比率、有形净值债务率、销售利息比率和利息保障倍数等指标组成，主要反映企业偿还长期债务的能力。从发展的眼光看，企业长期偿债能力要比短期偿债能力显得更为重要，但从综合角度分析，企业短期偿债能力和长期偿债能力都应保持一个相对合理的水平，否则，企业财务上的安全性会受到威胁，从而不利于企业的稳定持久发展。

复习思考题

1.短期偿债能力指标构成要素有哪些？试详细叙述。

2.长期偿债能力指标构成要素有哪些？试详细叙述。

3.影响企业短期偿债能力和长期偿债能力的其他因素是什么？

4.在中期公司股东大会上，有人建议延缓偿付应付账款，以便保证有更多的资金用于营运，并认为这样还可以增加存货，实现周转，使企业扩大销售收入。请对此建议进行评论。

5.在确定企业短期偿债能力时，考虑企业的获利能力很重要吗？

6.盈利能力对于一家企业的长期偿债能力重要吗？试详细叙述。

7.将负债总额和资产总额相对比是一项用来表示长期偿债能力的比率。这个比率的目的是什么？这个比率实现其目的的准确程度怎样？

同步练习题

一、单项选择题

1.在短期偿债能力指标中，(　　)不宜用于企业间的比较。

A.流动比率　　B.速动比率　　C.现金比率　　D.净营运资本

2.下列长期偿债能力指标计算时需使用利润表中有关数据的是(　　)。

A.资产负债率　　B.产权比率

C.利息保障倍数　　D.长期负债比率

3.某公司目前的流动资产和速动资产都超过了流动负债，现将长期债券投资提前变卖为现金，将会(　　)。

A.对流动比率的影响大于对速动比率的影响

B.对速动比率的影响大于对流动比率的影响

C.影响速动比率但不影响流动比率

D.影响流动比率但不影响速动比率

二、多项选择题

1.下列项目中，影响现金比率的因素有(　　)。

A.期末企业所拥有的现金数额　　B.流动负债

C.流动资产　　D.长期负债

2.分析存货的质量和流动性应注意的问题有(　　)。

A.存货计价　　B.存货跌价准备

C.存货的日常管理　　D.存货的库存周期

3.某公司年初流动比率为2.1，速动比率为0.9，而年末流动比率下降为1.8，速动比率为1.1，则不能说明(　　)。

A.当年存货增加　　B.当年存货减少

C.应收账款的回收速度加快　　D.现销增加，赊销较少

三、判断题

1.对债权人而言，企业的资产负债率越高越好。　　(　　)

2.对任何企业而言，速动比率应该大于1才是正常的。 (　　)

3.将积压的存货若干转为损失，将会降低流动比率。 (　　)

四、计算分析题

某企业资产负债表有关资料如表5-3所示。

表5-3　某企业资产负债表有关资料　单位：万元

资产	年初数	年末数	负债及所有者权益	年初数	年末数
货币资金	1 000	960	短期借款	2 000	2 800
应收账款	?	1 920	应付账款	1 000	800
存货	?	4 400	预收账款	600	200
其他流动资产	0	64	长期借款	4 000	4 000
固定资产	5 792	6 400	所有者权益	5 680	5 944
总计	13 280	13 744	总计	13 280	13 744

补充资料：

(1) 年初速动比率为0.75，年初流动比率为2.08；

(2) 该企业所在行业的平均流动比率为2；

(3) 该企业为摩托车生产厂家，年初存货构成主要为原材料、零配件，年末存货构成主要为产品（摩托车）。

要求：

(1) 计算该企业年初应收账款、存货项目的金额。

(2) 计算该企业年末流动比率，并做出初步评价。

(3) 分析该企业流动资产的质量，以及短期偿债能力。

第五章同步练习题参考答案

案例分析

HJ集团偿债能力分析

第六章

企业盈利能力分析

学习目标

了解企业盈利能力指标的构成，掌握学习不同盈利能力指标的计算方法，能够运用相关指标对企业盈利能力做出判断。

企业盈利能力是企业重要的财务能力之一。企业只有盈利才能在市场上立足并发展。企业盈利的基础是资产，资产运营的结果表现为企业的收入，要使企业盈利能力不断得到增强，就必须不断充实、调整企业的资产，因此，融资就显得十分重要。本章主要从企业收入、资产、融资三个方面介绍有关盈利能力指标，并在此基础上对企业的盈利能力进行评价。

第一节 盈利能力指标分析意义

盈利能力是企业赚取利润的能力。盈利能力指标一般可分为三个层次的内容：一是与企业收入相关的盈利能力指标；二是与企业资产相关的盈利能力指标；三是与投入资产相关的盈利能力指标。企业盈利能力涉及盈利水平的高低、盈利的稳定性和持久性。会计报表的使用者都要分析企业的盈利能力，但由于分析的侧重点不同，其意义也不尽相同。

一、短期债权人的分析意义

短期债权人在企业中的直接利益是企业在短期内对短期债务的还本付息，否则短期债权人的利益就会受到损害。因此，短期债权人把分析的焦点集中在企业当期会计年度盈利水平的高低上。只要涉及短期借款期间的盈利水平高，短期债权人的利益就比较有保障。这也是通常短期债权人关心当期盈利水平，而较少关心未来盈利水平的稳定性和持久性的原因。

此外，短期债权人有时也不仅仅局限于企业盈利能力的分析，而是深入了解企业盈利情况，对支出和收入、现金的流出和流入进行分析。通过分析，以准确判断企业是否有足够的现金偿债能力。

二、长期债权人的分析意义

长期债权人的直接利益是债务企业能在较长时间的债务到期后，及时足额还本付息。

一般而言，长期债务比短期债务的偿还更需要以高水平、稳定和持久的盈利能力为基础。这是基于以下两点考虑：其一，长期负债的利率较高，从理论上讲，利息部分是要靠高盈利能力来保证及时足额支付的。此外，长期负债的利息要在较长时期内支付，只有企业经营稳定和持续发展，从而使盈利能力提高，才能真正实现这种长期支付。短期负债利率低且短期支付，即使盈利能力低下，或不稳定、不持久，企业也可以通过及时的资金筹措或暂时不用的货币资金来偿付短期负债本息。而长期负债的长期支付是不可能采取这种方式来付息的。其二，长期负债要在较长时期以后才能归还，在较长的时期内，企业面临的市场环境可能出现重大变化，企业的经营管理也可能发生巨大变化，而对它们的预测也将因时期长而变得困难。短期负债则不会出现这种情况。既然长期负债的还本付息面临企业经营周期长的经营风险和市场风险，因此，一旦企业经营长期不景气，企业就会面临破产危机，以至于长期负债得不到偿还。所以，长期债权人比短期债权人更加关心企业经营的长期稳定性和持续发展性，而这主要是通过对企业盈利的整体分析才能把握。

三、所有权人（股东）的分析意义

所有权人（股东）的直接利益是其所投资的企业的资产或净资产的增值程度以及其投资的报酬高低。可以说，没有一个其他的会计报表使用者比所有权人（股东）更关心企业的盈利能力。在市场经济条件下，投资者对所拥有的资本的投资去向，基本上是由投资报酬或利益决定的。不能想象投资者会放弃盈利水平较高的项目，而把资本投向盈利水平较低的项目。除非投资者有其他直接目的（如为取得控股权、避税等）。而这些目的间接或最终也是为了在今后或其他方面能获得更高的投资收益。因此，对企业的所有者而言，获利能力分析就有十分重要的意义。

不仅所有者在决定投资时十分关心企业的盈利能力，而且在投资后仍是如此。所有者一旦将资本投入企业后，所有者不仅成了产权主体，同时也成为破产主体，也就是说，所有者面临的破产风险一旦成为事实，所有者的利益将严重受损。因此，只有企业的盈利是持久的、稳定的，所有者才会对其资本的保全有充分的信心，企业盈利能力越强、越稳定、越持久，资本保全就越有保障，盈利能力分析的意义在此点上体现得尤为明显。

四、经营者的分析意义

企业经营管理当局肩负股东委托其管理企业的责任。从企业经营管理当局的角度来看，衡量其经营业绩和发现其经营中存在的问题是进行盈利能力分析的主要目的。企业经营管理当局的基本任务是通过其努力使企业赚取更多的利润。各项盈利数据一方面反映企业的盈利能力，另一方面也表现着企业经营管理当局的工作业绩。另外，盈利能力是企业各环节经营活动的具体表现，企业经营的好坏都会通过盈利能力表现出来。通过对盈利能力的深入分析可以发现经营管理中存在的问题，进而采取措施解决问题并提高企业收益水平。

第二节　与收入相关的盈利能力指标分析

与收入相关的盈利能力指标，主要是以销售收入或营业收入为基础进行计算的，它通过利润表中各项目与销售收入或营业收入的比较，求得单位销售收入或营业收入的某盈利项目的盈利水平，以此说明销售收入或营业收入盈利能力的高低。以销售收入或营业收入为基础评价分析企业盈利能力，尤其是盈利水平，多使用相对数指标，主要指标包括：

一、销售毛利率

企业的销售（营业）毛利是销售（营业）收入减销售（营业）成本后的差额。销售（营业）毛利率是企业销售（营业）毛利额除以销售（营业）收入所得的比率。其计算公式为：

$$销售毛利率=\frac{销售毛利额}{销售收入}\times 100\%$$

实际上，作为企业利润的形成基础并不是直接指销售（营业）收入。因为这一收入中还包括销售（营业）成本。只有在这一成本扣除后，才能用来抵补企业的各项经营支出以计算出经营利润，然后在补偿其他需要补偿的支出后，才形成当期总利润。可见，只有毛利才是企业利润形成的基础。毛利越高，补偿各项支出后的利润越高，说明企业的盈利能力越强，现举例分析如下（见表6-1）：

表6-1 销售（营业）毛利率分析表 金额单位：万元

项目	2019年	2020年	差异
销售（营业）收入	387.8	396.5	+8.7
销售（营业）成本	329.63	337.818	+8.188
销售（营业）毛利	58.17	58.682	+0.512
销售（营业）毛利率	15%	14.8%	−0.2%

从表6-1可以看出，该企业销售（营业）毛利率2020年较2019年下降了0.2%，如果影响企业利润的其他因素不变，则意味着单位销售（营业）额的盈利能力或者水平下降，最终必然导致企业总的盈利能力下降。如果具体分析该企业销售（营业）毛利率下降的原因，不难发现，主要是销售成本的增长速度超过销售收入的增长速度，前者是2.49%，而后者为2.24%，要具体了解成本上升的原因，还需结合企业的有关情况进一步分析。

以销售（营业）毛利率评价企业的盈利能力的高低，能较好地判断企业对销售价格与销售成本之间关系的控制是否卓有成效。而且，如果销售价格与销售成本的正差异越大，就越能为企业获取高利润提供前提和基础，也即它是企业盈利能力提高或降低的基础。

二、产品销售利润率

产品销售利润率是产品销售利润除以销售收入的比率，它是测定产品销售业务活动的盈利能力的指标，它反映了企业产品销售业务活动的盈利水平。由于产品销售业务是企业的主营活动，它的盈利多少或盈利水平的高低，对企业的总盈利能力有着举足轻重的影响。产品销售利润率与销售毛利率相比，在于它考虑了与销售业务活动有直接关系的所有收支因素。其计算公式为：

$$产品销售利润率=\frac{产品销售利润}{销售收入}\times 100\%$$

现举例分析如下，见表6-2。

表6-2 产品销售利润率分析表 金额单位：万元

项目	2019年	2020年	差异
销售（营业）收入	387.8	396.5	+8.7
产品销售利润	31.4118	31.72	+0.3082
产品销售利润率	8.1%	8%	-0.1%

从表6-2的分析可以发现，该企业的产品销售利润率由2019年的8.1%下降到2020年的8%，下降了0.1%，比销售（营业）毛利率下降0.2%少了0.1%。由于税金及附加是按税法规定的比例计征的，它一般不会引起产品销售利润率的变动（除非企业调整产品结构等）。这样，影响产品销售利润率下降的主要因素就是产品销售费用。就本例而言，该企业产品销售费用2020年的开支水平肯定低于2019年，因为其产品销售利润率较之销售（营业）毛利率少下降了0.1%。这说明该企业在费用管理上还是有值得肯定的地方的。尽管如此，产品销售利润率毕竟在下降，表明企业产品销售业务盈利水平下降，进而说明企业盈利能力下降，只是下降幅度不大而已。

三、营业利润率

营业利润率是企业的营业利润与销售收入的比率，是反映企业盈利能力的主要指标。其计算公式为：

$$营业利润率=\frac{营业利润}{销售收入}\times 100\%$$

营业利润率在其考查的范围上，与产品销售利润率相比有两方面的扩展：一是它不仅考查产品经营的盈利能力，而且考查非产品经营的其他经营业务的盈利能力，这在企业多角化经营的今天具有更重要的意义。也就是说，企业的盈利能力不仅仅取决于企业产品经营的盈利水平，而且越来越多地受非产品经营的其他经营业务的盈利水平所制约，甚至出现了其他经营业务的盈利状况决定了企业全部盈利水平、盈利稳定性和持久性的状况。正是在这种背景下，考查经营利润率具有更现实的意义。二是不仅考查了与产品经营或其他经营业务直接相关的成本费用，而且也将与它们间接相关必须发生的成本费用纳入考核，这就使得对企业经营业务的盈利能力的考查更趋全面。尤其是将期间费用纳入支出项目进行盈利扣减，更能体现营业利润率的稳定性和持久性。因为期间费用本身是一种较少变动的固定性支出，它的抵补是不可避免和经常性的。企业只有将盈利扣除这些固定性支出后，所剩部分才具有稳定性和可靠性。现举例分析如下，见表6-3。

表6-3 营业利润率分析表 金额单位：万元

项目	2019年	2020年	差额
销售（营业）收入	387.8	396.5	+8.7
营业利润	23.4619	23.79	+0.3281
营业利润率	6.05%	6%	-0.05%

从表6-3中可以看出，该企业的营业利润率由2019年的6.05%下降到2020年的6%，下降了0.05%，比产品销售利润率下降0.1%少下降了0.05%。这种状况的出现，一般可认为是作为营业利润构成项目的管理费用和财务费用的增长低于其他业务利润的增长，而导致营业利润的上升。从理论上讲，管理费用和财务费用是期间费用，一般不与销售同步增长，在销售增长的条件下，其费率不是不变而是下降，如果其他条件不变，营业利润率必然上升，该企业正是如此（营业利润率较产品销售利润率少下降了0.05%，可理解成上升了0.05%）。但我们并不能从此点出发，而认定该企业期间费用控制得力，因期间费用是相对不变费用，在一定的范围内不变是正常的。

尽管营业利润率与产品销售利润率相比，其下降相对较少，但从营业利润率的总变动趋势看仍然是下降的，这意味着企业营业业务盈利水平的下降。特别是作为企业盈利能力稳定性和持久性的重要标志的营业利润率的下降，不能不说企业的总盈利能力已出现下降趋势。结合前面分析，可以看出造成这一结果的根本原因是该企业的销售（营业）毛利率的下降，而它的下降又是由销售成本的上升所引起的。当销售成本的上升是一种长期趋势时，营业利润率的下降也可能是一种长期趋势。因此，判断营业利润率的变动趋势关键就在于对销售成本的分析上。

总之，营业利润率综合反映了企业具有稳定和持久的收入和支出因素，它所揭示的企业盈利能力具有稳定和持久的特点。

四、税前利润率

税前利润率是企业利润总额除以销售收入所得的比率。其中利润总额是营业利润加上投资收益和营业外收支净额。其计算公式为：

$$税前利润率=\frac{利润总额}{销售收入}\times 100\%$$

企业业务不仅包括营业业务，还包括营业外业务，尽管通过营业利润率可以提高营业业务的盈利水平以及增强企业盈利能力的稳定性和持久性，但要揭示企业在一定时期总的盈利水平就必须通过能包含所有企业收支因素在内的税前利润率的分析，所以，税前利润率的特点是能揭示某一特定时期的盈利水平，但难以揭示盈利的稳定性和持久性。因为在总利润中包含了不稳定和不持久的临时变动的营业外收支因素。因此，在新的财务制度中就未把税前利润率作为评价企业盈利能力的指标或作为重要指标，但是，由于企业的外部投资人、债权人以及企业的经营管理者最关心的是企业在一定时期的最终盈利能力，而短期债权人和投资者则更是关心当期或近期的盈利水平的高低。这样，对企业税前利润率的计算分析就显得十分必要。现举例分析如下，见表6-4。

表6-4 税前利润率分析表 金额单位：万元

项目	2019年	2020年	差异
销售（营业）收入	387.8	396.5	+8.7
利润总额	29.085	30.927	+1.842
税前利润率	7.5%	7.8%	+0.3%

从表6-4中可以看出，尽管该企业的营业利润率是下降的，但税前利润率或总利润率

是上升的，这表明了企业的投资收益和营业外净收入对企业税前利润的影响：它不仅保持了与销售同步增长，而且抵补了营业利润率下降的影响。但由于营业外收支各项目的数量变动以及具体项目的变化一般不具有稳定性和持久性，所以税前利润增长水平高于营业利润增长水平的局面是很难长期稳定地维持下去的。对于长期投资者和债权人来说，不能认为税前利润率的上升就是企业经营状况良好的象征，而对于短期投资者和债权人来说，当前和近期的税前利润率则十分重要，因为这个指标会对他们的投资收益产生直接的影响。

五、销售净利率

销售净利率也可称为税后利润率，是指净利润与销售收入的比率。其计算公式为：

$$销售净利率=\frac{净利润}{销售收入}\times 100\%$$

销售净利率表明每1元销售收入可取得的净利润是多少，也表明了销售收入与其成本费用之间的关系。该比率越大，企业的盈利能力越强。

销售净利率的分析可参照税前利润率的分析思路进行，二者的主要区别是销售净利率的计算扣除了企业所得税。而企业所得税税率比较稳定且属于客观因素，因此，销售净利率的分析一般将其作为税前利润率分析的辅助手段看待。

六、销售利息率

以上各指标都是将盈利或利润与销售收入相比较，以反映企业的盈利能力。我们还可以通过一些费用成本项目与销售收入的比较来反映企业的盈利能力，销售利息率就是其中之一（该指标也反映企业的偿债能力）。销售利息率是用企业支付的利息除以销售收入所得的比例。其计算公式如下：

$$销售利息率=\frac{利息额}{销售收入}\times 100\%$$

一般来说，临近破产的企业的销售利息率将会升高，因为临近破产的企业资金周转困难，负债上升。所以，当销售利息率上升并超过一定界限时，它不仅会引起企业盈利水平的下降，而且意味着企业的债务负担沉重，是依靠债务来维系资金运转的，一旦债务筹资受阻，企业将可能陷于破产的危险境地。通常，一个企业的销售利息率越低越好，它表明企业资金运转顺畅，债务资金比重低，流动压力小，对企业盈利水平的抵扣小，企业盈利能力上升；反之，企业利息率越高则越不利，它表明企业资金运转受阻，债务融资比重上升，流动性压力大，对企业盈利水平的抵扣大，企业盈利能力下降。可见，销售利息率与企业盈利能力和偿债能力都有直接的关系。现举例分析如下，见表6-5。

表6-5 销售利息率分析表 金额单位：万元

项目	2019年	2020年	差异
销售（营业）收入	387.8	396.5	+8.7
利息总额	8.80306	8.8023	-0.00076
销售利息率	2.27%	2.22%	-0.05%

从表6-5中可以看出，该企业的销售利息率2020年比2019年下降了0.05%，这表明

如果影响企业盈利的其他因素不变，企业的盈利水平将提高0.05%，而相应的利息支付压力降低。在利息水平不变的情况下，该指标的下降还意味着企业的资金周转速度有所提高，资金占用相对减少，借款相应减少，利息相对于销售的比例下降。

第三节　与资产相关的盈利能力指标分析

与资产相关的盈利能力指标旨在从资产使用的效率角度，分析全部资产的盈利水平，以及由此带来的利润的稳定性和持久性。利润作为资产运用的结果，是全部资产带来的，任何独立的资产项目的运用是不能形成企业的各种利润的。因此，在论及资金的运用效果时，是以各种资产的协调整体运转为基础的，这种运转会形成不同的利润形态，进而形成不同的资产盈利能力指标。

一、资产销售利润率

资产销售利润率是将企业产品（商品）销售利润与资产平均占用额比较所得的结果。其计算公式如下：

$$资产销售利润率=\frac{产品(商品)销售利润}{资产平均占用额}\times100\%$$

二、资产营业利润率

资产营业利润率是企业营业利润与资产平均占用额比较的结果。其计算公式如下：

$$资产营业利润率=\frac{营业利润}{资产平均占用额}\times100\%$$

三、资产息税前利润率

资产息税前利润率是企业息税前利润与资产平均占用额比较的结果。其计算公式如下：

$$资产息税前利润率=\frac{息税前利润}{资产平均占用额}\times100\%$$

四、资产利润率

资产利润率是企业利润总额与资产平均占用额比较的结果。其计算公式如下：

$$资产利润率=\frac{利润总额}{资产平均占用额}\times100\%$$

上述公式分子中的各类利润指标均可在利润表中获得。分母资产平均占用额系企业年初占用额加年末占用额除以2的结果，如果资产占用额每月或每季之间不平衡，变动较大，应按月或按季计算平均占用额，即月初（季初）占用额加月末（季末）占用额除以2。现举例将上述四个指标一并分析如下，见表6-6。

如果将表6-6中2020年与2019年的各类资产利润率相比并求出其差异，按从左至右的顺序分别是0.39%、0.52%、1.18%、1.32%。这一结论与前述与收入相关的盈利能力的分析结论有些不同，在那里只有税前利润率（总利润率）出现2020年比2019年增长的情况，其他各指标均为下降。而这里各类利润率的指标都是上升的，只是上升幅度不尽相同。

表6-6　资产盈利能力指标分析表　金额单位：万元

项　目	销售利润		营业利润		息税前利润		利润总额	
	2020年	2019年	2020年	2019年	2020年	2019年	2020年	2019年
各类利润额	32	31	24	23	39.8	37.8	31	29
资产平均占用额	111	109	111	109	111	109	111	109
资产各类利润率	28.83%	28.44%	21.62%	21.1%	35.86%	34.68%	27.93%	26.61%

这在整体上说明企业用较少的资金投入获得了较多的各类利润，表明了企业资产盈利水平的提高。但这种盈利能力的提高，在不同利润率之间表现出不平衡性，计算一下资产各类利润率的增长程度就可以说明此点，它们分别是：1.37%、2.46%、3.46%、6.6%。从这种增长幅度可以看出，该企业增长的利润中，稳定性和持久性较强的利润项目（销售利润率、营业利润率）的增长幅度较小，而相对不稳定、不持久的利润项目（息税前利润率、总利润率）的增长幅度较大，这表明企业利润增长的稳定性和持久性比以前弱。

五、存量资产利润率和增量资产利润率

存量资产利润率和增量资产利润率是在比较中产生的两个指标，计算公式如下：

$$存量资产利润率=\frac{对比期利润总额}{对比期资产平均占用额}\times 100\%$$

$$增量资产利润率=\frac{分析期利润总额-对比期利润总额}{分析期资产平均占用额-对比期资产平均占用额}\times 100\%$$

这里所说的对比期，一般可理解成基期，对比期的资产即为存量资产。而增量资产是指与对比期相同时点的分析期资产量扣减对比期相同时点的资产量后的差额。计算上述两个指标的意义在于考察企业新增资产的创利状况，在市场竞争日趋激烈的今天，新增资产的使用效果如何，对于企业整体盈利水平的提高有着至关重要的意义，现举例说明如下，见表6-7。

表6-7　存量和增量资产利润率分析表　金额单位：万元

项　目	2019年（对比期）	2020年（分析期）	增　量
利润总额	29	31	2
资产平均占用额	109	111	2
利润率	26.61%	27.93%	100%

从表6-7可以看出，该企业分析期的利润率较对比期多了1.32%。这种增长率显然是增量资产利润率大大增加的结果，说明该企业增量资产的使用效果是非常突出的。

六、商品（产品）盈利能力分析

在企业全部资产中，商品（产品）资产是盈利能力非常强的资产，而商品（产品）销

售利润相对其他利润又具有稳定性和持久性的特点，当然，这只是就整体和相对而言。实际上，在企业和整个市场的经营周期波动中，有的商品（产品或业务）的利润随周期性波动的影响而波动，不具有稳定性，或有的商品（产品或业务）正处在市场衰退阶段，不具有持久性。因此，要具体判断企业商品（产品或业务）的利润的稳定性和持久性，只有在排除那些不稳定、不持久因素的基础上，才能做出正确的结论。通常，在商品（产品）盈利能力的分析中，我们可以根据不同商品（产品）包括业务的盈利能力性质，将它们分成以下几类：

（1）盈利水平较高，且盈利水平具有稳定性和持久性的商品（产品）。这种商品（产品）的盈利水平通常呈现稳定上升的趋势，当然，不同商品（产品）的上升速度有一定差别，但最低要保持水平发展。

（2）盈利水平较高，但盈利水平不具稳定性的商品（产品）。这种商品（产品）的盈利水平也可能持续一个较长的时期（波动性质不断持续），其盈利能力可分为两种情况：一是这种波动具有相对稳定性或规律性；二是其盈利水平不稳定，且波动呈现出非规律性。一般来说，两相比较，前者被认为盈利能力较强，而后者较弱，其在总盈利中的比重越低越好。

（3）盈利水平较低，但盈利水平稳定、持久的商品（产品）。一个企业为维持其市场占有率，并保持较长期的销售，可以采取微利经营的方式，因此，企业的盈利水平必然较低，但具有稳定、持久的特点。保守的投资人、债权人等很可能乐于向这种情况下的企业投资。而寻求高盈利的投资者即使冒盈利波动的风险，也不愿意向这种企业投资。这种商品（产品）盈利能力的变动趋势与第一种情况相类似，只是盈利水平较低而已。

（4）盈利水平较低，且盈利水平不稳定的商品（产品）。也许这种情况会持续一个较长的时期，但由于无大利可图而且又要冒较大的风险，投资者和债权人一般不会向这种情况下的企业出资。所以，有这种盈利能力特征的商品（产品）的盈利比重越低越好。这类商品（产品）盈利能力的变动趋势与前面的第二种情况相类似，只是盈利水平较低而已。

（5）盈利水平呈下降趋势的商品（产品）。这种下降也许伴随偶尔的波动，但从整体上看，盈利水平具有稳定下降的趋势，只是下降过程具有长周期或持续性的特点，企业的该种商品（产品）的经营最终将出现亏损，从而抵扣其他商品（产品）所赚取的利润。一般而言，潜在的投资人、债权人不会向这种情形下的企业进行出资，这样的出资面临极大的风险，且盈利将越来越少。在企业的盈利结构中，要尽可能减少这种商品（产品）的比重。当然，要完全消除是不客观的，事实上也不太可能。因为任何商品（产品）都有自身的经营周期，都会遇到市场衰退的风险，而且这个过程也不会突然出现和突然消失。

（6）已经亏损的商品（产品）。这时不仅谈不上盈利能力，反而要抵扣其他商品（产品）的盈利。因而，这类商品（产品）会降低整个企业的盈利能力，它可以被称为负盈利能力的商品（产品）。这类商品（产品）不仅要使其减少到最低限度，而且应尽可能停止经营或生产。当然，如果相应的资产转产十分困难，这时是否停止生产，要考虑到固定成本的补偿进行决策。现举例分析如下，见表6-8、表6-9。

分析上述数据可以看出，该企业2020年度产品销售利润是由A、B、C、D四种产品提供的。其中对企业盈利能力起重要影响的是A、B、D三种产品。而其他业务利润由修理业务利润和非修理业务利润组成，其中修理业务利润占了其他业务利润的49.18%，起了

表6-8 业务明细收支表

2020年度 单位：万元

项目	营业收入	营业成本	营业费用	税金及附加	营业利润
一、产品销售					
A产品	104.3	86.05	4.2	3.129	10.921
B产品	101.296	84.06	4.5	3.0389	9.6971
C产品	89.42	79.3201	4.06	2.6826	3.357
D产品	72.684	58.2696	3.84	2.1785	8.3959
二、其他业务					
修理业务	18.068	7.5831	2.1	4.254	4.1309

表6-9 营业利润比重分析表

2020年度 金额单位：万元

项目	产品销售	A产品	B产品	C产品	D产品	其他业务	修理业务
营业利润	32.371	10.921	9.6971	3.357	8.3959	8.4	4.1309
比重	100%	33.74%	29.96%	10.37%	25.93%	100%	49.18%

主要的作用。综合上述分析，该企业盈利能力的高低主要取决于A、B、D三种产品以及修理业务盈利能力的高低。

一般来说，各营业利润比重分析，不是为了直接分析企业盈利能力的大小，而是为了确定对企业盈利能力产生重要影响的因素。如果各营业利润比重处在一种不断而且较大幅度的变动中，单纯以某年度的各营业利润比重来确定对企业盈利能力产生重要影响的因素，显然会有很大的局限性，甚至得出错误的结论。为此，可以将连续数年的各营业利润比重进行比较，从中观察其规律性及变动趋势。现举例分析如下，见表6-10。

表6-10 各营业利润变动情况分析表 金额单位：万元

项目	营业利润					比重				
	2016年	2017年	2018年	2019年	2020年	2016年	2017年	2018年	2019年	2020年
一、产品销售						100%	100%	100%	100%	100%
A产品	11.5783	10.87	9.534	10.07	10.921	39.53%	38.37%	36.48%	36.21%	33.74%
B产品	9.8001	9.1012	8.9	9.21	9.6971	33.46%	32.12%	34.05%	33.12%	29.96%
C产品	3.0596	2.356	2.0035	2.189	3.357	10.45%	8.32%	7.66%	7.87%	10.37%
D产品	4.8509	6.0054	5.7	6.341	8.3959	16.56%	21.19%	21.81%	22.8%	25.93%
二、其他业务						100%	100%	100%	100%	100%
修理业务	3.289	3.0567	2.989	3.578	4.1309	57.41%	52.29%	59.12%	50.39%	49.18%

从表6-10可知，该企业2016—2020年5年间各营业利润的变动情况大体上可以分为以下几类：一是整体看变动不大的情况，主要是A、B两种产品。尽管各年都发生一些变

化，但幅度不大，总是围绕某一数值上下波动，而且波动幅度较小，可以称之为常量稳定和持久的一类。二是从整体看处于增长的情况，主要是D产品和修理业务，尽管某一特殊年份利润有所下降，但从趋势上看是不断增长的，可以称之为增量稳定和持久的一类。三是从整体看变动较大（峰值和谷值相差较大），且变动周期较长的情况，主要是C产品。这种情况下企业盈利水平不稳定，出现了波峰和波谷。但这种情况比长期处于下降的情况要好，它的主要问题是盈利水平不稳定，对投资者来说有一定风险。

如将上述分析结论再结合各营业利润比重的变动情况，就不难发现作为对该企业盈利能力产生重要影响的A、B、D三种产品和修理业务的盈利水平具有稳定和持久的特点，而且盈利的绝对量和相对量也较高；相反，对该企业盈利能力并不起决定作用的C产品的盈利水平具有不稳定的特征。所以，综合分析，该企业的盈利能力是较强的，稳定性也较强，盈利的持久性也较好。或者说，该企业盈利能力有着较坚实的商品（产品或业务项目）基础。

第四节 与融资相关的盈利能力指标分析

企业融入的各种资金，分为流动负债、长期负债和所有者权益。与融资相关的盈利能力分析，就是以此三种投入资金为基础与利润进行比较，分析企业各种投入资金的盈利水平高低，现分述如下：

一、总融资收益率

它是以扣除利息和税金前的利润（也称息税前利润）除以各种融资之和所得的比率，是用来衡量所有融资盈利能力的指标。同时，它在同永久性融资收益率相比较时，还能间接反映短期融资即流动负债的盈利能力。其计算公式是：

$$总融资收益率=\frac{息税前利润}{融资总额}\times 100\%$$

式中之所以采用息税前利润，是因为融资总额中包含着负债，因而负债的收益应包括在总收益中。总融资收益率全面揭示了在不考虑融资种类差异（主要是对收益分配的差别）的前提下，各类融资同等使用都可以获得的平均收益率。一般而言，企业的短期融资即流动负债的利息率最低，所以，如果总融资收益率低于它时，表明不仅长期债权人，而且短期债权人的还本付息都可能遇到困难，或者说企业的偿债能力较弱，正是从这一意义上说，该指标具有揭示短期负债盈利能力的作用。现举例说明如下，见表6-11。

表6-11 总融资收益率分析表 金额单位：万元

项目	2019年	2020年	差异
息税前利润	37.8	39.8	+2
融资总额	124.34	126.35	+2.01
总融资收益率	30.4%	31.5%	+1.1%

从表6-11可知，该企业总融资收益率2020年比2019年上升了1.1%，这表明了企业融入资金回收率提高，而且从绝对金额上看，该企业的盈利水平也在上升，这是一种好的趋势。

二、永久性融资收益率

永久性融资就是指长期负债与所有者（股东）权益之和。永久性融资收益率是扣除息税前的利润除以永久性融资所得的比率。该比率排除了短期负债，以强调长期性融资的盈利能力。该比率仍然采用息税前收益或利润作分子，原因仍然在于利息支出属于投资人和债权人的“剩余”收益的一部分。从理论上讲，既然分母排除了流动负债，分子也应扣除流动负债所支付的利息，因而分子等于长期负债利息加税前利润总额。但在实际计算中，把利息分为短期负债利息和长期负债利息，在会计报表中是难以进行或难以直接取得数据的，只有通过查阅有关明细账方可取得该项资料，比较烦琐，所以，分子仍然采用息税前利润总额（尽管存在一些水分）。必须注意的是，要保持对比期和分析期的计算口径一致，这样才便于对比分析。现举例如下，见表6-12。

表6-12　永久性融资收益率分析表　金额单位：万元

项目	2019年	2020年	差异
息税前利润	37.8	39.8	+2
永久性融资额	115.24	113.5	-1.74
永久性融资收益率	32.8%	35.07%	+2.27%

从表6-12可知，该企业永久性融资收益率2020年比2019年上升了2.27%，其上升幅度高于总融资收益率。这仅仅是因为排除流动负债所致，实际表明流动负债的增长速度超过了息税前利润的增长速度，而永久性融资的增长速度则低于息税前利润的增长速度，可见永久性融资的盈利水平有所提高。或者说，企业在利润增长的条件下，更多地采取了流动负债融资，较少采取长期融资，这显然是企业对财务杠杆作用的成功利用。

三、权益资本（主权资本）收益率

权益资本有广义和狭义之分。狭义讲即为资本金，这时权益资本收益率也可称为资本金利润率。广义讲即为所有者权益，这时权益资本收益率就是指所有者权益利润率。一般情况下，在考核企业盈利能力时，最常用的是资本金利润率。这主要是基于以下两点考虑：其一，企业所有者或股东最关心的是其投入资本的盈利能力，资本金利润率直接反映了这一需要。而在所有者权益利润率指标中，作为计算基数的分母包含了非资本金性质的盈余公积等。其二，在所有者权益中参与分配的只是资本金，而其他项目或者是分配的结果，或者是分配的对象。资本金利润率的计算公式如下：

$$资本金利润率=\frac{利润总额}{资本金总额}\times 100\%$$

上式中的资本金总额如在计算期有变动，则应采取期初余额加期末余额除以2的方法用其平均余额。而利润总额就是利润表上的利润总额，其中包含所得税。现举例分析如下，见表6-13。

表6-13计算结果表明，该企业资本金利润率2020年比2019年上升1.67%，上升幅度为3.46%，较资本金3.33%的上升幅度高了0.13%，说明该企业的资本金盈利能力是比较强的。

表6-13 资本金利润率分析表 金额单位：万元

项目	2019年	2020年	差异
利润总额	29	31	+2
资本金总额	60	62	+2
资本金利润率	48.33%	50%	1.67%

四、普通股权益报酬率

在股份公司中，一些公司的权益资本的结构比较复杂，除包含有普通股外，还发行一些特别股，如优先股。优先股股利是按固定比例支付的，其支付方式与长期负债的利息支付方式相同。在这种情况下，普通股股东最关心的当然是其享有的权益所能获得的报酬，为此，要计算普通股权益报酬率，也即普通股利润率。其计算公式如下：

$$普通股权益报酬率=\frac{可用于普通股分配的利润}{普通股股本平均余额}\times 100\%$$

上述公式的分子是指企业缴纳所得税后的利润，扣除被没收财产的损失，支付违反税法的滞纳金的罚金，弥补亏损，提取法定盈余公积，支付优先股股利，提取任意盈余公积后的余额。如无余额，普通股股东即无所得，则普通股股东权益就会受到削弱，因此，该项比率对普通股股东的利害关系大而直接。

五、净值报酬率

净值报酬率与权益资本收益率相同，对股份公司而言就是利润总额与平均股东权益的比率。其计算公式如下：

$$净值报酬率=\frac{利润总额}{平均股东权益}\times 100\%$$

该公式表明了股东权益所获取的报酬。股东通过该指标就能了解其投入股本的盈利能力或盈利水平，该指标越高，说明股东的回报就越高，股东越乐意保持原有股本并继续向企业投入股本，而其他潜在的投资者也会乐于向企业注入资本，其结果是企业的股价将上扬；反之亦然。

六、市盈率

市盈率通常是指普通股每股市价与普通股每股盈余的比率。一般说来，企业盈利能力的大小，对股东利益的影响最直接且最大。由于股票可以自由买卖和转让，股东为取得股票而支付的代价实际上并不是股票面值，而是股票价格（也称市价）。这样，股东对其实际投资（或按市场价支付的股本额）所得到的报酬尤为关心，股东的每1元投资都是要获得相应的回报的。仅仅以按票面价值计算的盈利能力是不能揭示这一内容并反映这一要求的。因市盈率是按股票市价或股票实际投入资本计算的，当然有助于这一问题的解决。

不过，持有股票的股东的具体目标往往不同，长期投资者希望企业获得利润用于企业经营的扩展，从而提高其持有的股票在市面上的价值，在这种情况下，普通股价格的盈利率就成为长期投资者考核企业盈利能力的重要指标。市盈率的计算公式如下：

$$市盈率=\frac{每股市价}{每股收益}\times100\%$$

上式中普通股每股市价通常采用年度平均价格，即全年各收盘价的算术平均数。为计算简便，也可采用报告日前一日的实际价。普通股每股收益是归属于普通股的净收益额与发行在外普通股加权平均股数的比例，即每股收益=（净收益-优先股股利）/发行在外普通股加权平均股数。从式中可以看出，尽管每股收益亦可评价企业盈利能力，但是，市盈率将所费与所得联系起来综合考虑，比单纯的每股收益更具说服力，所以投资者往往通过分析比较市盈率来进行投资决策。

市盈率的高低通常以金融市场当时平均市盈率为依据进行评价，而不是越低（越高）越好。股价上升往往是伴随盈利同时上升的，基于股票投资的这一特征，在健全而完善的金融市场中，市盈率低（高）未必能吸引投资者，相反，市盈率高（低）可能更具吸引力，因为市盈率高（低）而仍销售顺畅表明投资者对该企业充满信心，将来盈利必会提高，股价必会看涨。反之，可能意味着企业后劲不足，由此出发，以市盈率评价企业的盈利能力，关键要看其变动的原因及趋势。利润增长，导致股价上涨，以致市盈率上升是一种好的趋势；反之亦然。

七、市净率

市净率是指普通股每股市价与每股净资产的比率，它反映普通股股东愿意为每1元净资产支付的价格。其中，每股净资产（也称为每股账面价值）是指普通股股东权益与流通在外普通股加权平均股数的比率，它反映每股普通股享有的净资产。其计算公式如下：

$$市净率=\frac{每股市价}{每股净资产}\times100\%$$

$$每股净资产=\frac{普通股股东权益}{流通在外普通股加权平均股数}$$

既有优先股又有普通股的公司，通常只针对普通股计算净资产。在这种情况下，计算普通股每股净资产需要先从股东权益总额中减去优先股的权益，包括优先股清算价值及全部拖欠的股利，得出普通股权益。然后，用普通股权益除以流通在外普通股加权平均股数，确定普通股每股净资产。该过程反映了普通股股东是公司主体的剩余所有者的事实。

八、市销率

市销率（或称为收入乘数）是指普通股每股市价与每股销售收入的比率，它反映普通股股东愿意为每1元销售收入支付的价格。其中，每股销售收入是指销售收入与流通在外普通股加权平均股数的比率，它反映每股普通股创造的销售收入。市销率的计算公式如下：

$$市销率=\frac{每股市价}{每股销售收入}\times100\%$$

市盈率、市净率和市销率主要用于价值评估。

九、每股收益

每股收益是指普通股股东净利润与流通在外普通股加权平均股数之比，它表示企业每

1股普通股股票所能获得的纯收益。其计算公式如下：

每股收益=普通股股东净利润÷流通在外普通股加权平均股数

=（净利润-优先股股利）÷流通在外普通股加权平均股数

该指标越高，说明企业每股普通股所能获得的收益越多，投资的盈利能力越强；反之亦然。

在计算该指标时，如果发行有优先股，则企业的净收益中就该扣除优先股股利；如果在分析年度增发普通股，企业年末普通股股数应该予以恰当的折算，折算运用加权平均法，公式是：

$$\text{年末普通股股数}=\text{年初普通股股数}+\text{新增普通股股数}\times\text{新增普通股流通时间(月)}\div 12-\text{减少普通股股数}\times\text{减少普通股未流通时间(月)}\div 12$$

每股盈利作为评估企业盈利能力的指标，主要用来衡量企业普通股股票的价值，每股盈利越高，盈利能力越强，普通股股价就越有上升的空间。

十、股利报酬率

它是普通股每股分派股利与普通股每股市价之比。其计算公式如下：

$$\text{股利报酬率}=\frac{\text{每股股利}}{\text{每股市价}}\times 100\%$$

在购股者中，部分投资人的主要目的是获取股利，每股股利是这类投资者十分关心的，他们通常也不会用股利与股票面值比较，而是与实际投资成本即股票市价进行比较。对于期望能获得较多现金股利的投资者来说，这一比率越高越好，这意味着按市价计算的股票投资的现金报酬高，投资人的现时得利多；对于企业来说，如果企业在普通股每股市价不变时，要提高股利报酬率，就必须增加普通股每股分派的股利，结果企业未分配利润减少，从而降低企业所能运用的现金量。如果企业提高股利报酬率是为了提高企业普通股股票价值，则必须多派股利。这时股利率提高，必然会吸引投资者的注意力，从而使企业的股票市价上升，相应又会使股利报酬率下降。从理论上讲，普通股市价的降低无论对股东还是企业都是无法接受的，企业应通过多派股利，以保证和提高股票市价。

本章小结

本章主要从收入、资产、融资三个方面介绍了企业盈利能力分析所涉及的财务指标，共计21个指标。当然，这些指标并不是企业盈利能力分析指标的全部内容，也不是所有企业进行盈利能力分析时必须计算的。学习者可根据企业的实际情况选用。从总体上来说，本章介绍的有关指标均从某个侧面反映了企业的盈利能力状况。因此，学习者在对企业的盈利能力状况进行评价时，必须把三个方面的指标加以综合运用，那种只借用几个指标或某一方面指标得出企业盈利能力状况的分析方法是片面的。

复习思考题

1.说明企业盈利能力分析的意义。

2.怎样对企业的盈利能力进行分析和评价？

同步练习题

一、单项选择题

1.某股份公司上市流通普通股的股价为每股17元，每股收益为2元，该公司的市盈率为（　　）。

A.17　　B.34　　C.8.5　　D.2

2.下列财务比率中，投资人可能最关注的是（　　）。

A.流动比率　　B.现金比率

C.资本金收益率　　D.存货周转率

3.一般情况下，市盈率越高，公司前景（　　）。

A.越好　　B.越差　　C.不受影响　　D.难以确定

二、多项选择题

1.与企业资产相关的获利能力指标构成要素有（　　）。

A.销售毛利率　　B.资产营业利润率

C.资产利润率　　D.税前利润率

2.与融资相关的获利能力指标构成要素有（　　）。

A.净值报酬率　　B.市盈率

C.每股股利　　D.资产利润率

3.下列关于市盈率的说法中，正确的有（　　）。

A.市盈率很高则投资风险大

B.市盈率很低则投资风险小

C.市盈率比较高则投资风险比较小

D.预期将发生通货膨胀或提高利率时市盈率会普遍下降

三、判断题

1.短期债权人比较关心企业当期会计年度盈利水平的高低。（　　）

2.长期债权人比短期债权人更加关心企业经营的长期稳定性和持续发展性。（　　）

3.每股盈利越高，获利能力越强，每股股利越高。（　　）

四、计算分析题

某股份有限公司财务报表中有关资料如表6-14所示。

表6-14　某股份有限公司财务报表中有关资料　　金额单位：万元

普通股股本（流通在外45万股）	450	税后净利	118.6
优先股股本	80	优先股股利	30
资本公积（其中优先股溢价80万元）	980	普通股股利	47
留存收益	32.5	市盈率	28
股东权益合计	1 542.5		

要求：根据该公司上述资料计算以下财务比率：普通股股东权益报酬率、每股收益、每股股利、每股账面价值及每股市价。

第六章同步练习题参考答案

案例分析

上汽集团盈力能力分析

第七章

企业资产管理能力分析

学习目标

了解资产管理能力指标的构成及意义，掌握资产管理能力指标的计算和分析，熟悉资产管理能力与偿债能力、盈利能力的关系。

企业资产管理能力指标分析，是以各种资产周转率或周转期为计算主体，来分析企业使用其经济资源（或资本）的效率及有效性，因而又称为营运能力分析或资产管理效率分析。企业的营运资产，主体是流动资产和固定资产，尽管无形资产是企业资产的重要组成部分，随着从工业经济时代向知识经济时代转化，在企业资产中所占比重越来越高，在提高企业经济效益方面发挥着巨大的作用，但无形资产的作用必须通过或依附于有形资产才能发挥出来。从该意义上说，企业营运资产的利用及其能力如何，在根本上决定了企业的经营状况和经济效益。

评价企业资产管理能力的指标主要包括总资产周转率、流动资产周转率、现金周转率、应收账款周转率、存货周转率和固定资产周转率等。计算这些指标所需的资料主要由利润表和资产负债表提供。利用利润表和资产负债表的信息进行比较分析，有助于评价企业的资产管理能力，进行经营决策和投资决策。本章主要介绍资产管理能力分析的意义，企业资产管理能力指标的构成、计算和分析，以及资产管理能力与偿债能力、盈利能力之间的关系。

第一节 资产管理能力指标构成及分析意义

一、资产管理能力指标构成要素

评价企业资产管理能力的指标，主要是企业各种经济资源（或资本）的周转速度，即各种经济资源（或资本）的周转率或周转期。从财务会计上看，企业资本的物质形态即各项经济资源（资产），而资产根据其流动性又划分为流动资产、非流动资产等，因此企业进行资产管理能力分析时，要注意以下几点：

首先，必须通过计算总资产周转率（期）来分析企业整体资产（或全部资本）的营运能力。

其次，为了更加深入地剖析影响总资产周转快慢的因素，企业应当在此基础上，进一步对总资产的各个构成要素进行分析，而在企业的总资产构成中，居于最基础地位的无疑是流动资产与固定资产两项，因此企业资产管理能力分析主要就是对流动资产周转能力和固定资产周转能力的分析。

最后，为了对流动资产的周转状况做出更详尽的分析，并进一步揭示影响流动资产周转速度变化的因素，还要对构成流动资产的主要项目如现金、应收账款和存货项目等的周转能力指标进行分析。

根据以上分析，评价企业资产管理能力的指标主要包括以下几种：总资产周转率、流动资产周转率、现金周转率、应收账款周转率、存货周转率、净营运资本周转率、营业周期和固定资产周转率等。

评价企业的资产管理能力，即企业资产的营运能力，应将企业的年度资产管理能力与企业的历史标准、目标标准或同行业标准等进行比较，以分别揭示企业营运能力的变化趋势以及与目标标准、同行业标准之间存在的差距，并据以进一步查明原因，以便改进财务管理工作。

二、资产管理能力分析的意义

资产管理能力是指企业有效地利用其经济资源（或资本），保证生产经营正常运转的能力，主要反映企业使用其经济资源（或资本）的效率及有效性，又称营运能力或资产管理效率。

资产管理能力分析，即营运能力分析，是对企业经营状况及其潜力的分析，也是对资产存量是否合理、管理效率高低的分析。企业营运能力直接影响盈利能力，特别是随着市场经济的发展与竞争的加剧，对营运能力的分析有利于加强对企业实力的了解和对市场变化的适应，使管理机构对重大问题能做出正确的决策。营运能力是指通过企业生产经营资金周转速度的有关指标反映出来的企业资金利用的效率，它表示企业管理人员经营管理、运用资金的能力。

资产管理能力分析是根据资产负债表、利润表等有关资料，通过计算企业各种经济资源（或资本）的周转速度，即计算各种经济资源（或资本）的周转率或周转期指标来进行分析的。

一般来说，某一经济资源（或资本）的周转率越大，或周转期越短，该项经济资源（或资本）的周转速度就越快，说明企业的该项经济资源（或资本）的周转能力就越强，在资产管理或资本利用方面的效率也就越高，企业管理人员的经营能力越强。

对企业资产管理能力的分析，不仅是对债权人还是对投资者以及其他信息使用者都十分有效。众所周知，不同的信息使用者，因其决策目标有所不同而需要信息的侧重点就存在不同，如长期投资者侧重关心企业的获利能力，短期投资者侧重关心企业的短期营运能力，债权人侧重关心企业的偿债能力，企业管理当局则关心财务分析的一切方面。财务报告的所有内外使用者重视企业的资产管理能力分析的原因有如下两点：

首先，对企业外部信息使用者来说，通过企业资产管理能力的分析，能有效地为他们提供企业在资产管理或资本利用效率方面的情况，以便于对企业财务状况和经营成果有一个整体的认识，从而便于进行科学的信贷决策和投资决策。如果一个企业的资产管理能力不佳，那么，很难想象该企业会有良好的偿债能力和获利能力。

其次，对企业内部管理当局来说，通过企业资产管理能力的分析，可查明企业资金的运用是否合理、资金使用是节约还是浪费，从而促进企业不断挖掘内部资金潜力，改善企业内部管理，有效地利用资金，不断提高资金的利用效果。

第二节 资产管理能力指标分析

一、总资产周转率

总资产是企业所拥有或控制的、能以货币计量的全部经济资源。企业的总资产周转能力集中反映在总资产周转率上，即总资产的销售水平上，因此总资产周转率可用于分析企业全部资产的使用效率。总资产周转率用于衡量资产规模与销售水平之间的配比情况，其计算公式为：

$$总资产周转率（次数）=\frac{销售收入净额}{平均资产总额}$$

衡量总资产周转速度，也可以用周转期（天数）表示，计算公式为：

$$总资产周转期（天数）=\frac{计算期天数}{总资产周转率}=\frac{计算期天数\times 平均资产总额}{销售收入净额}$$

其中，平均资产总额应根据分析期的不同分别加以确定，并应当与分子的销售收入净额在时间上保持一致。为简化起见，平均资产总额一般以资产的期初数与期末数之和除以2来计算。销售收入净额等于销售收入减去销售折扣、折让后的余额。另外，对于计算期天数，为了计算方便，全年按360天计算，全季按90天计算，全月按30天计算。

有的企业在运用这一比率时用营业资产总额代替资产总额。所谓营业资产，是指在生产经营过程中投入使用的、与营业收入产生直接有关的资产，即从资产总额中减去非营业用资产（如用作长期投资的有价证券，出租的厂房、建筑物和机器设备等）后的余额。

总资产周转率综合反映了企业整体资产的营运效率。它是企业的全部资产价值在一定时期内完成周转的次数。根据会计恒等式，资产=负债+所有者权益，即企业的全部资产是企业的负债和所有者权益所代表的全部经济资源的投资对象，因此，总资产周转率又称投资周转率。一般来说，周转次数越多或周转天数越少，表明其周转速度越快，资产创造的销售收入和现金收入量越多，营运能力也就越强，说明企业的全部资产经营利用的效果越好，企业的经营效率越高，进而使企业的偿债能力和盈利能力得到增强。也就是说，总资产周转率越高，说明企业的销售能力越强，资产投资的效益越好；反之亦然。

另外，通过该指标的对比分析，不但能够反映出企业本年度及以前年度总资产的营运效率及其变化，而且能够发现企业与同类企业在资金利用上的差距，促进企业提高资金的使用效果。

【例7-1】东方公司2019年、2020年的销售收入净额分别为30 000万元和35 000万元，2018年末、2019年末和2020年末的资产总额分别为5 000万元、5 500万元和6 000万元。根据资料，编制总资产周转率分析表，见表7-1。

表 7-1 总资产周转率分析表 金额单位：万元

项目	2019年	2020年	差异
销售收入净额	30 000	35 000	+5 000
平均资产总额	5 250	5 750	+500
总资产周转率（次）	5.71	6.09	+0.38

由表7-1可知，东方公司2020年总资产周转率较2019年加快0.38次（6.09-5.71），平均周转天数也由2019年的63.05天（360÷5.71）缩短为2020年的59.11天（360÷6.09）。这表明企业资产的总体流动性、周转能力都有所提高。

为了更加深入地分析总资产的周转情况及影响其快慢的因素，企业应当在此基础上，进一步对总资产各个构成要素进行分析，以便查明总资产周转率升降的原因以及各要素对总资产周转率形成的不同作用，其中最主要的是对流动资产营运能力与固定资产营运能力的分析。

二、流动资产周转率

企业流动资产营运能力的大小主要体现为流动资产周转率，即流动资产周转速度方面。流动资产周转率是衡量企业流动资产周转速度的快慢及利用效率的综合性指标。流动资产周转率的计算是否准确，关系到能否准确地反映流动资产周转速度和正确地评价企业流动资产利用效果。

其计算公式为：

$$流动资产周转率（次数）=\frac{销售收入净额}{流动资产平均占用额}$$

式中的流动资产平均占用额一般以流动资产的期初数与期末数之和除以2来确定。

分析评价企业流动资产周转速度还可用流动资产周转期衡量，它是指流动资产周转一次需要的时间。其计算公式为：

$$流动资产周转期（天数）=\frac{360\times 平均流动资产}{销售收入净额}=\frac{平均流动资产}{日销售额}$$

目前存在这样一种观点，在计算流动资产周转天数时，一般要扣除银行存款。这是因为，当企业因销售产品而取得的货币资金存入银行结算账户后，资金就完成了一次循环，再次循环是从利用银行存款开始。可见，货币资金在存入银行时期是两次循环的间歇期。在这一期间，存入银行的资金并没有参加本企业的资金周转，而是由银行通过信贷参加接受信贷的企业的资金周转。另外，如果不扣除银行存款，则会抹杀企业在改善流动资产利用方面已经取得的成效。因为企业由于加速资金周转而使流动资金周转天数缩短所缩减的一部分流动资金，在未加以利用之前是存留在银行中的，扣除该部分资金，就可以表明企业由于节约流动资产而使资金周转速度加快了多少，从而鼓励企业压缩资产占用，加速产品销售和货款的回收，以提高流动资产的利用效率。鉴于以上原因，计算流动资产周转率时，企业的银行存款不应计算在流动资产余额之中。

【例7-2】承【例7-1】，东方公司2018年末、2019年末和2020年末的流动资产占用额分别为3 000万元、3 300万元和3 500万元。根据资料，编制流动资产周转率分析表，见

表 7-2。

表 7-2 流动资产周转率分析表 金额单位：万元

项　目	2019年	2020年	差异
销售收入净额	30 000	35 000	+5 000
平均流动资产	3 150	3 400	+250
流动资产周转率（次）	9.52	10.29	+0.77
流动资产周转期（天）	37.82	34.99	-2.83

由表 7-2 可见，东方公司 2020 年流动资产周转率较 2019 年加快 0.77 次（10.29-9.52），平均周转天数也由 2019 年的 37.82 天缩短为 2020 年的 34.99 天。这表明企业流动资产的流动性、周转速度都有所提高。

流动资产周转率分析，主要在于揭示以下几个问题：

其一，流动资产实现销售的能力，即周转额的大小。在一定时期内，流动资产周转速度越快，表明其实现的周转额越多，对财务目标的贡献程度越大。我们可以用流动资产利润率来衡量，计算公式为：

$$流动资产利润率=\frac{净利润}{平均流动资产}\times100\%$$

$$=\frac{净利润\times销售收入净额}{销售收入净额\times平均流动资产}\times100\%$$

$$=销售利润率\times流动资产周转率\times100\%$$

【例 7-3】假设东方公司 2019 年、2020 年的平均流动资产投资额分别为 3 150 万元和 3 400 万元，流动资产周转率分别为 9.5238 次和 10.2941 次，销售利润率均为 10%。则：

2019 年的销售额=3 150×9.5238=30 000（万元）

2020 年的销售额=3 400×10.2941=35 000（万元）

可见，2020 年较 2019 年增加利润 500 万元（（35 000-30 000）×10%），流动资产利润率由 2019 年的 95.24%（30 000×10%÷3 150×100%）提高为 2020 年的 102.94%（35 000×10%÷3 400×100%）。

其二，流动资产投资的节约与浪费情况。流动资产占用额与流动资产周转速度有着密切的制约关系。在销售额既定的条件下，流动资产周转速度越快，流动资产的占用额就越少，就会相对节约流动资产，相当于扩大企业资产投入，增强了企业的盈利能力；反之，若流动资产周转速度慢，为维持正常经营，企业必须不断补充流动资产，投入更多的资源，资产使用低效率，也降低了企业的盈利能力。

流动资产由于加速周转而形成的节约额，可以区分为绝对节约和相对节约两种形式。流动资产绝对节约是指企业由于加速流动资产周转，因而可以从周转中拿出一部分资金支付给企业所有者或还给债权人。流动资产相对节约是企业加速流动资产周转，可以在不增资或少增资的条件下扩大本企业的生产规模，因而有可能不需要或减少由债权人或所有者对企业的新投资。可见，流动资产绝对节约和相对节约的区别只在于运用的情况不同，后者是以节约的资金提供本企业扩大再生产之用，而前者则是以所节约的资金退出企业经营。

区别与计算流动资产绝对节约额和相对节约额可分别三种情况进行：

（1）全部节约额都是绝对节约额。如果企业流动资产周转速度加快，而销售收入不变，这时所形成的节约额就是绝对节约额。

（2）全部节约额都是相对节约额。如果企业流动资产周转速度加快，而实际占用流动资产大于或等于基期占用流动资产，这时所形成的流动资产节约额就是相对节约额。

（3）同时具有绝对节约额和相对节约额。如果企业流动资产周转速度加快，同时销售收入增加，流动资产占用减少。这种情况下形成的流动资产节约额就同时具有绝对节约额和相对节约额。它们的计算公式为：

绝对节约额=报告期流动资产占用额-基期流动资产占用额

相对节约额=流动资产总节约额-绝对节约额

流动资产周转速度的快慢对流动资产投资相对节约或浪费产生的影响，其计算公式还可以表示为：

$$\frac{\text{流动资产相对}}{\text{节约(或浪费)}}=\frac{\text{分析期实际}}{\text{销售额}}\times\left(\frac{\text{分析期流动资产}}{\text{实际占用率}}-\frac{\text{基期实际或分析期计划}}{\text{流动资产占用率}}\right)$$

计算结果为正值表示浪费，负值则表示节约。其中：

$$\text{流动资产占用率}=\frac{\text{流动资产平均占用额}}{\text{销售收入净额}}\times100\%$$

$$=\frac{1}{\text{流动资产周转率}}\times100\%$$

【例 7-4】承【例 7-3】，2020 年与 2019 年相比，东方公司流动资产相对节约（或浪费）额为：

35 000×（1÷10.2941-1÷9.5238）=-275.1（万元）

即相对节约 275.1 万元。

其三，加速流动资产周转的基本途径。从流动资产周转率的计算公式可见，企业加速流动资产周转，必须从增加产品销售收入和降低流动资产占用额两个方面努力。在增加销售收入方面，企业要加强市场调查和预测，根据市场需要，开发适销对路的产品，并根据市场变化情况，及时调整产品结构。还要强化销售工作，采取有效的销售策略开拓市场，提高市场占有率，加快销售过程。在降低流动资产占用额方面，其基本途径有：

（1）加强定额管理，制定和贯彻先进合理的消耗定额和储备定额，降低材料、能源等消耗量，降低各项存货的储备量。

（2）努力降低材料采购成本和产品制造成本。

（3）采取技术措施和管理措施，提高生产效率和工作效率，缩短周转期，包括生产周期以及存货的供应、在途、验收、整理准备和库存等环节的时间。

（4）加快货款结算，及时收回货款。

（5）定期清仓查库，及时处理积压产品和物资。

（6）避免过量存款。

这里还需要指出，企业进行流动资产周转期分析，除了用本年实际周转期对比外，还可以进行因素分析，见下例。

【例 7-5】假设某公司流动资产周转期计算情况见表 7-3。

表7-3　　　　流动资产周转期计算表　　　　金额单位：万元

项目	2019年实际	2020年实际	差异
1.年度产品销售收入	18 000	20 350	+2 350
2.年度流动资产平均余额	3 600	3 700	+100
其中：			
定额流动资产平均余额	3 000	3 050	+50
其他流动资产平均余额	600	650	+50
3.流动资产周转期（天）	72	65.5	−6.5
其中：			
定额流动资产周转期（天）	60	54	−6

流动资产周转天数比上年加速6.5天，为了便于分析流动资产周转天数延长或缩短的原因，可将计算公式分解如下：

$$\text{流动资产周转期}=\frac{(\text{定额流动资产平均余额}+\text{其他流动资产平均余额})\times\text{计算期天数}}{\text{销售收入净额}}$$

$$=\frac{\text{定额流动资产平均余额}\times\text{计算期天数}}{\text{销售收入净额}}\times\frac{\text{定额流动资产平均余额}+\text{其他流动资产平均余额}}{\text{定额流动资产平均余额}}$$

$$=\text{定额流动资产周转期}\times\left(1+\frac{\text{其他流动资产平均余额}}{\text{定额流动资产平均余额}}\right)$$

以上分解说明，流动资产周转天数的延长或缩短，不仅取决于定额流动资产周转速度的快慢，而且也要受其他流动资产占定额流动资产比重的影响。一般来说，定额流动资产周转速度越快，其他流动资产占定额流动资产的比重越小，则全部流动资产周转速度就越快。

利用上式和【例7-5】资料进行分析可知，如果其他流动资产占定额流动资产的比重不变，2020年由于定额流动资产周转期变动的影响，该年流动资产周转期变为64.8天，即：

54×（1+600÷3 000）=64.8（天）

流动资产周转期因此也减少了7.2天，即：

64.8−72=−7.2（天）

但同时由于其他流动资产占定额流动资产的比重变动的影响，流动资产周转期变为：

54×（1+650÷3 050）=65.5（天）

流动资产周转期因此比其他流动资产占定额流动资产比重不变时多了0.7天，即：

65.5−64.8=+0.7（天）

以上两项因素共同影响2020年流动资产周转期比2019年减少了6.5天，即：

−7.2+0.7=−6.5（天）

从上述计算过程可以看出，企业流动资产周转比上年加速，主要是由于定额流动资产周转加快的影响，而其他流动资产占定额流动资产比重比上年比例提高，从而使流动资产周转比上年减缓，应进一步查明原因，予以解决。

另外，根据流动资产周转率的经济内容和内在联系，可将流动资产周转天数做如下分解：

$$流动资产周转天数=\frac{(速动资产平均余额+存货平均余额)\times 计算期天数}{销售收入净额}$$

$$=\frac{速动资产平均余额\times 计算期天数}{销售收入净额}\times\frac{速动资产平均余额+存货平均余额}{速动资产平均余额}$$

$$=速动资产周转天数\times(1+存货与速动资产的比率)$$

从以上分解式可以看出，在流动资产中，速动资产的变现速度快，而存货的变现能力差，因而要加快流动资产的周转速度，一方面要加快速动资产的周转速度，另一方面要降低存货与速动资产的比率。

在分析、了解企业流动资产总体周转情况的基础上，为了对流动资产的周转状况做出更加详尽的分析，并进一步揭示流动资产周转速度变化的影响因素，还必须对流动资产中主要的构成项目，如应收账款、存货、现金等的周转率进行分析，以增强对企业经营效率的分析，并查明流动资产周转率升降的原因所在。

三、应收账款周转率

应收账款是企业购销活动中所发生的债权，在市场经济条件下，应收账款所占用的资金比重不断上升，构成了流动资产中的一个重要项目。应收账款周转率是指销售收入净额（赊销收入净额）与应收账款平均余额的比值，它是衡量应收账款流动程度和管理效率的指标。其计算公式为：

$$应收账款周转率（次数）=\frac{销售收入净额(赊销收入净额)}{应收账款平均余额}$$

公式中的“销售收入净额”数据来自利润表，是指扣除折扣和折让后的销售净额，以后的计算也是如此。“应收账款平均余额”是指因销售商品、产品，提供劳务等而应向购货单位或接受劳务单位收取的款项，以及收到的商业汇票。它是资产负债表中“应收账款”和“应收票据”的期初、期末金额的平均数之和。并且应该注意，这里的应收账款是减去坏账准备之后的余额。有人认为，“销售收入净额”应扣除“现金销售”部分，即使用“赊销收入净额”来计算。从道理上看，这样可以保持比率计算分母和分子口径的一致性。但是，不仅财务报表的外部使用者无法取得这项数据，而且财务报表的内部使用者也未必容易取得该数据，因此，把“现金销售”视为收账时间为零的赊销，也是可以的。只要保持历史的一贯性，使用销售收入净额来计算该指标一般不影响其分析和利用价值。因此，在实务上多采用“销售收入净额”来计算应收账款周转率。

应收账款周转速度也可用天数即应收账款周转期表示，计算公式为：

$$应收账款周转期（天数）=\frac{计算期天数}{应收账款周转次数}$$

$$=\frac{计算期天数\times 应收账款平均余额}{销售收入净额}$$

应收账款周转率反映了企业应收账款变现速度的快慢及管理效率的高低。应收账款周转率高表明：①企业收账迅速，账龄期限相对较短；②资产流动性大，短期偿债能力强；③可以减少收账费用和坏账损失，从而相对增加企业流动资产的投资收益；④借助应收账款周转天数与企业信用期限的比较，可以更好地评价客户的信用程度及企业原定信用条件的合理性。

一般来说，应收账款周转率越高，平均收现期越短，说明应收账款的收回越快；否则，企业的净营运资本会过多地滞留在应收账款上，影响资金的正常周转。影响该指标正常计算的因素有：①季节性经营的企业使用这个指标时不能反映实际情况；②大量使用分期收款结算方式；③存在大量使用现金结算的销售；④年末销售大量增加或年末销售大幅度下降。这些因素都会对该指标计算结果产生较大的影响。财务报表的外部使用者可以将计算出的指标与该企业前期指标、行业平均水平或其他类似企业的指标相比较，判断该指标的高低，但仅根据指标的高低分析不出上述各种原因。

分析评价应收账款周转率时，需要注意以下几个问题：

（1）公式中分母的应收账款应将会计核算中的“应收账款”与“应收票据”等全部赊销账款包括在内。应收账款余额应为扣除坏账准备后的净额，否则水分较大。同时分母一般以应收账款的平均余额计算，如果应收账款余额的波动性较大，应尽可能使用更详尽的计算资料，如按各月份应收账款余额来计算其平均占用额。

（2）公式中分子应以赊销收入净额计算，但在一般报表分析时或与其他单位比较时，由于企业赊销资料作为商业机密不对外公布，可用销售收入净额计算。

（3）分子、分母的数据应注意其时间的对应性。

（4）对于经营状况受季节性销售影响较大的企业来说，指标的计算应当尽可能缩短间隔期，否则会降低这一指标的准确性。

（5）运用这一指标分析时，应结合企业的信用政策。应收账款周转率高，并不一定好，可能是企业信用政策过于严格的结果，从长期来看将会影响企业的销售水平，从而影响企业的获利水平。

【例 7-6】承前例，东方公司2019年、2020年实现销售收入净额分别为14 500万元和18 450万元，2018年末、2019年末和2020年末应收账款余额分别为1 200万元、1 300万元和1 500万元。根据资料，编制应收账款周转率分析表，见表7-4。

表 7-4 应收账款周转率分析表 金额单位：万元

项目	2019年	2020年	差异
销售收入净额	14 500	18 450	+3 950
应收账款平均余额	1 250	1 400	+150
应收账款周转率（次）	11.6	13.18	+1.58

从表7-4中可以看出，东方公司2020年应收账款周转率比2019年加快了1.58次，平均收账期由2019年的31.03天（360÷11.6）缩短为2020年的27.31天（360÷13.18），这不仅提高了应收账款投资的变现能力，减少了坏账损失和收账费用，而且也成为2020年该公司流动资产周转率加速0.77次的一个重要原因。

此外，在分析应收账款营运能力时，还可以用期末应收账款来计算期末应收账款占年度赊销金额的天数，该指标表明企业有多少天的销货金额的资金滞留在应收账款上。计算期末应收账款占年度赊销金额的天数的公式是：

$$期末应收账款占年度赊销金额的天数=\frac{计算期天数\times期末应收账款余额}{赊销金额(净额)}=\frac{期末应收账款余额}{日赊销金额(净额)}$$

该指标说明了期末在外应收账款的期间长度。如果销售具有季节性，或企业采用自然营业年度，那么这个指标可能不反映实际情况。如果公司采用自然营业年度作为会计期间，期末应收账款占年度赊销金额的天数就会被低估，因为年底的每日销货额通常低于全年日平均销货额。

假设期末应收账款占年度赊销金额的天数的偏差并非由于季节性经营和自然营业年度的影响，一般有以下几种情况会使该指标偏高：①大量的销售集中在年末；②应收账款无法收回，而且应当已经冲销；③企业按销售季节发账单；④大多数应收账款为应收分期账款。

假设偏差并非由于季节性经营和自然营业年度的影响，一般有以下几种情况使该指标偏低：①年末销货额大量减少；②大量的现金销货；③企业在年末卖出大量应收账款。

在进行外部分析时，如果没有掌握内部信息就不能分析出该指标异常的原因。

【例 7-7】某公司2020年12月31日的期末应收账款余额为12 700万元，坏账准备余额为63.5万元，应收票据期末余额为5 000万元，全年赊销净额为396 000万元。则期末应收账款占年度赊销金额的天数可计算为：

期末应收账款占年度赊销金额的天数=360×（12 700−63.5+5 000）÷396 000=16（天）

这一指标反映了企业有16天的平均销货金额在年末滞留在应收账款上。

应收账款周转较快，账龄较短，期末应收账款占年度赊销金额的天数较少，这些都说明企业应收账款变现的速度较快，在应收账款管理上的效率较高，从而能使企业降低坏账损失和催收应收账款的费用。

四、存货周转率

在流动资产中，存货所占的比重较大。存货的流动性将直接影响企业的流动比率，因此必须特别重视对存货的分析。存货的流动性，一般用存货的周转速度指标来反映，即存货周转率或存货周转天数。它是衡量和评价企业购入存货、投入生产、销售收回等各环节管理状况的综合性指标。

存货周转率有两种计算方式：一种是以成本为基础的存货周转率，即存货周转率是企业一定时期销售成本与平均存货的比率，主要运用于流动性分析；另一种是以收入为基础的存货周转率，即存货周转率是企业一定时期的销售收入与平均存货的比率，主要运用于获利能力分析。其计算公式为：

$$以成本为基础的存货周转率（次数）=\frac{销售成本}{平均存货额}$$

$$以收入为基础的存货周转率（次数）=\frac{销售收入净额}{平均存货额}$$

公式中的销售收入净额、销售成本数据来自利润表，平均存货额来自资产负债表的“期初存货”与“期末存货”的平均数。

分析存货周转速度，也可采用周转天数表示，即存货周转一次所需要的天数。其计算公式为：

$$以成本为基础的存货周转天数=\frac{计算期天数}{存货周转率(次数)}$$

$$=\frac{计算期天数\times平均存货额}{销售成本}$$

$$以收入为基础的存货周转天数=\frac{计算期天数\times平均存货额}{销售收入净额}$$

以成本为基础和以收入为基础的存货周转率各自有不同的意义：以成本为基础的存货周转率运用更为普遍，因为与存货直接相关的是销售成本，公式中分母采用销售成本而不是销售收入净额，主要是为了剔除毛利率对周转速度的虚假影响，从而更切合实际地表现存货的周转状况；以收入为基础的存货周转率既维护了资产运用效率比率各指标计算上的一致性，又因为由此计算的存货周转天数与应收账款周转天数建立在同一基础上，从而可直接相加并得出另一个分析指标——营业周期。

存货是流动资产乃至总资产中最重要的组成部分之一，它不仅金额比重大，而且增值能力强。因此，存货周转速度的快慢，不仅反映出企业采购、储存、生产、销售各环节管理工作状况的好坏，而且对企业的偿债能力及获利能力产生决定性的影响。一般来讲，一定时期内，企业的存货周转率越高，周转次数越多，表明企业存货回收速度越快，企业的经营管理效率越高，资产流动性越强，则企业的利润率越高（在企业有利经营的条件下）；反之，则表明企业存货的管理效率较低，存货周转较慢，存货占用资金较多，企业的利润率较小。因此，通过存货周转速度分析，有利于企业从不同的角度、环节上找出存货管理存在的问题，使存货管理在保证生产经营连续性的同时，尽可能降低资金占用水平，提高存货投资的变现能力和获利能力。

在分析评价存货周转率指标时，应注意下列几个问题：

（1）存货周转率通常能够反映企业存货流动性的大小和存货管理效率的高低。但存货周转率过高也可能意味着企业存货不足而可能造成脱销；反之，在存货周转率过低时，企业应当进一步分析存货的质量结构，弄清存货中是否包含有实际价值远远低于账面价值的即将报废或已损坏的原材料、商品和产品等。

（2）企业管理者和有条件的外部报表使用者，除了分析批量因素、季节性生产的变化等情况外，还应对存货的结构以及影响存货周转速度的重要项目进行分析，分别就原材料、在产品、产成品三个部分计算周转率，借以分析各构成部分对整个存货周转率的影响。其计算公式为：

$$原材料周转率=\frac{耗用原材料成本}{平均原材料成本}$$

$$在产品周转率=\frac{制造成本}{平均在产品成本}$$

$$产成品周转率=\frac{产品销售成本}{平均产成品成本}$$

（3）在其他条件不变的前提下，存货周转越快，所实现的周转额也就越大，利润数额和水平相应也就越高，所以该指标也可以用来衡量企业的获利能力，当然也可以作为分析偿债能力的辅助指标。

（4）企业采用不同的存货计价方法，将影响存货周转率的高低。如采用先进先出法对存货进行计价，当存货周转速度慢于通货膨胀的速度时，存货成本不能准确地反映其现时成本，从而降低存货价值，导致低估企业的短期偿债能力。因此，在计算和分析时应保持口径一致，当存货计价方法变动时，应对此加以说明，并计算这一变动对周转率的影响。

（5）存货批量的不同也会影响存货周转率。当存货批量很小时，存货可以很快地转换，因而存货周转率较高；当存货批量过小，甚至低于安全储备量时，会导致经常性的缺货，影响企业的正常生产经营。

【例7-8】东方公司2019年、2020年销售成本分别为21 500万元和24 950万元。2018年末、2019年末和2020年末的存货余额分别为1 460万元、1 540万元和1 760万元。根据资料，编制存货周转率分析表，见表7-5。

表7-5　存货周转率分析表　金额单位：万元

项目	2019年	2020年	差异
销售成本	21 500	24 950	+3 450
平均存货	1 500	1 650	+150
存货周转率（次）	14.33	15.12	+0.79

可见，东方公司2020年存货周转率与2019年相比，加快了0.79次，周转天数也由2019年的25.12天（360÷14.33）缩短为2020年的23.81天（360÷15.12），表明企业在存货的变现能力、实现周转额的能力上都有一定的提高。这也是整体流动资产周转得以加快的重要因素。

此外，在进行存货周转率指标分析时，还可以结合计算净营运资本存货率指标来评价存货的营运能力。净营运资本存货率是企业存货与净营运资本的比率，计算公式为：

$$净营运资本存货率=\frac{存货}{净营运资本}\times 100\%$$

净营运资本是流动资产减流动负债以后的余额，这部分资金企业可以经常周转使用，总的说来流动性较强，而存货是企业流动资产中流动性最差的部分。可见，净营运资本存货率反映企业存货这种流动性最差的流动资产与企业可以经常周转使用的全部净营运资本之间的关系。

【例7-9】某公司资产负债表中的期末存货为2 720万元，期末流动资产为6 120万元，期末流动负债为3 400万元。则：

净营运资本存货率=2 720÷（6 120−3 400）×100%=100%

如果净营运资本存货率大于100%，说明企业的期末存货大于净营运资本，则企业的净营运资本全部被存货占用尚不够，产生这种情况的原因，可能是存货或应收账款过多，也可能是企业自主支配的净营运资本过少；如果净营运资本存货率小于100%，则说明企业的存货小于净营运资本，多余的净营运资本可用于偿还债务；如果净营运资本存货率等于100%，则说明企业的存货等于净营运资本，即企业的流动资产减去存货以后的余额，同流动负债是相等的。净营运资本存货率的公认标准是在75%～100%之间。

五、非流动资产周转率

非流动资产周转率是销售收入与非流动资产的比率，有三种计量方式：

$$非流动资产周转率=\frac{销售收入}{非流动资产}$$

$$非流动资产周转天数=\frac{360}{\frac{销售收入}{非流动资产}}=\frac{360}{非流动资产周转次数}$$

$$非流动资产与收入比=\frac{非流动资产}{销售收入}$$

非流动资产周转率，表明一年中非流动资产周转的次数，或者说明每1元非流动资产支持的销售收入。非流动资产周转天数表明非流动资产周转一次需要的时间，也就是期末非流动资产转换成现金平均需要的时间。非流动资产与收入比，表明每1元销售收入需要的非流动资产投资。

非流动资产周转率反映非流动资产的管理效率，主要是针对投资预算和项目管理进行分析，以确定投资与竞争战略是否一致，收购和剥离政策是否合理。

六、现金周转率

现金包括库存现金、各种银行存款和其他货币资金，它是企业中最有活力的部分，是企业流动资产的重要构成项目之一，也是企业进行正常生产经营活动的必要条件。现金周转率是销售收入净额与平均现金余额的比值，可以衡量企业拥有的每1元现金所能创造的销售收入是多少。其计算公式为：

$$现金周转率=\frac{销售收入净额}{平均现金余额}\times 100\%$$

评价现金周转速度，也可采用现金周转期指标。其计算公式为：

$$现金周转天数=\frac{计算期天数}{现金周转率}$$

$$=\frac{计算期天数\times 平均现金余额}{销售收入净额}$$

现金周转率越高，周转期越短，其周转效率越高。公式中的平均现金余额，也是以现金的期初数与期末数之和除以2来确定的。

【例7-10】 承【例7-1】，东方公司2018年末、2019年末和2020年末现金余额分别为200万元、300万元和180万元。根据资料，编制现金周转率分析表，见表7-6。

表7-6 现金周转率分析表 金额单位：万元

项目	2019年	2020年	差异
销售收入净额	30 000	35 000	+5 000
平均现金余额	250	240	-10
现金周转率（次）	120	145.83	+25.83

可见，东方公司2020年现金周转率与2019年相比，加快了25.83次，也表明该公司2020年每1元现金可得的销售收入比2019年多了25.83元。这也是公司整体流动资产周转得以加快的因素之一。

七、净营运资本周转率

具体分析、评价企业流动资产管理能力的指标，除了上面介绍的三个主要指标外，还可以通过计算净营运资本周转率指标来分析企业的流动资产营运能力。

净营运资本周转率是企业销售收入净额与平均净营运资本之比，用来说明企业拥有的每1元净营运资本能创造多少销售收入。其计算公式为：

$$净营运资本周转率=\frac{销售收入净额}{平均净营运资本}$$

该指标的比值越高，说明净营运资本周转效率越高，平均每1元净营运资本提供的销售收入净额越多。运用和计算这个指标时，平均净营运资本的数值可以采用以下两种计算方法：

平均净营运资本=平均流动资产−平均流动负债

$$平均净营运资本=\frac{(期初流动资产-期初流动负债)+(期末流动资产-期末流动负债)}{2}$$

【例7-11】某公司2020年销售收入净额为3 000万元，平均流动资产为950万元，平均流动负债为650万元。则：

净营运资本周转率=3 000÷（950−650）=10（次）

此例说明该企业每1元净营运资本可得销售收入10元。以此数值与企业自身历史水平等数据纵向比较，或横向与同行业先进水平比较，即可评价其周转速度。

八、营业周期

营业周期是指从取得存货开始到销售存货并收回现金为止的时期，即企业的生产经营周期。营业周期长短对企业生产经营具有重要影响：营业周期越短，说明资产的效率越高，其收益能力也相应越强；营业周期越短，资产的流动性越强，资产风险越低。营业周期的长短还影响着企业资产规模和资产结构，周期越短，流动资产的占用相对越少；反之，则相反。因此，分析研究企业的营业周期，并想方设法缩短营业周期，对于增强资产的管理效果具有重要意义。

营业周期的长短可以通过应收账款周转天数和存货周转天数近似地反映出来，因此，我们可用应收账款周转天数和存货周转天数之和简化计算营业周期，即：

营业周期=应收账款周转天数+存货周转天数

当我们采用这种简化计算方法计算营业周期时，应注意下列因素可能会影响计算结果：

（1）采用营业年度或日历年度的年初、年末数简单计算平均数。营业年度的年初、年末通常是企业生产经营的淡季，由于应收账款和存货的数据偏低，而使营业周期被缩短。采用日历年度时，则由于不同企业可能处于淡季也可能处于旺季，从而使营业周期有可能被缩短，也有可能被延长。

（2）采用不同存货计价方法时，由于存货价值不同，导致存货周转天数不同。在价格上涨的情况下，如采用先进先出法，则存货价值偏高，存货周转天数被高估，从而也人为地延长了营业周期。

（3）如前所述，对于外部报表分析人而言，通常只能根据销售收入净额而非赊销收入净额计算应收账款的周转天数，由于应收账款周转天数被低估，也将导致营业周期的缩短。

九、固定资产周转率

固定资产周转率是企业销售收入净额与固定资产平均占用额之比。它是反映固定资产周转状况，衡量企业固定资产运用效率的一项指标。其计算公式为：

$$固定资产周转率（次数）=\frac{销售收入净额}{固定资产平均占用额}$$

固定资产周转率指标没有绝对的判断标准，一般通过与企业原来的水平相比较加以考察，因为种类、数量、时间均基本相似的机器设备与厂房等外部参照物几乎不存在，即难以找到外部可资借鉴的标准企业和标准比率。一般情况下，固定资产周转率越高，表明企业固定资产利用越充分，说明企业固定资产投资得当，固定资产结构分布合理，能够较充分地发挥固定资产的使用效率，企业的经营活动越有效，闲置的固定资产越少；反之，则表明固定资产使用效率不高，提供的生产经营成果不多，企业的营运能力较差。

运用和计算固定资产周转率时要注意以下几个问题：

（1）式中分母的固定资产平均占用额可按固定资产原值或净值计算，目前尚有两种观点。一种观点主张采用固定资产原值计算，理由是：固定资产生产能力并非随着其价值的逐步转移而相应降低，比如，一种设备在其全新时期和半新时期往往具有同样的生产能力；另外，使用原值便于企业在不同时间或不同企业之间进行比较，如果采用净值计算，则失去可比性。另一种观点主张采用固定资产净值计算，理由是：固定资产原值并非一直全部都被企业占有着，其价值中的磨损部分已逐步通过折旧收回，只有采用净值计算，才能真正反映一定时期内企业实际占用的固定资金。若采用固定资产平均净值计算，一般适宜于与其他单位横向比较，比较时要注意两个企业的折旧方法是否一致。

（2）企业的固定资产一般采用历史成本法记账，因此在企业的固定资产、销售情况都并未发生变化的条件下，也可能由于通货膨胀导致物价上涨等因素而使销售收入虚增，导致固定资产周转率的提高，而实际上企业的固定资产效能并未提高。

（3）严格地讲，企业的销售收入并不是由固定资产的周转价值带来的。企业的销售收入只能直接来自于流动资产的周转，而且固定资产要完成一次周转必须经过整个直接期间，因此，如果用销售收入除以固定资产占用额来反映固定资产的周转速度具有很大的缺陷，即它并非固定资产的实际周转速度。但如果从固定资产对推动流动资产周转速度和周转额的作用来看，固定资产又与企业的销售收入有着必然的联系，即流动资产投资规模、周转额的大小及周转速度的快慢在很大程度上取决于固定资产的生产经营能力及利用效率。

基于上述分析，在对固定资产营运能力进行分析时，必须充分结合流动资产的投资规模、周转额、周转速度才更有价值。固定资产周转率反映出既定质、量的固定资产通过对流动资产价值转换规模与转换速率的作用而对销售收入实现所做出的贡献，其公式为：

$$固定资产周转率=\frac{流动资产平均占用额}{固定资产平均占用额}\times 流动资产周转率$$

一般而言，固定资产的质量与使用效率越高，其推动流动资产运行的有效规模与周转就越大、越快，因此实现的周转额也就越多，所以，在不断提高流动资产自身营运能力的同时，如何卓有成效地提高固定资产的质量与使用效率，并以相对节约的固定资产投资推动尽可能多的流动资产规模，加速流动资产价值的转换，从而实现更多的销售收入，成为固定资产营运效率分析评价工作的重要内容。

【例 7-12】承前有关诸例，东方公司 2019 年和 2020 年固定资产平均占用额分别为 2 100 万元和 2 200 万元，则：

2019 年固定资产周转率=3 150÷2 100×9.52=14.28（次）

2020 年固定资产周转率=3 400÷2 200×10.29=15.9（次）

十、企业资产管理能力与偿债能力、盈利能力之间的关系

由于利益倾向的差异，不同的信息使用者诸如企业的投资者与潜在的投资者、债权人及潜在的债权人、企业管理者及职工、证券监管机构和财政税务机关等，在进行财务报告分析时，必然会有不同的侧重点，如：投资者关心的是企业的盈利问题，其中长期投资者关心的是股利，是企业赖以发放股利的长期获利能力，短期投资者关心的是股票变现能力；债权人关心的是还款保障，其中短期债权人特别关心的是企业对流动负债的支付能力，长期债权人特别关心的是企业长期负债的偿还能力和资本结构；管理者和职工关心的是企业的稳定性及职业的保障程度；证券监管机构、财政税务机关关心的是企业遵循各项财务会计法令、准则和制度的完全性等。总之，他们都从各自的不同目的出发来衡量和评价企业的财务状况和经营情况。

尽管如此，就分析的基本内容而言，其实并无本质的区别，概括起来主要包括前面各章所述的几个方面，即偿债能力分析、获利能力分析和资产管理能力分析。换句话说，财务报告使用者的决策目标虽各有不同，但所需的信息主要集中于企业的偿债能力、获利能力和资产管理能力如何，而这三者之间又是互相关联的。

企业资产管理能力、偿债能力、盈利能力三者之间的关系主要表现在以下两个方面：

（1）企业资产管理能力与偿债能力、盈利能力之间的关系。从财务管理上看，企业的财务目标是实现企业价值的最大化，而企业的财务目标又取决于企业的总目标。一般来说，企业的总目标可以概括为生存、发展和盈利。这三个目标之间是密切相关的：企业只有生存，才能够盈利，企业也只有在发展中求生存；同时，企业必须能够盈利，才有生存的价值。而企业能否生存的主要威胁来自两方面：一个是企业能否盈利，它是企业是否终止的内在原因；另一个是能否偿债，它是企业是否终止的直接原因。如前所述，企业的资产管理能力是用以评价企业运用各项资产的效率的高低，因此，它理所当然地成为企业财务目标实现的物质基础。如果一个企业的资产管理能力不佳，说明各项资产的运用效率低下，经营效果不好，它势必影响到企业的偿债能力和获利能力，所以，企业的资产管理能力不仅决定着企业偿债能力和获利能力，而且是企业整个财务分析的核心。而偿债能力和获利能力又是企业财务目标实现的稳健性保证，它们是资产管理能力作用的结果。

（2）偿债能力与盈利能力之间的关系。如前所述，企业的偿债能力和盈利能力分别是企业能否生存的直接原因和内在原因，它们之间又是相互关联的。如果企业的获利能力不佳，势必影响其未来的现金流入净额和营运资本，而企业的现金流入净额和营运资本不足，当然会影响到企业的偿债能力；如果企业不能及时清偿其到期的债务，又势必影响其筹资活动，使经营资金更加不足以至于陷入亏损而处境愈益艰难，从而影响到企业的盈利能力。

综上所述，企业的资产管理能力、偿债能力和盈利能力之间是密切相关的，它们共同构成了企业财务报告分析的基本内容。

本章小结

资产管理能力是指企业有效地利用其经济资源（资本），保证生产经营正常运转的能力，主要反映企业使用其经济资源（资本）的效率及有效性。

资产管理能力分析，是根据资产负债表、利润表等有关资料，通过计算企业各种经济资源（资本）的周转率或周转期指标来进行分析的。评价企业资产管理能力的指标，概括起来主要包括：总资产周转率、流动资产周转率、现金周转率、应收账款周转率、存货周转率、净营运资本周转率和固定资产周转率等。在进行评价分析时，应将企业的年度资产管理能力与企业的历史标准、目标标准或同行业标准等进行比较，以分别揭示企业营运能力的变化趋势以及与目标标准、同行业标准之间存在的差距，并据以进一步查明原因，以便改进财务管理工作。

财务报告使用者的决策目标各有不同，但所需的信息主要集中于企业的偿债能力、盈利能力和资产管理能力，这三个能力之间是互相关联的，必须正确地加以认识。

复习思考题

1.什么是资产管理能力？

2.如何分析评价企业资产管理能力？运用哪些指标？如何计算？

3.企业资产管理能力与偿债能力、盈利能力之间有何关系？

同步练习题

一、单项选择题

1.某企业期初应收账款230万元，期末应收账款250万元，本期产品销售收入为1 200万元，本期产品销售成本为1 000万元，则该企业应收账款周转期为（　　）。

A.90天　　B.65天　　C.84天　　D.72天

2.某存货的周转天数为50天，则该存货的年周转率为（　　）。

A.7.2次　　B.7.3次　　C.72%　　D.73%

3.当流动资产占用增加，同时流动资产周转速度加快时，企业一定存在流动资产的（　　）。

A.绝对浪费　　B.相对节约

C.同时存在绝对节约和相对节约　　D.相对浪费

二、多项选择题

1.在计算应收账款周转率时，赊销收入净额不等于（　　）。

A.销售收入-现销收入

B.销售收入-现销收入-销售退回

C.销售收入-现销收入-销售退回-销售折让

D.销售收入-现销收入-销售退回-销售折让-销售折扣

2.流动资产周转率的指标包括（　　）。

A.现金周转率　　　　　B.应收账款周转率

C.存货周转率　　　　　D.固定资产周转率

3.应收账款周转率提高，意味着企业（　　）。

A.流动比率提高　　　　B.短期偿债能力增强

C.坏账损失下降　　　　D.速动比率提高

三、判断题

1.流动资产周转率与销售收入总是成正比关系。（　　）

2.资产周转次数越多越好，周转天数越短越好。（　　）

3.总资产周转率越高，说明企业的销售能力越强，资产投资的效益越好。（　　）

四、计算分析题

某公司2018—2020年资产负债表相关数据如表7-7所示。

表7-7　某公司2018—2020年资产负债表相关数据　单位：万元

项目	2018年	2019年	2020年
流动资产	1 250	1 340	1 430
其中：应收账款	512	528	520
存货	480	477	485
固定资产	1 750	1 880	1 800
资产总额	4 250	4 380	4 360

已知2020年销售收入净额为4 800万元，比2019年增长了20%，销售成本为3 850万元，比2019年增长了18%，其中，该公司销售收入有30%为现销，其余70%为赊销。

要求：

（1）计算出2019年和2020年的总资产周转率、固定资产周转率、流动资产周转率、应收账款周转率、存货周转率、营业周期。

（2）评价该公司的资产管理能力。

第七章同步练习题参考答案

案例分析

TCL公司营运能力分析

第八章

企业发展能力分析

学习目标

了解企业发展能力分析的意义，掌握企业发展能力分析的内容，掌握企业发展能力财务比率的计算，能够运用相关指标对企业发展能力做出判断。

企业是一个以营利为目的的组织，其出发点和归宿是营利。企业一旦成立，就会面临竞争，并处于发展和萎缩的矛盾之中，企业必须生存下去才可能获利，而企业要获得生存就必须求得不断发展。发展是生存之本，也是获利之源。从企业财务管理目标的实现来看，企业发展能力也是直接影响企业财务管理目标实现的一个重要因素。

第一节 企业发展能力分析的意义及内容

企业发展的内涵是企业价值的增长，是企业通过自身的生产经营，不断扩大积累而形成的发展潜能。企业发展不仅仅是规模的扩大，更重要的是企业收益能力的上升，一般认为是净收益的增长。同时企业发展能力受到企业的经营能力、制度环境、人力资源、分配制度等诸多因素的影响，所以在分析企业发展能力时，还需要测度这些因素对企业发展的影响程度，将其变为可量化的指标进行表示。总之，对企业发展能力的评价是一个全方位、多角度的评价过程。

一、企业发展能力分析的意义

传统的财务分析仅仅是从静态的角度出发来分析企业的财务状况，也就是只注重分析企业的盈利能力、营运能力、偿债能力，这在日益激烈的市场竞争中显然不够全面、不够充分，原因表现在以下几个方面：首先，企业价值在很大程度上取决于企业未来的获利能力，取决于企业未来收入、收益以及股利的未来增长，而不是公司过去或者目前所取得的收益情况；其次，无论是增强企业的盈利能力、偿债能力还是提高企业的资产营运效率，都是为了企业未来的生存和发展的需要，都是为了提高企业的增长能力，也就是说增长能力是企业盈利能力、营运能力、偿债能力的综合体现。因此，要全面衡量一个企业的价值，就不应该仅仅从静态的角度分析其经营能力，更应该着眼于从动态的角度出发分析和预测企业的经营成长性水平，即发展能力。

企业能否持续发展对投资者、经营者及其他利益相关者至关重要。对投资者而言，企业能否持续发展，不仅关系到投资者的投资报酬，而且关系到企业是否真正具有投资价值。对企业的经营者来说，要使企业获得成功，不能仅仅注重目前的、暂时的经营能力，更应该注意企业未来的、长期的和持续的发展能力。对债权人而言，发展能力同样至关重要，因为企业偿还债务尤其是长期债务主要是依靠未来的盈利能力，而不是目前的。

二、企业发展能力分析内容

企业发展能力的分析内容可以从企业发展的动因与结果两个大的层面进行。其中发展动因层面主要是对企业的竞争能力进行分析。结果层面主要是对财务状况进行分析，同时由于企业的发展经常出现周期特征，因而在分析企业发展能力时还需明确企业及其产品所处生命周期，这样才能结合竞争能力与财务状况的分析得出对企业发展能力的正确判断。这样，我们可以从企业竞争能力分析、企业周期分析、企业发展能力财务比率分析三个方面对企业发展能力进行分析。

（一）企业竞争能力分析

一个企业的生存与发展归根结底取决于企业的竞争能力，因此企业竞争能力分析是企业发展能力分析的一项重要内容。企业竞争能力集中表现为企业产品的市场占有情况和产品的竞争能力，同时在分析企业竞争能力时还应对企业所采取的竞争策略进行分析。

1.产品市场占有情况分析

对产品市场占有情况进行分析，主要是分析企业市场占有率和市场覆盖率。

市场占有率是反映企业市场占有情况的一个基本指标。它是指在一定时期、一定市场范围内，企业某种产品的销售量占市场上同种商品销售量的比重。利用市场占有率来说明企业竞争能力的强弱，必须与竞争对手进行对比分析。一般是将本企业的市场占有率与主要竞争对手进行对比分析。一方面，要通过对比分析看到本企业的差距或优势；另一方面，还要进一步寻找其原因。

市场覆盖率是反映企业市场占有状况的又一主要指标。市场覆盖率是指本企业某种产品行销的地区数占同种产品行销地区总数的比率。利用市场覆盖率来说明企业竞争能力的强弱，也必须通过与竞争对手进行对比分析。通过计算和对比分析市场覆盖率，可以考察企业产品现在行销的地区，研究可能行销的地区，揭示产品行销不广的原因，有利于企业扩大竞争地域范围，开拓产品的新市场，提高企业的竞争能力。

2.产品竞争能力分析

首先，进行产品质量的竞争能力分析。产品质量的优劣是产品有无竞争能力的首要条件。提高产品质量是提高企业竞争能力的主要手段。分析企业产品质量的竞争能力大小就是将本企业产品的有关质量指标与国家标准、竞争对手、用户的要求分别进行对比，从而观察本企业产品质量的水平与差距，对本企业产品质量的竞争能力做出客观评价。

其次，进行产品品种的竞争能力分析。主要是对产品品种占有率的分析。产品品种占有率是企业某种产品在某市场范围内销售的品种或规格、花色数占该市场范围内销售的该种产品的全部品种、规格或花色数的比率。该指标数值越高，说明企业生产和销售的品种、规格或花色满足社会需要的程度越高，竞争能力越强。此外，还要对新品种的开发情况进行分析。分析企业新产品的开发情况，第一，要计算新产品的比重，即企业在报告期生产的新产品产值在总产值中所占的比重；第二，要计算企业出售的新产品价值在某一市场范围内出售该种新产品全部价值中所占的比重，以反映企业新产品在市场竞争中的地位。

再次，进行产品成本和价格的竞争能力分析。分析企业在价格方面的竞争能力，就是通过与主要竞争对手或同行业成本最低的企业进行成本水平的对比分析，从而对本企业的价格竞争能力做出正确评价，并指出成本水平的差距及其原因，进而提出有效对策，以进一步降低成本，提高企业的价格竞争力。

最后，还应该进行产品售后服务的竞争能力分析。售后服务的好坏直接影响企业的信誉，影响企业的产品销售。因此，强化服务质量，也是提高企业竞争能力的重要手段。

3.企业竞争策略分析

企业的竞争能力能否得到正常或者最大限度的发挥，关键取决于企业竞争策略的正确与否。企业的竞争策略，是指企业根据市场的发展和竞争对手的情况制定的经营方针。企业竞争策略可归纳为以下几个方面：以优质取胜；以创新取胜；以价廉取胜；以快速交货取胜；以优质服务取胜；以信誉取胜等。分析企业的竞争策略，就是要联系本企业的经济效益，并与主要竞争对手比较，分析研究现在采取的竞争策略存在哪些问题或潜力；根据市场形势及竞争格局的变化，提出本企业的竞争策略将要做出哪些改变。

（二）企业周期分析

企业的发展过程总是呈现出一定的周期特征，处于不同周期阶段的企业的同一发展能力分析指标计算结果反映不同的发展能力。就企业所面临的周期现象来说，主要存在经济周期、产业生命周期、企业生命周期及产品生命周期等几种类型。上述周期大体都可以分为初创期、成长期、成熟期和衰退期四个阶段。经济周期与产业生命周期是从宏观的角度描述企业宏观环境的特征与发展趋势，由专门的政府服务部门或研究机构进行分析。产品生命周期与企业生命周期则针对企业自身的微观环境特征与发展趋势进行描述，由企业进行分析。

1.企业生命周期的分析与判断

企业生命周期的分析与判断有一个必须注意的问题：在进行判断时，不要试图把企业只放在生命周期的一个位置。企业的不同部门可能处于不同周期阶段。从总体上看，一个企业在生命周期中处于什么阶段，必须对企业在大多数时间的行为进行分析。

在一个企业生命周期的分析与判断过程中，可能会发现一个企业融合了几个阶段的特征。例如，一个处于初创期的企业有时会表现出成长期的特征，有时又会表现出衰退期的特征。这是企业生命周期的正常现象。这并不是说企业生命周期是一个非常难以捉摸的事物，其中仍然有规律可循。

健康企业的生命周期曲线一般呈正常的钟形分布，也就是说，有些行为就像它还处于生命周期的上一阶段，而有些行为又与企业生命周期下一阶段的特征相符，但是它的绝大部分行为表现出企业在生命周期曲线上目前所处的主要位置的特征，这些特征正是进行企业生命周期分析与判断的主要依据。

2.产品生命周期的分析与判断

产品生命周期对企业的影响是局部的，这决定了产品生命周期的分析与判断方法与企业生命周期的分析与判断方法不同。常用的产品生命周期分析与判断方法有以下几种：

(1) 直接参考法。它是直接参考国外或其他地区同类产品的生命周期来确定本企业产品生命周期所处阶段的一种方法。这种方法建立在个别产品生命周期与产业生命周期具有一致性的假设基础之上，优点是比较简单，分析成本较低；缺陷在于外部数据很难获得，分析的准确性也较低。

(2) 指标分析法。它是通过计算与产品生命周期密切相关的几个经济指标来推断产品生命周期的一种方法。例如，可根据销售增长的情况来判断。据统计，市场销售增长率与产品生命周期的对应关系是：市场销售增长率大于10%处于成长期，在1%~10%之间处于成熟期，小于0则认为已进入衰退期。也可以通过估计产品的使用用户数来判断：估计用户数在0.1%~5%为开发期，6%~50%为成长期，51%~75%为成熟期，76%~90%为饱和期。

(3) 直观判断法。这是根据与产品生命周期密切相关的情况和指标直接判断产品所处周期阶段的一种方法。例如，根据销售状况判断，销售递增通常为成长期，产品畅销、销量波动不大通常为成熟期，销售量递减为衰退期。

(三) 企业发展能力财务比率分析

企业发展能力财务比率分析分为企业营业发展能力分析和企业财务发展能力分析两个方面。

1.企业营业发展能力分析

企业营业结果可通过销售收入和资产规模的增长体现出来，因此企业营业发展能力分析可分为对销售增长的分析和对资产规模增长的分析。

2.企业财务发展能力分析

从财务角度看，企业发展的结果体现为利润、股利和净资产的增长，因此企业财务发展能力分析可以分为对净资产规模增长的分析、对企业利润增长的分析和对企业股利增长的分析三个方面。

(1) 对净资产规模增长的分析。

在企业净资产收益率不变的情况下，企业净资产规模与收入之间存在正比例关系。同时净资产规模的增长反映着企业不断有新的资本加入，表明了所有者对企业有充足的信心，同时对企业进行负债筹资提供了保障，提高了企业的筹资能力，有利于企业获得进一步发展所需的资金。

(2) 对利润增长的分析。

利润是企业在一定时期内的经营成果的集中体现，因此企业的发展过程必然体现为利润的增长，通过对利润增长情况的分析，即可从一定程度上把握企业的发展能力。

(3) 对股利增长的分析。

企业所有者从企业获得的利益可以分为两个方面：一是资本利得（即股价的增长）；二是股利的获得。从长远来看，如果所有的投资者都不退出企业，所有者从企业获得利益的唯一来源便是股利的发放。虽然企业的股利政策要考虑到企业所面临的各方面因素，但股利的持续增长一般也就被投资者理解为企业的持续发展。

第二节 企业发展能力财务比率分析

一、营业发展能力分析

从财务状况角度，我们通常关注企业销售的增长和企业资产规模的增长。从本质上看，企业销售的增长是企业发展的驱动力。因此，企业销售的增长是企业生存和发展的保障，分析企业的发展能力首先要分析企业的销售增长能力。

同时，任何一家企业实现价值的增长必须拥有一定的资源。因此，分析企业营业发展能力，也要关注资产规模的增长。另外，资产使用效率作为价值驱动因素之一，对其进行分析是企业发展能力分析的一个重要方面。

（一）销售增长指标

反映企业销售增长情况的财务比率主要有销售（营业）增长率和三年销售（营业）平均增长率。

1.销售（营业）增长率

销售（营业）增长率是指企业本年销售（营业）收入增长额同上年销售（营业）收入总额的比率。销售（营业）增长率表示与上年相比，企业销售（营业）收入的增减变动情况，是评价企业发展状况和发展能力的重要指标。其计算公式为：

$$销售（营业）增长率=\frac{本年销售（营业）收入增长额}{上年销售（营业）收入总额}\times 100\%$$

公式中，本年销售（营业）收入增长额是企业本年销售（营业）收入与上年销售（营业）收入的差额；上年销售（营业）收入总额是指企业上年全年销售（营业）收入总额。

该指标是相对数，消除了企业营业规模对该项目的影响，更能反映企业的发展情况，当然在实际分析过程中，也可以计算企业销售（营业）增长额作为分析的辅助指标。

现举例分析，见表8-1。

表8-1 公司销售（营业）增长率分析表 金额单位：元

年度 项目	2016年	2017年	2018年	2019年	2020年
A公司销售收入	1 258 518.47	1 413 319.55	1 153 869.81	1 506 111.55	1 875 731.81
A公司		12.30%	-18.36%	30.53%	24.54%
B公司		59.25%	4.34%	-14.27%	10.48%
行业平均值		14.84%	30.84%	20.77%	16.00%

从表8-1中可以看到，公司所处行业的销售（营业）增长率呈钟形分布，在2018年增长率达到最高点，随后逐年下降。A公司的销售（营业）增长率则与此特征相反，在2018年甚至出现了销售的大幅下降，但在2019年和2020年又出现较高水平的增长；而B公司的销售增长率更不稳定，既有59.25%的飞速增长，也有14.27%的大幅下降。

利用该指标进行企业发展能力分析需要注意以下几点：

（1）销售（营业）增长率是衡量企业经营状况和市场占有能力、预测企业经营业务拓展趋势的重要指标，也是企业增长增量和存量资本的重要前提。不断增加的销售（营业）收入，是企业生存的基础和发展的条件。

（2）该指标若大于0，则表示企业本年的销售（营业）收入有所增长，指标值越高，表明增长速度越快，企业市场前景越好；若该指标小于0，则说明企业或是产品不适销对路、质次价高，或是在售后服务等方面存在问题，产品销售不出去，市场份额萎缩。

（3）在实际分析该指标时，应结合企业历年的销售（营业）水平、企业市场占有情况、行业未来发展及其他影响企业发展的潜在因素进行潜在性预测，或者结合企业前三年的销售（营业）收入增长率做出趋势性分析判断。同时，在分析过程中要确定比较的标准，在比较中可分别以其他相类似的企业、本企业历史水平及行业平均水平等作为比较标准。

（4）销售增长率作为相对量指标，也存在受增长基数影响的问题，如果增长基数即上年销售（营业）收入额特别小，即使销售（营业）收入出现较小幅度的增长，也会出现较大数值，不利于企业之间进行比较。比如某企业上年营业额为10万元，本年度营业额为100万元，该企业的销售增长率为900%，这并不能说明该企业一定具有很高的发展能力。因而在分析过程中还需要使用销售（营业）增长额及三年销售（营业）平均增长率等指标进行综合判断。

2.三年销售（营业）平均增长率

销售增长率可能受到销售短期波动对指标产生的影响，如果上年因特殊原因而使销售收入特别低，而本年则恢复到正常，这就会造成销售增长率因异常因素而偏高；如果上年因特殊原因而使销售收入特别高，而本年则恢复到正常，这就会造成销售增长率因异常因素而偏低。为消除销售（营业）收入短期异常波动对该指标产生的影响，并反映企业较长时期的销售（营业）收入增长情况，可以计算多年的销售（营业）收入平均增长率，实务中一般计算三年销售（营业）平均增长率。

三年销售（营业）平均增长率表明的是企业销售（营业）收入连续三年增长情况，体现企业的发展潜力。其计算公式为：

$$\text{三年销售（营业）平均增长率}=\left(\sqrt[3]{\frac{\text{年末销售（营业）收入总额}}{\text{三年前年末销售（营业）收入总额}}}-1\right)\times 100\%$$

利用三年销售（营业）平均增长率指标，能够反映企业的销售（营业）增长趋势和稳定程度，较好体现企业的发展状况和发展能力，避免因少数年份销售（营业）收入不正常增长而对企业发展潜力的错误判断。

另外，除了关注销售（营业）收入总额的增长以外，还需要关注销售（营业）利润率及其变化情况，销售（营业）利润是扣除成本与费用之后形成的企业最终利益，这就需要对销售（营业）利润率进行分析。

现举例分析，见表8-2。

$$\begin{aligned}\text{2019年年末计算的三年销售（营业）平均增长率}&=\left(\sqrt[3]{\frac{\text{2019年年末销售收入}}{\text{2016年年末销售收入}}}-1\right)\times 100\%\\&=\left(\sqrt[3]{\frac{1\,506\,111.55}{1\,258\,518.47}}-1\right)\times 100\%\\&=6.17\%\end{aligned}$$

表 8-2　　A公司三年销售（营业）平均增长率分析表　　金额单位：元

年度 项目	2016年	2017年	2018年	2019年	2020年
销售收入	1 258 518.47	1 413 319.55	1 153 869.81	1 506 111.55	1 875 731.81
销售增长率		12.30%	−18.36%	30.53%	24.54%
三年销售（营业）平均增长率				6.17%	9.89%

$$2020年年末计算的三年销售（营业）平均增长率=\left(\sqrt[3]{\frac{2020年年末销售收入}{2017年年末销售收入}}-1\right)\times100\%$$

$$=\left(\sqrt[3]{\frac{1\,875\,731.81}{1\,413\,319.55}}-1\right)\times100\%$$

$$=9.89\%$$

（二）资产增长指标

反映企业资产增长能力的财务比率包括资产规模增长率和固定资产成新率两个方面。

1. 资产规模增长率

资产代表着企业用以取得收入的资源，同时也是企业偿还债务的保障，资产的增长是企业发展的一个重要方面，也是实现企业价值增长的重要手段。从企业经营实践来看，成长性高的企业一般能保证资产的稳定增长。对资产增长情况进行分析的方法可以分为绝对增长量分析和增长率分析两种，较为常用的是计算总资产增长率并进行分析。

（1）总资产增长率。

总资产增长率是指本年总资产增长额同年初（即上年末）资产总额的比率，该指标是从企业资产总量扩张方面衡量企业的发展能力，表明企业规模增长水平对企业发展后劲的影响。其计算公式为：

$$总资产增长率=\frac{本年总资产增长额}{年初资产总额}\times100\%$$

该指标越高，表明企业一个经营周期内资产经营规模扩张的速度越快，但也应注意资产规模扩张的质与量的关系，以及企业的后续发展能力，避免资产盲目扩张。

现举例分析，见表8-3。

表 8-3　　A公司总资产增长率分析表　　金额单位：元

年度 项目	2016年	2017年	2018年	2019年	2020年
总资产	1 867 036.73	2 136 428.89	1 564 902.98	1 582 398.87	1 656 997.32
总资产增长率		14.43%	−26.75%	1.12%	4.71%

从表8-3可知，该公司除2018年资产总额由于某种原因下降外，其他年度均能够保持一定幅度的增长。

（2）三年总资产平均增长率。

与销售增长率的原理相似，资产增长率也存在受资产短期波动因素影响的缺陷，为弥补这一不足，我们同样可以计算三年的平均资产增长率，以反映企业较长时期内的资产增长情况。该指标的计算公式为：

$$三年总资产平均增长率=\left(\sqrt[3]{\frac{年末资产总额}{三年前年末资产总额}}-1\right)\times100\%$$

现举例分析，见表8-4。

表8-4 A公司三年总资产平均增长率计算表 金额单位：元

项目＼年度	2016年	2017年	2018年	2019年	2020年
总资产	1 867 036.73	2 136 428.89	1 564 902.98	1 582 398.87	1 656 997.32
总资产增长率		14.43%	-26.75%	1.12%	4.71%
三年总资产平均增长率				-5.36%	-8.12%

$$2019年年末计算的三年总资产平均增长率=\left(\sqrt[3]{\frac{2019年年末资产总额}{2016年年末资产总额}}-1\right)\times100\%$$

$$=\left(\sqrt[3]{\frac{1\,582\,398.87}{1\,867\,036.73}}-1\right)\times100\%$$

$$=-5.36\%$$

$$2020年年末计算的三年总资产平均增长率=\left(\sqrt[3]{\frac{2020年年末资产总额}{2017年年末资产总额}}-1\right)\times100\%$$

$$=\left(\sqrt[3]{\frac{1\,656\,997.32}{2\,136\,428.89}}-1\right)\times100\%$$

$$=-8.12\%$$

用资产规模增长指标分析发展能力应注意：

（1）对资产增长率进行企业间比较要特别注意各企业之间的可比性：一方面，不同的企业资产使用效率不同，为实现净收益的同幅度增长，资产使用效率低的企业需要更大幅度的资产增长；另一方面，不同企业所采取的不同发展策略也会体现到资产增长率上来，采取外向规模增长型发展策略的企业资产增长率会较高，而采取内部优化型发展策略的企业资产增长率会呈现较低的水平。

（2）资产增长率计算中所使用变量的数值为账面价值，这样就会产生两个问题：一是受会计处理方法中历史成本原则的影响，资产总额反映的只是资产取得的成本，并不是总资产的现时价值；二是并没有反映企业全部资产的价值，受会计处理方法的限制，企业很多重要的资产如无形资产、人力资源无法在报表中体现，这使得资产增长率指标无法反映企业真正的资产增长情况。

（3）除了计算总资产增长率对总资产的增长情况进行分析外，还可以对资产各类别的增长情况进行分析。

$$流动资产增长率=\frac{本年流动资产增长额}{年初流动资产额}\times100\%$$

$$固定资产增长率=\frac{本年固定资产增长额}{年初固定资产额}\times100\%$$

$$无形资产增长率=\frac{本年无形资产增长额}{年初无形资产额}\times100\%$$

$$员工增长率=\frac{本年员工增长人数}{年初员工总人数}\times 100\%$$

2. 固定资产成新率

固定资产成新率是企业当期平均固定资产净值同平均固定资产原值的比率。该指标反映了企业所拥有的固定资产的新旧程度，体现了企业固定资产更新的快慢和持续发展的能力。其计算公式为：

$$固定资产成新率=\frac{平均固定资产净值}{平均固定资产原值}\times 100\%$$

A公司固定资产成新率分析表见表8-5。从表8-5可知，A公司的固定资产成新率均显著低于行业平均水平，并且近几年来一直呈下降趋势，反映公司固定资产最近没有进行大规模的更新。

表8-5　A公司固定资产成新率分析表　金额单位：元

项目 \ 年度	2016年	2017年	2018年	2019年	2020年
固定资产原值	454 164.46	523 668.18	545 226.16	544 520.16	410 695.80
累计折旧	159 944.4	186 849.10	216 296.05	237 428.23	151 374.81
固定资产减值准备	41 563.06	41 319.76	39 936.55	38 098.66	16 936.65
固定资产净值	252 657	295 499.32	288 993.56	268 993.27	242 384.34
A固定资产成新率		56.43%	53.00%	49.40%	59.02%
行业平均值		66.10%	64.36%	60.10%	57.66%

该指标的运用要注意以下问题：

（1）运用该指标分析固定资产新旧程度时，应剔除企业应提未提折旧对房屋、机器设备等固定资产真实状况的影响。

（2）在进行固定资产成新率指标的企业间比较时，要注意不同折旧方法对固定资产成新率的影响，加速折旧法下的固定资产成新率要低于直线折旧法下的固定资产成新率。

（3）固定资产成新率受周期影响较大，一个处于发展期的企业与一个处于衰退期的企业的固定资产成新率明显会不同，虽然企业处于不同的阶段本身就反映了企业具有不同的发展能力，可以说处于发展期的企业的发展能力要高于处于成熟期或衰退期的企业，但在对企业做出评价时，仍需要考虑到企业所处周期阶段这一因素。

二、企业财务发展能力分析

企业财务方面的发展体现为资本的扩张和股利的增长。

（一）资本扩张指标

反映企业资本扩张情况的财务比率有资本积累率和三年资本平均增长率。

1.资本积累率

资本积累率是指企业本年所有者权益增长额同年初所有者权益的比率。该指标反映企业所有者权益在当年的变动水平，体现了企业资本的积累情况，是企业发展强弱的标志，也是企业扩大再生产的源泉，展示了企业的发展潜力，是评价企业发展潜力的重要指标。其计算公式为：

$$资本积累率=\frac{本年所有者权益增长额}{年初所有者权益}\times 100\%$$

该指标与盈利能力分析指标中的资本保值增值率有密切联系。

$$资本保值增值率=\frac{扣除客观因素后的期末所有者权益}{期初所有者权益}\times 100\%$$

若不考虑客观因素的影响：

$$\begin{aligned}资本保值增值率&=\frac{期末所有者权益}{期初所有者权益}\times 100\%\\&=\frac{期初所有者权益+本年所有者权益增长额}{期初所有者权益}\times 100\%\\&=1+\frac{本年所有者权益增长额}{期初所有者权益}\times 100\%\\&=1+资本积累率\end{aligned}$$

资本积累率反映了投资者投入企业资本的保全性和增长性，该指标越高，表示企业资本积累越多，企业资本保全性越强，应对风险、持续发展的能力越强。

2.三年资本平均增长率

三年资本平均增长率是表示企业资本连续三年的积累情况，体现企业发展水平和发展趋势。其计算公式为：

$$三年资本平均增长率=\left(\sqrt[3]{\frac{年末所有者权益总额}{三年前年末所有者权益总额}}-1\right)\times 100\%$$

利用三年资本平均增长率指标，能够反映企业资本保全增值的历史发展状况，以及企业稳步发展的趋势。该指标越高，表明企业所有者权益得到的保障程度越大，企业可以长期使用的资金越充裕，抗风险和保持连续发展的能力越强。

在对资本扩张情况进行分析时还要注意所有者权益各类别的增长情况，一般来说，实收资本的快速扩张来源于外部资金的加入，反映企业获得了新的资本，表明企业具备了进一步发展的基础，但并不表明企业过去具有很强的发展能力；如果资本的扩张主要来源于留存收益的增长，反映企业通过自身经营活动不断在积累发展后备资金，既反映了企业在过去经营过程中的发展能力，也反映了企业进一步发展的后劲。

（二）股利增长率

1.股利增长率

股利增长率是本年发放股利增长额与上年发放股利的比率。该指标反映企业发放股利的增长情况，是衡量企业发展性的一个重要指标。

股利增长率的计算公式为：

$$股利增长率=\frac{本年每股股利增长额}{上年每股股利}\times 100\%$$

2.三年股利平均增长率

为了反映更长时期的股利增长情况，可以计算三年股利平均增长率。其计算公式为：

$$三年股利平均增长率=\left(\sqrt[3]{\frac{本年每股股利}{三年前每股股利}}-1\right)\times 100\%$$

本章小结

企业发展能力分析是财务分析的一个重要方面。本章主要从企业竞争能力分析、企业周期分析和企业发展能力财务比率分析三个方面对企业的发展能力进行了分析介绍。企业发展能力是企业盈利能力、营运能力、偿债能力的综合体现。在与财务分析其他内容的关系上，企业发展能力分析既是相对独立的一项内容，又与其他分析密切相关，在分析过程中要结合进行，同时企业发展能力分析还应特别注意定量分析与定性分析的结合。

复习思考题

1.说明企业发展能力分析的意义。

2.如何对企业的发展能力进行分析和评价？

同步练习题

一、单项选择题

1.下列项目中，不属于企业资产规模增加的原因的是（　　）。

A.企业对外举债　　B.企业发放股利

C.企业发行股票　　D.企业实现盈利

2.如果企业的某一种产品处于成熟期，则其销售增长率的特点是（　　）。

A.与上期相比变动非常小，甚至表现为负数

B.与上期相比变动不大

C.比值较大

D.比值较小

二、多项选择题

1.处于成长期的企业的经营特点包括（　　）。

A.产品开始走向成熟　　B.需要大量的资金投入

C.经营现金流量大幅度增长　　D.获利水平相对稳定

E.企业开始获利

2.可以用来反映企业收益增长能力的财务指标有（　　）。

A.净利润增长率　　B.三年利润平均增长率

C.权益净利率　　D.资本积累率

E.主营业务利润增长率

三、判断题

1.企业能否持续增长对投资者、经营者至关重要，但对债权人而言相对不重要，因为他更关心企业的变现能力。（　　）

2.销售增长率较高并不一定代表企业在销售方面具有良好的成长性。（　　）

3.利用财务策略所取得的增长并不十分可取，因为运用融资政策和股利政策具有一定的局限性。（　　）

四、计算分析题

晨光公司2017年、2018年、2019年、2020年的资产总额分别为200万元、296万元、

452万元、708万元；四年的负债总额分别为78万元、120万元、179万元、270万元。

要求：分析该公司资产增长能力。

第八章同步练习题参考答案

案例分析

大同煤业发展能力分析

第九章

风险分析

学习目标

了解风险产生的原因及规避风险的基本对策，掌握筹资风险、投资风险、破产风险管理的基本原理与方法，能够熟练地运用经营杠杆、财务杠杆、综合杠杆对企业的风险状况进行判断，并且从外部的角度进行企业价值的风险分析。

第一节 风险成因及对策

一、风险概念及其影响因素

在市场经济体制下，企业对市场的依赖程度空前增加。由于竞争的加剧和国内外经济环境的不断变化，商品的供求和价格往往出现意想不到的境况，使企业的成本、收入、利润以及投资效益存在脱离预定目标的可能，表现为财务活动中的风险增加。

（一）风险的概念

人们对风险的认识并不一致或不十分明确。许多人认为“未来事件的不确定性就是风险”，或认为“可以估计其概率的不确定事件称为风险事件，不能估计的则称为不确定事件”，等等。事实上，不确定性只是风险的影响因素之一，而非风险本身。因为任何不确定事件都有两种可能结果：有利和不利的结果。习惯上，我们将前者称作机会，后者才称作风险。可见，风险是指由于未来事件不确定性而可能造成的损失。从财务角度看，也可以说，风险是由于未来事件的不确定性而对预期收益产生的一项扣减。

（二）风险的性质

事物发展的不确定性，是风险产生的客观基础。人们在财务分析中所研究的风险，不过是人们对客观事物的主观估计而已。由于在经验、能力和决策手段上存在差别，不同的决策者对同一事件的风险类型和风险程度的估计往往有所不同，甚至完全相反。估计准确，可以采取合理的对策，以减少风险影响；若估计不准确，则损失加大，对企业不利。有时对本来风险不大的事项也高价保险，采取过度的措施，结果必然得不偿失。可见，这个“估计”十分重要。对于风险，不论用“客观”概率或主观概率估计，都具有相当的主观性，区别二者的实际意义并不大。弄清风险的二重性，才便于利用风险、控制风险和防范风险。

（三）风险的影响因素

通过长期观察，人们发现企业经营中的风险和时间、报酬及不确定性三者有密切联系。正常情况下，项目时间愈长，或要求报酬愈高，或不确定性愈强，则风险愈大；反之则小。此外，资金流动性以及自然的、政策的因素等，也与风险有关。风险和有关因素间的函数关系，可以用如下公式表示：

$$R=f(t, r, p, l, m)$$

式中：R为风险程度；t为时间长度；r为期望报酬率；p为不确定性的概率；l为资金流动性；m为其他，如天气、灾害、经济政策、国际环境等。

在风险函数式中，t、r、p与R正相关，l与R负相关，m则视具体因素而定。影响风险的各个参数，均可以量化。对不同地区、不同单位、不同时期、不同产品等可以列出不同的风险程度关系式，供分析估测用。

二、风险产生的原因

企业在经营管理中产生风险的原因是复杂的、多样的。

第一，宏观经济因素。它又分为两个方面：宏观经济政策和宏观经济环境，二者之间又互相影响。宏观经济政策，如利率、税率、补贴政策、产权改革政策、产业政策、技术政策的变动，重大投资项目的兴废等，往往为企业始料不及。宏观经济环境，如通货膨胀、国民经济运行速度、居民收入和偏好等的变化，也可能给企业带来风险。宏观风险的特征是“半可测、不可控”。

第二，微观经济因素。其中主要是企业管理水平，以及由此形成的企业决策能力、应变能力、反馈能力、约束能力等。若运营不当，造成经营不善，会产生各种风险，乃至破产。微观风险的特性是具有相当的可测性和可控性。

第三，自然与意外因素。其主要指天气的变化及灾害的发生，如地震、水火风灾和交通事故等，往往造成重大经济损失。这一风险对企业来说往往不可测也不可控。

第四，国际政治经济因素。在经济方面主要包括国际汇率的变动、贸易关系的调整、国外市场的变化、国际金融市场的影响等；在政治方面主要包括战争、贸易制裁等。对此，国内企业是无能为力的，只有适应它、规避它。这种风险具有大部分不可测和不可控的特性。

第五，分析者的人为因素。例如，对风险进行分析、估价、决策时所用方法不当，资料不足，导致结论失误；对国内外政策及环境的估测失当；计算中的误差等。这种人为风险虽然可控，但往往不易发现，从而造成或加大企业运营中的风险。

三、风险的类型

在市场经济条件下，现代企业经营者和投资者所面对的风险是多种多样的。概括地说，可分为两类：一类称作外部风险或系统风险，指由于市场条件和宏观经济环境变化所引起的风险；另一类称作内部风险或非系统风险，指由于企业经营决策和管理组织等因素引起的风险。

属于外部风险的有：（1）购买力风险，指物价上涨引起的风险。对于财产投资者来说，物价上升，成本增长，获利有可能减少，存在风险；对于有固定债息的债券投资者来说，债券到期，货币贬值，利益受损；对于浮动利率债券的投资者来说，风险不大，主要看浮动的比例能否抵消物价上涨速度；对于股票投资者来说，影响是双重的：投资股票可以保值，防止通货膨胀对投资利益的侵害，但也可能因公司成本上升、利润减少而引起股价下跌。（2）市场风险，主要指证券市场价格变动的风险。由于政治经济形势、政策导向、金融环境、股市或债市的过度投机活动、投资者心理等因素，证券市场的供求和价格不时发生变化，对股市影响尤甚。当大势趋于疲软时，个别股票很难有大的作为。因此，必须注意这方面的系统风险。（3）利率风险，指银行利息率调整的不确定性引发的风险。在西方国家，利率调整以市场调节为主，也受政府金融政策的影响，如调整再贴现率等。存款利率提高，人们争相储蓄，用于项目投资和证券投资的资金便会减少，证券价格会出现下跌的风险。同时，贷款利率提高，会加大经营成本，使企业收益风险加大。（4）外汇风险，指因国际汇率变动而引起的风险。人民币汇率上调，对出口企业不利；汇率下调，对进口企业不利。或减少外汇收入，或加大外汇支出，最终影响企业收益。若汇率波动过于频繁、波幅过大，必然对有关企业的供产销产生影响，给正常生产经营活动增加了风险。

属于内部风险的有：（1）经营风险，指由于生产经营原因造成企业利润额波动较大的风险，这种风险往往同时受外部因素的很大影响。（2）筹资风险，指由于企业筹资策略的原因，造成利润水平不确定所带来的风险。企业筹资策略包括：以外部筹资为主还是以内部筹资为主；各种筹资方式各占多大比例；筹资时机与规模等。其中的关键一项是产权筹资（发行股票或直接吸资）与借款筹资（或发行债券）的比例。借款比重过小，影响企业利润率的提高；比重过大，则偿债负担沉重，故应合理筹资，减少风险。

四、风险对策

企业面对不时发生的各种风险，必须采取相应的对策，即认识风险、利用风险、分散风险、转移风险和防避风险。

（一）认识风险

在市场经济体制下，企业自主经营、自负盈亏、自我发展、自我约束。企业必须面向市场，参与竞争，风险出现的概率无疑加大。因此，必须增强企业的风险意识，不时开展风险分析，强化风险管理，合理控制，化险为利。

（二）利用风险

风险既然是市场经济的伴生物，企业就不应对其单纯地消极回避，而是应积极地加以利用。就是说，企业对风险既要认真对待，又要大胆利用。在风险管理中，要使进取性与谨慎性有机地结合起来，使风险转化为既是压力又是动力的一种内在管理机制。例如，在开展筹资与投资决策时，应具有充分的胆略，敢于大胆利用险大利大的资本结构和投资项目，以便争取最佳经济效益。但在会计处理上，则宜采取谨慎原则，如以提取坏账准备金办法应对日益增大的坏账损失风险等。可见，用险、防险这两方面的功能不可偏废，或只顾其一，忽略其他。

（三）分散风险

控制风险最常见、最有效的手段之一是分散风险。例如，投资多样化是分散风险的一种有效策略。它包括投资于股票、债券、房地产、实业等多种投资对象，即使仅投资股票一项，也要尽量购买几种或十几种股票，以防个别股价波动大造成损失；实行联营、合营、合作等多种产权组合形式；开展农工商联营等多种经营形式的组合，等等。当然，投资多样化必须量力而行，注意规模效益，搞好预测分析。

分散风险的另一有效手段是实行保险，将可能发生的损失分散化、均衡化，这样做有时甚至能化损为益。

（四）转移风险

转移经营风险，可采用承包、租赁、联营、合并、分立等形式，使原企业经营中的风险部分地或暂时地转给对方。当然，伴随这种转移，也往往要付出一部分代价。如出租者对其出租资产的收益，就要转让一部分给承租者。

转移价格风险，可采用签订远期合同、买卖期货或期权的方式，相对地“锁定”价格，以便按照有利的价格采购原料、出售产品或买卖股票。

转移外汇风险，可采用买卖远期外汇或外汇期货的策略。进口商应买入期汇，以便到期能如数支付货款；出口商应卖出期汇，以防外币汇率下降受损。

（五）防避风险

防避风险可从内部、外部两方面着手。防避内部风险，主要是大力提高企业经营管理水平，注意市场调研，努力改进生产技术与组织管理，合理运用赊购与赊销策略（信用策略），科学地筹措资金，以防因企业经营不善，出现资金、产品积压，债务增加和利润下降的风险。防避外部风险，除搞好预测分析，加强信息网络建设外，还要增强企业的财务实力和应变能力，一旦发生险情（尤其是自然灾害），便应果断地采取补救措施，使灾害损失降到最低限度。

第二节　筹资风险分析

一、筹资风险产生的原因

企业筹集资金的主要渠道是产权筹资和负债筹资。产权筹资是指以发行股票、内部集资、直接吸收外部资金等增加所有者权益的方式筹集资本，而负债筹资是指以发行债券和借款等增加负债的方式筹集资本。至于企业运营中临时发生的各项应付、暂收款项，虽也构成资金来源的一部分，但一般不作为一种筹资手段看待。

企业筹资既要考虑需要，又要分析可能，即来源是否可靠；同时还应比较筹资成本和效益，以便做出经济上最佳的选择。筹资成本除发行费、手续费外，主要指预计支付的红利和利息；筹资收益则指预计获得的报酬。由于普通股的股利分配率（红利率）是根据实际盈利水平确定的，一般不超过资产报酬率，因而股份筹资或产权筹资方式风险较小。由于债务利息率大多固定（有时也会变动），而企业资产报酬率又是不确定的，随着经营状况的变化而变化，因而债息率可能大于、等于或小于资产报酬率，从而使负债筹资产生较大的风险。这是筹资风险产生的基本原因。至于风险程度的高低，则取决于三个方面：①期望利息率与期望报酬率的差额。若差额大，则风险大；反之则小。②短期借款与长期借款的比重。企业在经营中一般以短期借款应付临时性流动资产周转需要，而以长期借款应付长期资产和永久性流动资产（如定额储备的存货和货币准备金）的部分需要。在正常情况下，短期借款利息率低于长期借款利息率。若策略运用不当，会出现两种风险：一是短期借款过量，使流动资金部分用于长期资产，造成周转困难，还贷无力；二是长期借款过量，使其中一部分用于日常临时性周转，加大利息开支（多付出长期利息与短期利息的差额部分）。所以，对二者的比例必须合理安排。③借入资本与自有资本（或负债筹资与产权筹资）的比重大，则风险大；反之则小。假定企业仅有经营风险和筹资风险两项（外部风险暂不考虑），若企业完全依靠自有资本而不举债，则筹资风险几乎近于零，企业只剩下经营风险一项；若企业完全靠负债经营，则筹资风险空前加大，经营风险亦未减少。但风险是与报酬相关的，“险小则利小，险大则利大”。这里，借入资本与自有资本之比起到一个杠杆作用，又名财务杠杆率。其计算 公式为：

L=D/E

式中：L为财务杠杆率（亦称借款比重）；D为借入资本；E为自有资本。

财务杠杆的作用表现为，杠杆率加大，则收益增加，而风险也增加。当企业效益较好（即资产报酬率大于债息率）时，杠杆率愈高，自有资本利润率也愈高，而还债风险加大；当效益不好（即资产报酬率小于债息率）时，显然借款不利，此时杠杆率愈高，自有资本利润率愈低。此种情况可参见表9-1。

表9-1 财务杠杆对自有资本利润率的影响 金额单位：万元

项目	借入资本	自有资本	总资产	财务杠杆率（%）	资产负债率（%）	息前利润（按9%）	债息		息后利润		自有资本利润率（%）	
							按8%时	按10%时	按8%时	按10%时	按8%时	按10%时
样次	(1)	(2)	(3)＝(1)＋(2)	(4)＝(1)/(2)	(5)＝(1)/(3)	(6)＝9%×(3)	(7)＝8%×(1)	(8)＝10%×(1)	(9)＝(6)－(7)	(10)＝(6)－(8)	(11)＝(9)/(2)	(12)＝(10)/(2)
方案一	0	1 000	1 000	0	0	90	0	0	90	90	9	9
方案二	200	800	1 000	25	20	90	16	20	74	70	9.25	8.75
方案三	500	500	1 000	100	50	90	40	50	50	40	10	8
方案四	800	200	1 000	400	80	90	64	80	26	10	13	5
方案五	1 000	0	1 000	—	100	90	80	100	10	-10	—	—

注：所得税暂未计入，以简化计算。

在表9-1中，自有资本利润率也可以通过下式来计算：

自有资本利润率=资产报酬率+财务杠杆率×（资产报酬率-债息率）

现以表中方案二为例进行计算。

债息率为8%时：

自有资本利润率=90÷1 000+0.25×（90÷1 000-0.08）=0.09+0.25×0.01=0.0925=9.25%

债息率为10%时：

自有资本利润率=0.09+0.25×（0.09-0.1）=0.09-0.0025=0.0875=8.75%

由此可见，债务利息率愈高，借款投资的风险愈大；而财务杠杆率愈高，收益的波动性也愈大。在资产总额不变的情况下，当债息率低于资产报酬率时，杠杆率愈高，自有资本利润率愈大，呈上升态势，如表9-1（11）栏所示；反之，则愈小，呈下降态势，如表9-1（12）栏所示。

表9-1是假定在销售额、成本和资产报酬率不变条件下筹资策略的对比分析。若上几项因素预计有变化，可用不同概率加权求期望值，其结果仍然是财务杠杆率大时，风险加大。

二、筹资风险的衡量

筹资风险分析的重点是采用一些有效的工具，对此风险展开衡量，然后据以决策。通常采用杠杆度法和变异系数法。

（一）杠杆度法

筹资风险可以用财务杠杆度（或称财务杠杆比率、系数）及与此有关的营业杠杆度等来衡量。

1.营业杠杆度

在资本密集型或高新技术企业中固定成本较高，人工、材料费用等变动成本较低，可以通过扩大销量、降低单位固定成本的办法，获取较高的收益，这称为营业杠杆原理。固定成本相对较高的企业，其营业杠杆作用大，当销量超过保本点后，利润增长更快，即销售水平的变动对利润变动的影响增大。当然，销量增加过多也存在以后滞销或降价的风险。营业杠杆作用的大小，可用营业杠杆度衡量。

营业杠杆度（用DOL表示）是收益变动率与销售变动率之比，其计算公式为：

$$DOL=\frac{\Delta EBIT/EBIT}{\Delta S/S} \quad ①$$

式中：EBIT为支付利息及所得税前的利润或收益；S为销售额；Δ代表增量。

设Q为产（销）量，P为单价，v为单位变动成本，V为总变动成本，F为固定成本，又已知EBIT=Q（P−v）−F，ΔEBIT=ΔQ（P−v）（固定成本不变），则上式可化为：

$$DOL=\frac{\Delta EBIT/EBIT}{\Delta S/S}=\frac{\Delta Q(P-v)}{Q(P-v)-F}\cdot\frac{PQ}{P\cdot\Delta Q}=\frac{Q(P-v)}{Q(P-v)-F} \quad ②$$

将②式展开后得：

$$DOL=\frac{S-V}{S-V-F} \quad ③$$

③式又可化为：

$$DOL=\frac{EBIT+F}{EBIT} \quad ④$$

已知EBIT、S及其增量时，用①式；已知EBIT及F时，用④式；不知EBIT，已知Q、P、v、F时，用②式；已知S、V、F时，用③式。②式主要用于单项产品营业杠杆度的计算；其他各式既可用于计算单项产品，又可用于计算综合产品的营业杠杆度。现举例说明DOL的运用，资料见表9-2。

试按表中资料，计算甲、乙两种产品及公司合计的营业杠杆度（利息支出略）。

解：$DOL_{甲}=\frac{Q(P-v)}{Q(P-v)-F}=\frac{6\,000\times(10-4)}{6\,000\times(10-4)-15\,000}=1.71$

$$DOL_{乙}=\frac{4\,500\times(12-6)}{4\,500\times(12-6)-20\,000}=3.86$$

表9-2　　A公司主要财务资料

项　目	甲产品	乙产品	合　计
①销量（件）	6 000	4 500	—
②单价（元/件）	10	12	收入114 000
③单位变动成本（元/件）	4	6	总变动成本51 000
④固定成本（元）	15 000	20 000	35 000
⑤息税前收益（元）	21 000	7 000	28 000
⑥所得税（税率25%）	5 250	1 750	7 000
⑦税后利润（元）	15 750	5 250	21 000

$$DOL_{合}=\frac{S-V}{S-V-F}=\frac{114\,000-51\,000}{114\,000-51\,000-35\,000}=2.25$$

改用④式算：

$$DOL_{合}=\frac{EBIT+F}{EBIT}=\frac{28\,000+35\,000}{28\,000}=2.25$$

（结果同上）

现假定甲、乙两种产品销量各增加一倍，求甲、乙两种产品的息税前收益及其增长比例。

解：$EBIT_{甲}$=6 000×200%×（10−4）−15 000=57 000（元）

$EBIT_{乙}$=4 500×200%×（12−6）−20 000=34 000（元）

甲产品利润变化率=57 000÷21 000=+2.71　（增长1.71倍）

乙产品利润变化率=34 000÷7 000=+4.86　（增长3.86倍）

计算结果说明，由于乙产品杠杆度高于甲产品（3.86>1.71），所以，当销量增加一倍时，乙产品的利润增长快于甲产品的利润增长。二者增长的倍数恰等于二者营业杠杆度的倍数。

2.财务杠杆度

如前所述，财务杠杆率是借入资本与自有资本之比。财务杠杆率反映负债比率大小对利润变动的杠杆作用。财务杠杆率大的企业或项目，在一定条件下促使利润增长更快，风险也加大；反之亦然。衡量财务杠杆的另一尺度，称为财务杠杆度（可用DFL表示），它是利润变动率对息税前收益变动率之比，计算公式为：

$$DFL=\frac{\Delta EPS/EPS}{\Delta EBIT/EBIT} \qquad ⑤$$

式中：EPS为每股税后利润；Δ为增量或变动额。

上式也可化为；

$$DFL=\frac{EBIT}{EBIT-I} \qquad ⑥$$

式中：I为负债利息额。

现仍以表9-2数据为例。假设甲、乙两种产品的经营资金中各有借款分别为5 000元、8 000元，年债息率均为12%，则：

两种产品及公司的财务杠杆度为：

$$DFL_{甲}=\frac{21\,000}{21\,000-5\,000\times0.12}=1.03$$

$$DFL_{乙}=\frac{7\,000}{7\,000-8\,000\times0.12}=1.16$$

$$DFL_{合}=\frac{28\,000}{28\,000-1\,560}=1.06$$

显然，乙产品的财务杠杆度1.16高于甲产品的财务杠杆度（1.03），说明随息税前利润的增长，其每股税后利润增长更快。现假定甲、乙两种产品为两个企业所生产，各发行3万股普通股，仍用以上数据，则其每股税后利润分别为：

$EPS_{甲}$=（21 000-5 000×0.12）×（1-0.25）÷30 000=0.51（元）

$EPS_{乙}$=（7 000-8 000×0.12）×（1-0.25）÷30 000=0.151（元）

现将甲、乙两种产品的EBIT各增加一倍，则其EPS也将如财务杠杆所反映的，分别增加1.03倍和1.16倍。试看以下计算：

$EPS_{甲}$=（21 000×2-5 000×0.12）×（1-0.25）÷30 000=1.035（元）

$EPS_{乙}$=（7 000×2- 8 000×0.12）×（1-0.25）÷30 000=0.326（元）

每股税后利润变化率为：

每股税后利润变化$_{甲}$=1.035÷0.51=2.03

每股税后利润变化$_{乙}$=0.326÷0.151=2.16

即甲产品增长1.03倍，乙产品增长1.16倍，此倍数恰等于上述财务杠杆度的倍数。

3.综合杠杆度

由于营业杠杆反映销售变动对息税前收益变动的影响，而财务杠杆反映息税前收益变动对税后利润变动的影响，所以将两种杠杆综合运用，可以反映销售额变动对税后利润变动的影响。同时，综合运用后，杠杆作用加大，即轻微的销售额变化，可引起每股税后利润相当大的变动。利用营业杠杆，加大了营业风险，而利用财务杠杆，又加大了筹资风险，故综合杠杆的运用，更使风险进一步加大。因此，综合杠杆的分析，为企业风险分析和筹资、经营决策提供了重要依据。

综合杠杆以综合杠杆度（DTL）来衡量，它是营业杠杆度与财务杠杆度的乘积，其计算公式为：

$$DTL=DOL\cdot DFL=\frac{\Delta EBIT/EBIT}{\Delta S/S}\cdot\frac{\Delta EPS/EPS}{\Delta EBIT/EBIT}=\frac{\Delta EPS/EPS}{\Delta S/S} \quad ⑦$$

$$\Delta S/S=\Delta Q\cdot P/(Q\cdot P)=\Delta Q/Q \quad ⑧$$

所以，由前述公式③、④、⑥可导出：

$$DTL=DOL\cdot DFL=\frac{S-V}{EBIT}\cdot\frac{EBIT}{EBIT-I}=\frac{S-V}{S-V-F-I} \quad ⑨$$

上例中：

$DTL_{甲}=DOL_{甲}\cdot DFL_{甲}$=1.71×1.03=1.76

$DTL_{乙}$=3.86×1.16=4.48

$DTL_{合}$=2.25×1.06=2.39

若按另一公式计算，则：

$$DTL_{合}=\frac{S-V}{S-V-F-I}=\frac{114\,000-51\,000}{114\,000-51\,000-35\,000-1\,560}=2.38$$

（二者近似相等，略有尾差）

在实际工作中，根据公司经营目标及市场状况，可以灵活运用杠杆策略。例如，可以增发股票，扩大吸资，加大固定成本，运用高营业杠杆度策略；也可用增加负债手段，加大财务杠杆度。这里可有四种选择：此高彼低、彼高此低、两高或两低。两种杠杆均高，风险较大，而两种杠杆均低则过于保守。总之，因地因时制宜，灵活掌握为佳。

（二）变异系数法

企业筹资后预计获得的报酬往往不是确定的，视市场条件会有所变化。据此，可估计不同销售条件下利润率的概率，计算其平均值（又名期望值）和标准差、变异系数，以此分析不同筹资结构的风险和效益。为此需计算以下三个指标。

1.利润率期望值

预计自有资本利润率按概率分布计算的加权平均值，其计算公式为：

利润率期望值=$\sum$(预计利润率×相应的概率)

或　$\mu=\sum X_i P_i$

2.利润率标准差

预计利润率对期望值的偏离程度，其计算公式为：

利润率标准差=$\sqrt{\sum(\text{预计利润率}-\text{期望值})^2\times\text{相应的概率}}$

或　$\sigma=\sqrt{\sum(X_i-\mu)^2 P_i}$

3.变异系数

变异系数又名标准离差率，为标准差与期望值之比，表明风险程度。变异系数大，说明预计利润率波动大或风险大。对于期望值相同的各方案用标准差比较即可；对于期望值不同的方案，应采用变异系数衡量风险程度。其计算公式为：

变异系数=标准差/期望值

或　$CV=\sigma/\mu$

以上各式中的利润率，也可改用利润额计算（当经营规模不变时）。

现用下表所列资料，计算上述三项指标，见表9-3。

表9-3　自有资本利润率及其概率分布　金额单位：万元

方案	可能情况	概率	自有资本	息前利润	利息支出（8%）	息后利润	自有资本利润率（%）
Ⅰ（L=0.25）	好	0.4	800	100	16	84	10.5
	中	0.4	800	90	16	74	9.25
	差	0.2	800	80	16	64	8.0
Ⅱ（L=1）	好	0.4	500	100	40	60	12.0
	中	0.4	500	90	40	50	10.0
	差	0.2	500	80	40	40	8.0

方案Ⅰ的利润率期望值=10.5%×0.4+9.25%×0.4+8.0%×0.2=9.5%

方案Ⅰ的标准差=$\sqrt{(10.5\%-9.5\%)^2\times0.4+(9.25\%-9.5\%)^2\times0.4+(8.0\%-9.5\%)^2\times0.2}$

$=\sqrt{0.875}=0.94\%$

方案Ⅰ的变异系数=0.94%÷9.5%×100%=9.89%

同法得，方案Ⅱ的相应数据分别为：10.4%、1.5%和14.42%。可见，因方案Ⅱ的财务杠杆率高（L=1），且期望利润率较高（10.4%），其变异系数即风险程度也较大(14.42%)。但究竟采用哪一方案，还要综合考虑其他条件后再行决定。

三、筹资风险对策

企业为防避过高的筹资风险，又不致影响合理的收益，应考虑众多的与筹资风险相关的因素，妥善加以处理。这些因素主要有：

（1）销路状况。若企业产品销路良好或稳定增长，则增加利用借款或发行债券，有助于增加税后收益，也能保证充足的偿债能力。与此同时，企业利润的增长又会促使股票价格上扬，从而有利于增资扩股，发行部分新股也是可以考虑的。

（2）行业特点。高固定成本的高新技术产业宜多发行股票，充分利用营业杠杆；当进入成长期，销路打开后，再适量增加债务筹资比重，充分利用财务杠杆较为有利。至于趋向转产的“夕阳工业”，或需要大力进行技术改造的行业，亦应多用借款筹资方式，少用股权筹资方式。

（3）财务状况。企业财务状况良好，资金实力雄厚，可运用杠杆度、变异系数等，实施进取性筹资策略，以求得最大效益；低效益或处于困境中的企业，发行股票既有困难，长期借款负担又重，宜争取条件优惠的短期借款，进退方便，回旋余地大。

（4）对风险的态度。董事会、经理、决策层对风险的态度，是影响筹资风险决策的重要因素。偏好风险者，可多用债务筹资方式；厌恶风险者，可多用产权筹资方式。

此外，无论发行债券或股票，均应充分听取债权人意见。大量增资扩股，多发红利，会影响支付债息能力；过量地借新债，也会使老债权人不放心，担心影响其权益。当然，债权人意见仅供参考，不具决策作用。

第三节 投资风险分析

一、投资风险的性质

（一）风险价值和风险报酬

投资风险是指投资项目因未来经营情况的不确定性而可能引起的收益波动，尤其是指可能引起的收益损失，一般用风险价值或风险报酬衡量其大小。风险价值（或代价）和风险报酬是同一事物的两个侧面，角度不同，数额相等。

1.风险价值

在市场经济条件下，企业投资面对的市场状况复杂多变。除少数情况下企业的投资方向、产品结构、产量和销路以至价格都是确定的（如公用事业、军工企业）外，其余大多具有不确定性，于是产生风险。

由于在市场经济环境中存在风险和物价变动因素，投资者追求的报酬就不能仅限于货币的时间价值，还应包括通货膨胀价值和风险价值两项。投资报酬率的计算公式为：

投资报酬率=时间价值率+通货膨胀率+风险价值率

式中：时间价值率相当于无物价变动、无风险时的市场利率，在一定时期内，可用一年期银行存（贷）款固定利率来近似衡量；通货膨胀率可用物价指数计量；风险价值率则依人们对未来事件的主观估计而定。

2.风险报酬

投资者为保险起见，可将资金存入银行或购买国债，获取稳定的、较低的利息收益。如欲获取较高报酬，就必须投资于具有较大风险的项目上，这些项目的预计销量、价格、成本、利润都是不确定的、可变的。这种因冒风险进行投资而获得的额外报酬称为风险报酬。平均报酬率的计算公式为：

平均报酬率=无风险报酬率+风险报酬率

式中：平均报酬率是按投资者确定的不同概率预测的未来投资报酬率的期望值；无风险报酬率一般应以国库券的固定年息率衡量。在我国，亦可近似用固定的银行存款利率衡量。若商业银行实行浮动利率制，则存款利率存在风险，不宜用作无风险利率指标。风险报酬率可用计算标准差、变异系数方法求得，计算中也包含一定的主观成分。

计算风险报酬的假设是，考虑到未来报酬不确定，只有在得到相当的补偿，即风险报酬后，投资者才愿意投资于风险型项目上。

（二）风险和报酬的关系

在正常情况下，投资风险和报酬具有正相关的关系，即两者同向增长或减少。投资报酬的不确定性是客观存在的，而投资的风险程度却取决于决策者的主观估计或判断。不同类型的决策者对风险有不同态度，一般可分为三种类型：①风险中立者；②风险爱好者；③风险厌恶者。风险中立者认为，风险应与报酬同步增长，二者是线性关系，这种人不会为追求更多利润而冒较大风险，也不致因害怕风险而缩小投资规模。他们在决策时主要根据自身条件和客观因素而确定投资项目、投资规模，获取预定的报酬，而不过多地考虑风险因素。风险爱好者又称进取型或冒险型投资者，他们喜欢险大利大的项目，甘冒风险。风险厌恶者又称稳健型或保守型投资者，他们喜欢“利小险小”的项目，不愿冒风险，或者说，只在预定的风险程度上，他们才去追求最佳收益，而不愿付出比这更多的风险代价。

一般来说，面对风险型决策，以第①类型者居多。为简化计算、便于预测，人们常假定报酬与风险两者具有线性关系，并演绎出以下计算公式：

投资报酬率（平均）=无风险报酬率+风险报酬率

用字母表示：

$r_j=r_f+\theta$

式中：r_j为j项投资的平均预计报酬率；r_f为无风险报酬率；θ为风险报酬率。

进一步展开得：

$r_j=r_f+b\cdot CV$

式中：b为风险价值系数；CV为变异系数。

这里的标准离差率或变异系数（CV）只反映报酬率波动程度，近似反映风险而不能直接代表风险的度量。只能说，风险程度是它的函数，随它而变动：

$\theta=f（CV）$

假定函数为线性，才有以下关系：

$\theta=b\cdot CV$

无风险投资报酬率r_f，在我国目前可用银行利率或国债利率（取其低者）近似计算；CV可通过概率测算后求得（参见上一节）；风险价值系数b，主要根据历史资料，用经验法确定，也可组织专家估定。若给出无风险报酬率、平均报酬率，并算出变异系数后，则可求出b的值。其计算公式为：

$$b=\frac{r_j-r_f}{CV}$$

为简化计算，也可不确定b，而直接依照经验估计θ（风险报酬率）。据资料介绍，西方国家的θ取值，多在5%～15%之间。

二、投资风险的衡量

衡量项目投资有两种基本手段：一是根据经验数字或主观估计，确定一个风险调整系数，用以调整预期收益的现值，使方案中所含风险降低。属于调整系数一类的，又分为等值系数和调整贴现率两项。二是用概率估计净现值或报酬率的期望值，求出标准差和变异系数，进而比较不同投资方案风险的高低，以便择优。

（一）风险等值系数法（肯定当量法）

风险等值系数法，是指对未来不肯定的各年预计投资净收益逐一打“折扣”，以便将不肯定结果调整为大体相当于肯定结果的方法。

设N为净现值，I为投资支出，r_f为无风险报酬率，α为风险等值系数，A_1，A_2，…，A_n为各年预计净收益，则按风险等值系数法调整后的净现值计算公式为：

$$N=\frac{A_1\alpha_1}{1+r_f}+\frac{A_2\alpha_2}{(1+r_f)^2}+\cdots+\frac{A_n\alpha_n}{(1+r_f)^n}-I$$

若预计各年净收益相等，又假定α值保持不变，则上式化为：

$$N=\frac{A\alpha}{1+r_f}+\frac{A\alpha}{(1+r_f)^2}+\cdots+\frac{A\alpha}{(1+r_f)^n}-I$$

$$=\sum_{i=1}^{n}\frac{A\alpha}{(1+r_f)^i}-I=A\alpha\cdot K-I\ （K——年金现值系数）$$

肯定当量系数（风险等值系数）是肯定的现金流量对与之相当的不肯定的期望现金流量的比值。我们知道，肯定的1元比不肯定的1元更受欢迎。不肯定的1元，只相当于不足1元的金额，两者的差额与不确定性程度的高低有关。如果以各年现金流量不同的离散程度表示现金的不确定性程度，则风险投资的肯定当量系数可根据经验确定，即初始投资的现金流量是可以肯定的，因此可以把n=0时的肯定当量系数取值为1，对于其余各年，可根据离散程度的大小确定为小于1的当量系数，如0.9、0.8、0.7等，离散程度大的风险大，肯定当量系数就取值小些；反之，则取值大些。这样，可使远期收益变小，降低收益上的风险（α介于0和1之间）。

对于同一离散程度的现金流量，不同的投资者会规定不同的肯定当量系数。敢于冒风险的投资者会规定较高的肯定当量系数；稳健的投资者则将规定较低的肯定当量系数。也就是说，肯定当量系数的确定具有一定的弹性，在一定程度上取决于投资者对风险的态度。

【例9-1】某企业拟进行一项投资，其可能现金流量和肯定当量系数见表9-4。企业投资的预期报酬率为8%，此项投资可否接受？

表9-4　　现金流量与肯定当量系数　　金额单位：元

n	0	1	2	3
现金流量	-11 000	5 000	6 000	6 000
α	1.0	0.9	0.8	0.8

解：根据以上资料，我们可计算该投资的期望净现值。令Pc代表复利现值系数，则：

期望净现值=-11 000×1+5 000×0.9×Pc（1，8%）+6 000×0.8×Pc（2，8%）+6 000×0.8×Pc（3，8%）

=-11 000+4 500×0.926+4 800×0.857+4 800×0.794

=1 091.8（元）

该投资有正的期望净现值，可以考虑实施。

【例9-2】投资100万元于一工程项目上，当年建成投产，估计至少可受益五年，市场无风险利率为10%。（1）若预计每年净收益为30万元，其净现值为多少？（2）考虑到经营风险，年收益按90%计，净现值为多少？（3）若净收益预计每年可递增8%，因物价等因素，风险加大，将未来净收益分别按0.95、0.92、0.90、0.85、0.80打折扣，则结果又将如何？

解：查年金现值系数表，K（5，10%）=3.791

$N_1=AK-I=30\times3.791-100=13.73$（万元）

$N_2=A\cdot\alpha\cdot K-I=30\times0.9\times3.791-100=2.36$（万元）

$$N_3=\frac{30\times0.95}{1+0.10}+\frac{30\times1.08\times0.92}{(1+0.10)^2}+\frac{30\times1.08^2\times0.90}{(1+0.10)^3}+\frac{30\times1.08^3\times0.85}{(1+0.10)^4}+\frac{30\times1.08^4\times0.80}{(1+0.10)^5}-100$$

=25.91+24.63+23.66+21.94+20.27-100

=16.41（万元）

（二）风险调整贴现率法

对于风险较高的投资项目，或估计物价上升较快时，可用调整贴现率的办法，调整投资收益。

风险调整贴现率法，是指将无风险报酬率（或贴现率）按一定比例折算为较高的报酬率，以反映风险影响的方法。有人认为，这一调整比例应大体等于通货膨胀率。但这样一来，反映风险价值的指标，变成了反映通货膨胀价值的指标，是不够恰当的。因此，风险调整比例一般应大于物价指数的比例。其计算公式为：

$$N=\sum_{i=1}^{n}\frac{A_i}{(1+r_f)^i(1+R)^i}-I$$

式中：R为风险调整贴现率；其他符号含义同前。

R可根据投资预计的风险等级确定，风险愈高，R值应愈大。

【例9-3】上题之（3），若不用风险等值系数法，改按风险调整贴现率9%计算，净现值为多少？

$$N=\frac{30}{1.1\times1.09}+\frac{30\times1.08}{1.1^2\times1.09^2}+\frac{30\times1.08^2}{1.1^3\times1.09^3}+\frac{30\times1.08^3}{1.1^4\times1.09^4}+\frac{30\times1.08^4}{1.1^5\times1.09^5}-100$$

=2.62（万元）

按风险调整贴现率法，对风险较大的项目采用较高的报酬率，对风险较小的项目采用较低的报酬率，简单明了，易于在实务中运用。但是，把时间价值和风险价值混在一起，并据此对现金流量进行贴现，意味着风险随时间的推延而加大，有时与事实不符。某些投资，前几年的现金流量难以预料，越往后反而更有把握，如果园、饭店等。

（三）概率法

上述两种方法主要是对一种投资方案自身风险的调整和分析的方法。对两种以上投资方案风险和报酬的比较，也可用概率法。这种方法是根据预计的概率，通过比较不同方案的期望报酬率（或净现值）的标准差、变异系数，来分析投资风险程度的方法。

在实际操作中，概率法又分为风险报酬率法和风险现金流量法两种。

（1）风险报酬率法。

【例 9-4】有两投资方案。甲方案投资额为50万元，乙方案为40万元。测得风险报酬率大约为变异系数的1/4，两方案的投资报酬率及概率如下所示，试比较哪一方案有利。

	投资报酬率 X_i	概率 P_i	μ
甲方案	$X_1=10\%$	$P_1=0.10$	
	$X_2=20\%$	$P_2=0.80$	20%
	$X_3=30\%$	$P_3=0.10$	
乙方案	$X_4=10\%$	$P_4=0.30$	
	$X_5=45\%$	$P_5=0.40$	36%
	$X_6=50\%$	$P_6=0.30$	

解：参考上节筹资风险分析中求变异系数的方法，分别求得两方案的期望报酬率为：$\mu_{甲}=20\%$，$\mu_{乙}=36\%$；求得两方案报酬率的标准差为：$\sigma_{甲}=4.47\%$，$\sigma_{乙}=17.15\%$；再求得两方案的变异系数为：$CV_{甲}=4.47\%\div20\%\times100\%=22.35\%$，$CV_{乙}=17.15\%\div36\%\times100\%=47.64\%$。

然后计算风险报酬率（θ）：

$\theta_{甲}=b\cdot CV_{甲}=1/4\times22.35\%=5.59\%$

$\theta_{乙}=1/4\times47.64\%=11.91\%$

再计算风险调整后的预期收益。在本节前面已指出：

预期收益=平均报酬-风险价值=投资额×（期望报酬率-风险报酬率）

所以，甲方案预期收益为：

50×（20%-5.59%）=7.21（万元）

乙方案预期收益为：

40×（36%-11.91%）=9.64（万元）

这一结果说明，在扣除风险价值后，乙方案有利，但乙方案风险也大，因此，还应结合其他条件，权衡利弊，做出抉择。

在求出变异系数后，还可以作两项引申。

①已知市场无风险利率（设为12%），试比较两方案的风险报酬率。

由 $r_j=r_f+\theta$，知 $\theta=r_j-r_f$，即：

预测风险报酬率＝期望报酬率-无风险报酬率

代入本例：

$\theta'_{甲}=\mu_{甲}-r_f=20\%-12\%=8\%>5.59\%$（$\theta_{甲}$）

$\theta'_{乙}=\mu_{乙}-r_f=36\%-12\%=24\%>11.91\%$（$\theta_{乙}$）

预测风险报酬率大于应得风险报酬率，8%>5.59%，24%>11.91%，说明在现有市场利率条件下，甲方案因冒风险而获得的收益（8%）大于风险损失（5.59%）。比较两方案的差额，甲为2.41%（8%-5.59%），小于乙的差额12.09%（24%-11.91%），故仍是乙方案有利。

②假定在求出变异系数后，无法凭经验确定风险价值系数b，但已知无风险报酬率$r_f=12\%$，此时，可用公式法求b。

由于$b=\frac{r_j-r_f}{CV}$，计算甲方案的风险价值系数：

$$b_{甲}=\frac{r_{甲}-r_f}{CV_{甲}}=\frac{20\%-12\%}{22.35\%}=0.36$$ （此处$r_{甲}=\mu_{甲}$）

同理得：

$$b_{乙}=\frac{36\%-12\%}{47.64\%}=0.50$$

调整b后，两方案的预期收益将有所变化，但从调整后的投资报酬率看，仍是乙方案为优。

（2）风险现金流量法。

这一方法的基本思路是：首先，计算投资的期望现金流量，就是以概率为权数计算税后现金流量的加权平均数，即税后现金流量的期望值。其次，计算期望净现值。最后，求现金流量的标准差，即投资有效期内各年现金流量的标准差，按无风险报酬率贴现的现值平方和的平方根。一项投资现金流量的标准差越大，说明投资风险越大；反之则小。在其他条件相同的情况下，应选择现金流量标准差小的投资方案。

【例9-5】某公司要求的最低报酬率为8%，现有三个投资项目，有关资料见表9-5。

表9-5 A、B、C三个投资项目的相关资料 金额单位：元

年份	A项目		B项目		C项目	
	现金流量	概率	现金流量	概率	现金流量	概率
0	-10 000	1	-5 000	1	-5 000	1
1	6 000	0.3				
	4 000	0.5				
	2 000	0.2				
2	8 000	0.25				
	6 000	0.55				
	4 000	0.2				
3	5 000	0.3	4 000	0.2	8 000	0.3
	4 000	0.4	10 000	0.6	10 000	0.4
	3 000	0.3	16 000	0.2	12 000	0.3

假设要求的风险调整报酬率为14%，无风险报酬率为8%，中等风险程度的项目变异系数为0.3。

要求：计算三个项目的净现值，比较三个项目的优劣。

解：（1）计算现金流量的期望值。

A项目的期望值：

$E_1=6\,000\times0.3+4\,000\times0.5+2\,000\times0.2=4\,200$（元）

$E_2=8\,000\times0.25+6\,000\times0.55+4\,000\times0.2=6\,100$（元）

$E_3=5\,000\times0.3+4\,000\times0.4+3\,000\times0.3=4\,000$（元）

B项目的期望值：

$E_B=4\,000\times0.2+10\,000\times0.6+16\,000\times0.2=10\,000$（元）

C项目的期望值：

$E_C=8\,000\times0.3+10\,000\times0.4+12\,000\times0.3=10\,000$（元）

（2）计算现金流量的标准差。

A项目的各年标准差：

$D_1=[(6\,000-4\,200)^2\times0.3+(4\,000-4\,200)^2\times0.5+(2\,000-4\,200)^2\times0.2]^{1/2}=1\,400$

$D_2=1\,338$

$D_3=775$

$D_A=[1\,400^2\div(1+8\%)^2+1\,338^2\div(1+8\%)^4+775^2\div(1+8\%)^6]^{1/2}=1\,837$

$D_B=3\,795$

$D_C=1\,549$

（3）计算现金流量的变异系数。

A项目现金流入量期望值现值 $=4\,200\div(1+8\%)+6\,100\div(1+8\%)^2+4\,000\div(1+8\%)^3$

$=12\,294$（元）

$Q_A=1\,837\div12\,294=0.1494$

$Q_B=3\,795\div10\,000=0.38$

$Q_C=1\,549\div10\,000=0.155$

（4）计算项目的风险报酬系数。

要求的风险调整报酬率为14%，无风险报酬率为8%，中等风险程度的项目变异系数为0.3。

$b=(14\%-8\%)\div0.3=0.2$

$K_A=8\%+0.2\times0.149=10.98\%$

$K_B=8\%+0.2\times0.38=15.6\%$

$K_C=8\%+0.2\times0.155=11.1\%$

（5）计算净现值。

$NPV_A=4\,200\div(1+10.98\%)+6\,100\div(1+10.98\%)^2+4\,000\div(1+10.98\%)^3-10\,000$

$=1\,663$（元）

$NPV_B=10\,000\times(1+15.6\%)^{-3}-5\,000=1\,473$（元）

$NPV_C=10\,000\times(1+11.1\%)^{-3}-5\,000=2\,292$（元）

三个项目的优劣顺序为C、A、B。

第四节 破产风险分析

一、破产和破产风险

企业破产是指企业不能清偿到期债务而被迫终止营业的现象。企业破产有两种方式：自然破产和法定破产。前者是因资不抵债，由本企业主动向人民法院申请破产；后者是由债权人确认其债务人企业无力清偿后，向人民法院申请，使其破产。这两种破产方式均由人民法院裁定，正式宣告。宣告后，原企业即丧失法人资格，其财产和有关财务事项的处理权，悉数归人民法院，由法院指定的清算机构办理清算事宜。

对于已破产或将破产的企业，应开展破产风险分析。所谓破产风险，是指企业无力偿债而可能导致破产的风险。开展破产风险分析，有助于正确认识企业财务状况和经营形势，早下决心，避险求利。

二、破产原因分析

企业破产的主要原因有两方面：内部原因和外部原因。内部原因主要是经营管理不善、资金不到位、重大决策失误或责任人过失等，导致严重亏损，资不抵债；外部原因主要是自然灾害、战争或重大意外变故，使企业无法继续经营。引起破产风险的两方面原因均应注意，而重点应放在内部。

分析破产风险，应找准已经或即将破产企业经营失败的原因，着重分析其偿债能力与全面经营状况，然后对症下药，寻求对策。

对破产原因的分析，可从资产状况、负债状况、获利状况、运营能力、偿债能力、管理水平等方面入手。通过对其他企业破产情况的分析和了解，有助于本企业总结经验，汲取教训。

三、偿债风险分析

企业破产的主要标志是无力偿债。偿债风险分析不仅是破产企业事后分析的重要内容，也可作为财务状况不佳的在营企业预警性分析的重要内容。偿债风险分析方法与偿债能力分析基本相同。

偿债能力分析可分为短期偿债能力分析与长期偿债能力分析两项。

短期偿债能力分析的主要指标有：流动比率、速动比率、现金比率等。长期偿债能力分析的主要指标有：资产负债率、产权比率、利息保障倍数等。这些内容在第五章中已介绍过。

四、运营风险分析

资产运营中的风险，也是形成破产风险的部分原因。运营风险包括资产占用风险、资产周转风险、经营成果风险等，现概述之。

（一）资产占用风险

资产占用风险指在资产占用期间可能引起的价值损失或收益损失。这里的资产主要指有形资产和无形资产，不包括结算性资产、递延性资产等。产生资产占用风险的主要原因有三个：无形损耗、有形损耗和资产积压。

（1）资产的无形损耗主要由技术进步引起。对于固定资产来说，因技术进步使劳动生产率提高，从而使生产同类固定资产的价值降低，引起原有资产贬值；或由于性能相同的新型产品出现，使原有产品（作固定资产使用的）的价值相对降低。解决固定资产无形损耗问题的主要办法，是适当加快折旧或实行快速折旧，以弥补无形损耗，加快资产更新和改造步伐。对于无形资产来说，往往存在技术陈旧的风险，也可以采用加速摊销的办法来解决。至于流动资产，尤其是原材料和备件，虽也存在无形损耗，但物价上涨的结果往往抵消了无形损耗，而使其作用并不明显。在企业管理上，也需注意合理投料，加快技术革新，开发新型材料，以减少无形损耗的影响。

（2）资产的有形损耗是对有形资产而言，主要原因是由使用引起，次要原因是自然损耗和意外事故。

固定资产的正常有形损耗，一般通过计提折旧来补偿。流动资产的正常有形损耗，以直接计入成本方式补偿。正常的有形损耗不应列入风险范围。非正常的有形损耗主要指意外事故形成的损耗，即天灾人祸造成的非常损失，往往是不可测的。除责令当事人赔偿外，主要采用保险的方式补偿，如财产保险、运输保险、农作物保险等，将集中性风险损失转化为分散的保险金支付。若一旦发生危险并获得理赔，可以弥补相当一部分损失。

（3）有形资产积压的风险主要表现为资金占用利息的过多支付，以及因流动资金周转延缓而可能出现的损失。对此，主要应从加强预测和计划性出发，制定科学的固定资产定额、流动资产占用和消耗定额，保持合理的存货储备量，扩大销售，加速资金周转，及时收回货款，以减少占用风险。

（二）资产周转风险

资产周转风险是指企业在材料采购或产品销售环节上，由于对经营环境、交易对象、市场状况的认识或估计不足，而可能引致的经营性风险。它又分采购风险和赊销风险两项。

1.采购风险

它主要指因供货不及时或盲目采购而可能造成的损失。对此，可采取如下办法：

（1）搞好市场及货源调查，科学地制定采购路线图。

（2）测定经济订货量和缺货条件下最优批量模型，使材料占用的现实成本和机会成本最低。

（3）合理计算订货点，规定必需的保险储备。其计算公式为；

材料订货点=平均日耗量×交货期+保险储备

例如，若平均日耗量为200件，交货期为每5天1次，保险储备为1天的耗量，则订货点=200×5+200=1 200（件）。当存货降至1 200件或相对应的每5天间隔日时，必须及时进货。

（4）树立良好的企业信用形象，不长期拖欠货款。建立货主信息收集与反馈制度，防止供货意外。

2.赊销风险

它主要指因赊销商品而可能造成的坏账损失和其他损失。在赊销风险分析中，需对比赊销风险价值和赊销利润C。当风险价值小于赊销利润时，方案可行。其公式为：

$$赊销利润-赊销风险价值=\begin{cases}赊销净得（>0时）\\ 赊销净得（<0时）\end{cases}$$

赊销利润=赊销商品销售收入-（赊销商品销售成本+销售费用+销售税金）+赊销机会所得

赊销机会所得，是指因赊销而扩大销路和声誉给企业带来的潜在好处。

赊销风险价值=赊销机会成本+赊销业务费用+坏账损失平均值

赊销的机会成本，主要指因赊销而占用的资金利息及因资金周转延缓影响生产造成的损失等。

赊销业务费用，主要指催收欠款所发生的人工、差旅等费用。

赊销坏账损失平均值=$\sum$(一定时期每笔赊销引起的应收账款平均余额×预计坏账损失百分比)

这里的预计坏账损失百分比，可根据历史资料、用户调查等确定。

一般来说，现销给予价格优惠，赊销给予时间优惠。赊销利润应大于现销利润，以弥补赊销风险价值。在极特殊的情况下，当赊销风险价值大于赊销利润时，也要进行赊销，其目的是打开销路，占领市场，争取潜在客户。

防避赊销风险，主要在于搞好市场调查、用户调查，并正确计算赊销风险价值，权衡得失。

【例9-6】金海公司出售一批商品，赊销期为1个月，赊销收入20万元，销售成本16万元，销售费用1.8万元，进项税额2.04万元。已知银行贷款月利率为8.4‰，增值税税率为17%。催收费用按赊销额的1%计，坏账损失按5‰计，其他因素略。试分析此项业务的经济得失。

解：赊销利润=20-16-1.8-（20×0.17-2.04）=0.84（万元）

风险价值=20×（8.4‰+1%+5‰）=0.468（万元）

赊销净得=0.84-0.468 = 0.372（万元）

方案可行。

（三）经营成果风险

企业无力偿债有暂时性和根本性之分。暂时性无力偿债源于企业流动资产（特别是现金）紧缺，销售进款或现金收支配比安排不当，赊销数量过大、时间过久，以及三角债现象严重等。这种无力偿债潜伏着企业破产的危机，但又往往可以化解。至于根本性无力偿债，则源于企业严重的亏损，若持续发生，则必定破产无疑。因此，破产风险分析离不开经营成果分析的内容。对于一些长期经济效益不佳，处于破产临界边缘的企业，尤应加强这一分析。

经营成果分析所用具体指标，主要有销售利润率、资产报酬率、资本收益率、成本费用利润率、市盈率等，在有关章节已述。

除单项指标分析外，也可开展多项指标的综合分析，建立数学模型。

例如，美国纽约大学奥尔特曼教授1968年建立了“Z模型”，表达式如下：

$$Z = b_1x_1 + b_2x_2 + b_3x_3 + b_4x_4 + b_5x_5$$

式中：Z为综合评价系数（Z系数）；b_i（i=1，…，5）为权数，$\sum b_i = 1$；x_1为营运资本/资产总额；x_2为保留收益（未分配利润）/资产总额；x_3为营业净收益/资产总额；x_4为股东权益（市价）/负债总额；x_5为销售收入/资产总额。

根据经验数据，Z值的判别标准为：

Z大于3.0，破产可能性很小；

Z在2.8～2.9之间，破产有一定可能；

Z在1.81～2.7之间，破产可能性很大；

Z小于1.80，破产可能性极大。

计算模型时所用数据点愈多、资料期愈近，则准确度愈高。

五、防避破产风险的综合策略

破产风险，事实上是筹资风险、投资风险、资产占用风险、购销风险、偿债风险等多方面的综合反映。破产风险的对策，亦应从企业经营和财务管理的各方面加以考虑。

防止破产风险的主要策略包括以下内容：（1）投资方向多元化；（2）筹资来源多样化；（3）产品结构和经营结构多样化；（4）销售市场多元化；（5）增强现有资产的流动性；（6）建立防亏避险基金；（7）改善产品质量，提高竞争力；（8）努力降低成本和费用；（9）企业经营规模合理化；（10）加强信息管理、控制与分析；（11）争取有利的宏观政策与经济环境。

第五节 企业价值风险分析

企业价值评估涉及现金流量、利润（经济利润）、折现率、时间以及市盈率等若干因素，这些因素的不确定性对企业价值的形成带来一定的风险。而企业价值是衡量业绩的最佳标准，有利于保护企业各利益主体，可以作为重要财务活动（如企业收购、合并、重组等）的基本行为准则，因此，企业价值的风险分析也是企业风险分析的重要内容之一。其特点是观察角度来自企业外部。本节主要介绍几种常用的企业价值评估模型，企业价值的风险分析主要是对影响价值评估不确定性因素的理解和把握，其内容不做叙述。

一、以现金流量为基础的价值评估模型

1.以现金流量为基础的价值评估思路和公式

以现金流量为基础的价值评估的基本思路是现值规律，任何资产的价值等于其预期未来全部现金流量的现值总和。

以现金流量折现为基础的价值评估的计算公式是：

企业经营价值=明确预测期现金净流量现值+明确预测期后现金净流量现值

股东价值=企业价值-债务价值

2.有明确预测期的现金流量估算步骤

（1）确定预测期；

（2）预测经营现金净流量；

（3）确定折现率；

（4）估算现金净流量现值。

3.明确预测期后的现金流量估算公式

（1）现金净流量恒值增长公式法的估算公式：

$$\text{连续价值}=\text{明确预测期后第一年现金净流量正常水平}\div(\text{加权平均资本成本}-\text{现金净流量预期增长率恒值})$$

（2）价值驱动因素公式法的估算公式：

$$\text{连续价值}=\text{明确预测期后第一年息前税后利润正常水平}\times\left(1-\text{息前税后利润预期增长率恒值}-\text{新投资净额的预期回报率}\right)\div\left(\text{加权平均资本成本}-\text{息前税后利润预期增长率恒值}\right)$$

4.非经营投资价值和债务价值

确定企业价值包括非经营投资价值，注意正确划分经营现金流量与非经营现金流量。

为了计算企业股东价值或股本价值，可在企业价值评估基础上减去债务价值。债务价值等于对债权人现金流量的折现。因此，要评估债务价值，一是要确定债权人的现金净流量；二是要确定债权人的资本成本或折现率。应当注意，只有在价值评估当日尚未偿还的公司债务才需要估算价值，对于未来借款可以假设其净现值为零，因为这些借款得到的现金流入与未来偿付的现值完全相等。

二、以经济利润为基础的价值评估模型

1.以经济利润为基础的价值评估思路和公式

以经济利润为基础的价值评估的思路为公司价值等于投资资本额加上相当于未来每年创造超额收益现值。

企业价值=投资资本+预计创造超额收益现值

而企业未来每年创造超额收益，实质上反映了企业未来的非正常收益或超额利润。在经济学中通常将这种非正常收益定义为经济利润，或者定义为附加经济价值（EVA）。

经济利润或附加经济价值=息前税后利润-资本费用

2.EVA的计算公式

（1）如果站在企业角度，以经济利润为基础的价值评估公式为：

EVA=息前税后利润-投资资本×加权平均资本成本

或　=投资资本×（投资资本回报率-加权平均资本成本）

如果站在企业所有者角度，以经济利润为基础的价值评估公式为：

EVA=税后利润-股权资本费用

或　=税后利润-（所有者权益×股权资本成本）

=所有者权益×（净资产收益率-股权资本成本）

那么：

$$\text{连续价值}=\text{明确预测期后第一年经济利润正常水平}\div\left(\text{加权平均资本成本}-\text{经济利润预期增长率恒值}\right)$$

（2）经济利润折现。

经济利润现值计算公式为：

$$\text{经济利润现值}=\sum_{t=1}^{n}\frac{\text{经济利润}_t}{(1+\text{折现率})^t}$$

经济利润是一种超额利润，归企业所有者所有，因此，经济利润现值应反映对股东价值的增值，所以，折现率应采用股权资本成本，而不是加权平均资本成本。另外，这种公式主要用于有明确预测期的经济利润折现，对于明确预测期后经济利润的折现，可直接使用下列公式：

$$明确预测期后经济利润现值=\frac{连续价值}{(1+折现率)^n}$$

（3）投资成本确定。

企业价值评估中的投资资本是指预测期初的投资资本。由于投资资本于预测期初发生，因此，投资资本本身价值或账面价值与其现值相同，通常可用投资资本的账面价值直接作为以经济利润为基础的价值评估法中企业价值的组成部分。

（4）企业价值确定。

企业价值=投资资本+明确预测期经济利润现值+明确预测期后经济利润现值

三、相对价值评估模型（市盈率法）

1.相对价值评估法思路

相对价值评估法是利用类似企业的市场定价来估计目标企业价值的一种方法。它的假设前提是存在一个支配企业市场价值的主要变量（如净利等）。市场价值与该变量（如净利等）的比值，各企业是类似的、可以比较的。但是由于相对价值评估是将目标企业与可比企业对比，用可比企业的价值衡量目标企业的价值。如果可比企业的价值被高估了，则目标企业的价值也会被高估。实际上，所得结论是相对于可比企业来说的，以可比企业价值为基准，是一种相对价值，而非目标企业的内在价值。

2.相对价值评估原理

相对价值模型分为两大类：一类是以股权市价为基础的模型，包括股权市价/净利、股权市价/净资产、股权市价/销售收入比率模型；另一类是以企业实体为基础的模型，包括实体价值/息税折旧摊销前利润、实体价值/息前税后经营利润、实体价值/实体现金流量、实体价值/投资资本、实体价值/销售收入比率模型。

（1）市价/净利比率模型。

目标企业每股价值=可比企业平均市盈率×目标企业的每股净利

该模型假设股票市价是每股净利的一定倍数。每股净利越大，则股票价值越大。同类企业有类似的市盈率，所以目标企业的股权价值可以用每股净利乘以可比企业的平均市盈率计算。

$$股权价值P_0=\frac{股利_1}{股权成本-增长率}$$

两边同时除以每股净利$_0$：

$$\frac{P_0}{每股净利_0}=\frac{股利_1/每股净利_0}{股权成本-增长率}=\frac{股利支付率\times(1+增长率)}{股权成本-增长率}=本期市盈率$$

这个公式表明，市盈率的驱动因素是企业的增长潜力、股利支付率和风险（股权资本成本）。这三个因素类似的企业，才会具有类似的市盈率。可比企业实际上应当是这三个比率类似的企业，同业企业不一定都具有这种类似性。

如果两边同时除以每股净利$_1$：

$$\frac{P_0}{每股净利_1}=\frac{股利_1/每股净利_1}{股权成本-增长率}=\frac{股利支付率}{股权成本-增长率}=内在市盈率（或者叫作预期市盈率）$$

在影响市盈率的三个因素中，关键是增长潜力。所谓增长潜力类似，不仅指具有相同增长率，还包括增长模式的类似性，例如同为永续增长，还是同为由高增长转为永续低增长。

此模型的局限性是如果收益是负值，市盈率就失去了意义。另外，市盈率除了受企业本身基本面的影响外，还受到整个经济景气程度的影响，并同经济景气程度成正比。

如果目标企业β值为1，则评估价值正确反映了未来的预期。如果企业的β值显著大于1，经济繁荣时评估价值被夸大，经济衰退时评估价值被缩小；如果企业的β值明显小于1，经济繁荣时评估价值被低估，经济衰退时评估价值偏高。如果是一个周期性企业，则企业价值可能被歪曲。市盈率模型最适合连续盈利，并且β值接近于1的企业。

【例9-7】甲企业今年的每股净利是0.55元，分配股利0.45元/股，该企业净利润和股利增长率都是5%，β值为1.05。政府债券利率为6%，股票的风险附加率为4.5%。问该企业的本期净利市盈率和预期净利市盈率各是多少？

乙企业与甲企业是类似企业，今年实际每股净利为1元，根据甲企业的本期净利市盈率对乙企业估价，其股票价值是多少？乙企业预期明年每股净利是1.05元，根据甲企业的预期净利市盈率对乙企业估价，其股票价值是多少？

甲企业股利支付率=每股股利/每股净利=0.45÷0.55×100%=81.82%

甲企业股权资本成本=无风险利率+β×风险附加率=6%+1.05×4.5%=10.725%

$$甲企业本期市盈率=\frac{股利支付率\times(1+增长率)}{股权成本-增长率}=81.82\%\times(1+5\%)\div(10.725\%-5\%)=15.01$$

$$甲企业预期市盈率=\frac{股利支付率}{资本成本-增长率}=81.82\%\div(10.725\%-5\%)=14.29$$

乙企业股票价值=目标企业本期每股净利×可比企业本期市盈率=1×15.01=15.01（元）

乙企业股票价值=目标企业预期每股净利×可比企业预期市盈率=1.05×14.29=15.01（元）

（2）市价/净资产比率模型。

目标企业每股价值=可比企业平均市净率×目标企业净资产

$$\frac{P_0}{股权账面价值_0}=\frac{股利_0\times(1+增长率)/股权账面价值_0}{股权成本-增长率}$$

$$=\frac{股利_0/每股收益_0\times每股收益_0/股权账面价值_0\times(1+增长率)}{股权成本-增长率}$$

$$=\frac{股利支付率\times股东权益收益率_0\times(1+增长率)}{股权成本-增长率}=本期市净率$$

$$\frac{P_0}{股权账面价值_1}=\frac{股利_1/股权账面价值_1}{股权成本-增长率}$$

$$=\frac{股利支付率\times股东权益收益率_1}{股权成本-增长率}=内在市净率$$

此方法的局限性首先表现为账面价值受会计政策选择的影响，如果各企业执行不同的会计标准或会计政策，市净率会失去可比性。其次，固定资产很少的服务性企业和高科技企业，净资产与企业价值的关系不大，其市净率的比较没有什么实际意义。少数企业的净资产是负值，市净率没有实际意义，无法用于比较。此方法主要适用于需要拥有大量资产并且净资产为正值的企业。

（3）市价/收入比率模型。

收入乘数=股权市价/销售收入=每股市价/每股销售收入

目标企业股权价值=可比企业平均收入乘数×目标企业的销售收入

这种模型假设影响企业价值的关键变量是销售收入，企业价值是销售收入的函数，销售收入越大，则企业价值越大。既然企业价值是销售收入的一定倍数，那么目标企业的价值可以用销售收入乘以平均收入乘数估计。

$$\frac{每股市价_0}{每股收入_0}=\frac{股利_1/每股收入_0}{股权成本-增长率}=\frac{股利_0/每股净利_0\times每股净利_0/每股收入_0\times(1+增长率)}{股权成本-增长率}$$

$$=\frac{股利支付率\times销售净利率_0\times(1+增长率)}{股权成本-增长率}=本期收入乘数$$

$$\frac{每股市价_0}{每股收入_1}=\frac{股利_1/每股收入_1}{股权成本-增长率}=\frac{股利_1/每股净利_1\times每股净利_1/每股收入_1}{股权成本-增长率}$$

$$=\frac{股利支付率\times销售净利率_1}{股权成本-增长率}=内在收入乘数$$

本章小结

风险的存在，是企业生产经营过程中的客观现实，因此，规避风险、化解风险、伴随风险，使企业不断成长，是企业财务管理的重要课题。在企业实践活动中，由于风险成因的不同，主要分为筹资风险、投资风险和破产风险。这些风险又可以从外部风险和内部风险两个角度去理解。

企业财务活动的首要环节是筹资，因此，筹资风险的管理对于企业来讲十分重要。而筹资风险的判断与控制，主要通过经营杠杆、财务杠杆和综合杠杆来完成。

企业筹资是为了投资，投资活动自然成为企业财务活动的核心。投资风险管理的重要性也就不言自明。其主要内容包括投资风险衡量和投资风险对策两个方面。

企业如果生产经营不善，不能清偿到期债务，就会面临破产的风险。破产风险的分析主要从偿债风险和运营风险两个方面进行。

企业价值风险是综合因素影响的结果，其关键是企业价值的评估。而在企业价值评估过程中涉及的各种因素的不确定性是企业价值风险产生的根源。

复习思考题

1.风险产生的原因有哪些？

2.简述筹资风险与投资风险的衡量与对策。

3.破产风险对企业有何影响？

4.简述企业价值风险对企业重要财务活动的影响。

同步练习题

一、单项选择题

1.某公司的经营杠杆系数为1.8，财务杠杆系数为1.5，则该公司销售额每增长1倍，就会造成每股收益增加（　　）。

A.1.2倍　　B.1.5倍　　C.0.3倍　　D.2.7倍

2.某企业本期财务杠杆系数为2，本期息税前利润为500万元，则本期实际利息费用为（　　）。

A.100万元　　B.375万元　　C.500万元　　D.250万元

3.已知经营杠杆系数为2，固定成本为5万元，利息费用为3万元，则利息保障倍数为（　　）。

A.2　　B.1.5　　C.2.5　　D.1

二、多项选择题

1.下列各项中，影响总杠杆系数变动的因素有（　　）。

A.固定经营成本　　B.单位边际贡献　　C.销售量　　D.固定利息

2.风险产生的原因是复杂的、多样的。下列各因素中属于宏观经济政策因素的有（　　）。

A.利率　　B.通货膨胀　　C.税率　　D.居民收入

3.在市场经济条件下，企业所面对的风险是多种多样的。下列各风险中属于内部风险的有（　　）。

A.购买力风险　　B.经营风险　　C.市场风险　　D.筹资风险

三、判断题

1.企业借入资金与自有资金的比率越大，自有资金的标准差越大，企业的经营风险越大。（　　）

2.由于经营杠杆的作用，当息税前利润下降时，普通股每股盈余会下降得更快。（　　）

3.企业面临的风险越大，投资报酬率就会越高。（　　）

四、计算分析题

某公司经营A产品，销量为10 000件，单位变动成本为100元，变动成本率为40%，息税前利润为90万元。已知销售净利率为12%，所得税税率为40%。

要求：

（1）计算经营杠杆系数。

（2）计算财务杠杆系数。

第九章同步练习题参考答案

案例分析

泸州老窖企业价值评估

第十章

财务综合分析

学习目标

了解会计报表综合分析的意义，掌握资产负债表、利润表、现金流量表的分析方法。能初步运用管理用财务报表分析、杜邦分析体系和沃尔评分法等分析方法。

所谓综合分析，就是将各项财务分析指标作为一个整体，系统、全面、综合地对企业财务状况和经营情况进行剖析，并借以对企业经济效益优劣做出合理的评价。显然，要达到这样一个分析目的，仅仅测算几个简单的、孤立的财务比率，或者将一些孤立的财务分析指标堆砌在一起，是不可能得出合理、正确的综合性结论的。将资产负债表、利润表、现金流量表等财务报表有机地联系起来，作为一套完整的体系，相互配合，做出系统的综合评价，才能从总体意义上把握企业财务状况和经营情况的优劣。财务综合分析的意义也正在于此。

第一节　资产负债表综合分析

资产负债表是反映企业在某一特定日期财务状况的报表。它是根据“资产=负债+所有者权益”的会计等式，依照一定的分类标准和一定的次序，把企业一定日期的资产、负债和所有者权益项目予以适当安排，按一定的要求编制而成的。会计等式：资产=负债+所有者权益，表明了企业资金的“来龙”和“去脉”。企业要从事生产经营活动，一方面，必须拥有一定数量的资产。这些资产以各种不同的形态分布于企业生产经营活动的各个阶段，成为企业生产经营活动的基础。另一方面，这些资产要么来源于债权人，从而形成企业的负债；要么来源于投资者，从而形成企业的所有者权益。由此可见，资产和负债与所有者权益，实际上是同一价值运动的两个方面。所以，其既体现了企业的投资结构，也体现了企业的筹资结构。资产负债表的综合分析主要是通过研究企业资产负债表中各项目的结构关系及各项目的变动情况，来确定企业财务状况是否良好；通过比较企业连续数期的资产负债表，来了解企业财务状况的变化趋势；最后分析企业的投资结构与筹资结构是否相适应。资产负债表综合分析具体可分为横向比较分析、纵向比较分析和投资结构与筹资结构适应情况综合分析。

一、资产负债表的横向比较分析

横向比较分析又称水平分析法，是采用前后期对比的方式编制资产负债表，即将企业连续数年的会计数据并行排列在一起进行比较，计算每一项目变动的金额和百分比，从而确定影响变动的因素、变动的趋势以及这种趋势的延续性。

通过观察报表中各项目的增减变化情况，可以发现重要的并且异常的变化，并对这些变化作进一步的分析，找出引起变化的原因，判断这种变化是有利的还是不利的，并力求对这种趋势是否会延续做出判断。

现以A公司的资产负债表为例，说明资产负债表的横向比较分析，见表10-1。

表10-1　比较资产负债表（横向比较）

编制单位：A公司　　2020年12月31日　　金额单位：万元

资产	期末余额	本年年初余额	差异：金额	差异：百分比（%）
流动资产：				
货币资金	554.38	383.77	170.61	44.46
交易性金融资产				
衍生金融资产				
应收票据	353.50	127.80	225.70	176.6
应收账款	975.03	676.29	298.74	44.17
应收款项融资				
预付款项	328.09	60.36	267.73	443.56
其他应收款	1 782.58	1 027.15	755.43	73.55
存货	2 013.03	2 238.33	−225.30	−10.06
合同资产				
持有待售资产				
一年内到期的非流动资产	113.50		113.50	
其他流动资产				
流动资产合计	6 120.11	4 513.70	1 606.41	35.59
非流动资产：				
债权投资				
其他债权投资				
长期应收款				
长期股权投资	1 468.41	1 175.96	292.45	24.87
其他权益工具投资				
其他非流动金融资产				
投资性房地产				
固定资产	1 376.85	838.47	538.38	64.21
在建工程	1 319.60	952.12	367.48	38.60
生产性生物资产				
油气资产				
使用权资产				
无形资产				
开发支出				
商誉				
长期待摊费用				
递延所得税资产				
其他非流动资产				
非流动资产合计	861.37	808.23	53.14	6.57
	5 026.23	3 774.78	1 251.45	33.15
资产总计	11 146.34	8 288.48	2 857.86	34.48

负债及所有者权益（或股东权益）	期末余额	本年年初余额	差异：金额	差异：百分比（%）
流动负债：				
短期借款	5 000	3 600	1 400	38.89
交易性金融负债				
衍生金融负债				
应付票据	3.87	3.87	0	0
应付账款	1 178.48	659.83	518.65	78.60
预收款项				
合同负债				
应付职工薪酬	45.59	29.60	15.99	54.02
应交税费	165.45	224.55	−59.1	−26.32
其他应付款	430.71	302.59	128.12	42.34
持有待售负债				
一年内到期的非流动负债	100		100	
其他流动负债	71.44	39.10	32.34	82.71
流动负债合计	6 995.54	4 859.54	2 136.00	43.95
非流动负债：				
长期借款	400	100	300	300
应付债券				
其中：优先股				
永续债				
租赁负债				
长期应付款				
预计负债				
递延收益				
递延所得税负债				
其他非流动负债				
非流动负债合计	400	100	300	300
负债合计	7 395.54	4 959.54	2 436	49.12
所有者权益（或股东权益）：				
实收资本（或股本）	3 000	3 000	0	0
其他权益工具				
其中：优先股				
永续债				
资本公积	6.94		6.94	
减：库存股				
其他综合收益				
专项储备				
盈余公积	130.62	55.93	74.69	133.54
未分配利润	613.24	273.01	340.23	124.62
所有者权益（或股东权益）合计	3 750.80	3 328.94	421.86	12.67
负债及所有者权益（或股东权益）总计	11 146.34	8 288.48	2 857.86	34.48

通过该表可以看出该公司的财务状况如下：

（1）2020年公司资产规模有较大的上升，较2019年增长了34.48%。资产中除存货有一定下降外，其他资产项目都有较大的增长，说明公司在2020年进行了较大规模的资金投入，处于发展时期。但其中应收款项、预付款项的上升应引起重视。此外，还应注意各项资产增长是否合理，是否符合企业发展的需要，如在建工程、长期投资的增长。

（2）2020年公司负债规模有相当大的上升，较2019年上升了49.12%，说明公司资产规模扩大的资金来源，主要是依靠负债增长来融通的。而负债中，借款有较大的上升，这将意味着利息负担加重；此外，应付账款和其他应付款都有较大上升，这些将会引起债权人的关注。

（3）公司负债中，流动负债上升相当快，并大大超过了流动资产总额的增长（43.95%>35.59%）。2020年流动负债为6 995.54万元，流动资产为6 120.11万元，流动资产低于流动负债，公司短期偿债能力将受到一定的影响，这应引起公司的高度重视。

（4）2020年公司所有者权益较2019年上升了12.67%，主要是由于附加资本的上升，即依靠未分配利润的增长，这自然是好现象，股东会认为下一年度的分红将处于较高水平，但公司资金紧张可能会使公司采取不分现金股利的政策。

二、资产负债表的纵向比较分析

横向比较分析是对不同年度的会计报表中的相同项目进行比较分析；而纵向比较分析则与此不同，它是同一年度会计报表各项目之间的比率分析。纵向比较对于经营规模不同的企业之间以及不同时期之间进行比较分析提供了可比基础。

资产负债表的纵向比较分析，是将资产负债表的各项目的数据除以资产合计数或负债及所有者权益合计数，确定各构成项目所占的比重，从而揭示企业资产占用结构的合理性，揭示企业资本结构情况，可使报表使用者对企业的财务风险、理财能力做出判断。

现以A公司的资产负债表为例，说明资产负债表的纵向比较分析，见表10-2。

通过A公司资产负债表的纵向比较，可以看出该公司的财务状况如下：

（1）从横向比较中看出预付款项2020年较2019年上升了443.56%，应付职工薪酬、其他流动负债等项目较2019年都有较大的上升；但从纵向分析来看，这几个项目所占比重较小，因此对公司的财务状况不会产生很大的影响。

（2）从纵向比较中可看出公司因销货而产生的应收款项比重较大，2020年占11.92%（应收账款占8.75%，应收票据占3.17%），2019年占9.70%，说明公司的销货中赊销比例增大。此外，2020年其他应收款所占比重高达15.99%，2019年也高达12.39%，公司对这些应收款应进行进一步的分析，并给予高度重视。

（3）2020年公司长期投资比重较大，占13.17%，说明公司将较多的资金进行对外投资，应结合利润表中的投资收益进行分析。

（4）2020年公司在建工程占11.84%，较2019年有一定的上升，说明公司有一定的后劲。但应注意在建工程的进度，以及这些资金投入的前景。

（5）2020年公司长期待摊费用占7.73%，预付款项占2.94%，两者合计为10.67%，这两项资产是消耗性资产，不久将转化成费用，从而将影响利润，因此应引起重视。

表10-2 比较资产负债表（纵向比较）

编制单位：A公司　　　　2020年12月31日　　　　金额单位：万元

资产	期末余额		本年年初余额		负债及所有者权益（或股东权益）	期末余额		本年年初余额	
	金额	百分比（%）	金额	百分比（%）		金额	百分比（%）	金额	百分比（%）
流动资产：					流动负债：				
货币资金	554.38	4.97	383.77	4.63	短期借款	5 000	44.86	3 600	43.43
交易性金融资产					交易性金融负债				
衍生金融资产					衍生金融负债				
应收票据	353.50	3.17	127.80	1.54	应付票据	3.87	0.03	3.87	0.05
应收账款	975.03	8.75	676.29	8.19	应付账款	1 178.48	10.57	659.83	7.96
应收款项融资					预收款项				
预付款项	328.09	2.94	60.36	0.73	合同负债				
其他应收款	1 782.58	15.99	1 027.15	12.39	应付职工薪酬	45.59	0.41	29.60	0.36
存货	2 013.03	18.06	2 238.33	27.01	应交税费	165.45	1.48	224.55	2.71
合同资产					其他应付款	430.71	3.86	302.59	3.65
持有待售资产					持有待售负债				
一年内到期的非流动资产	113.50	1.02			一年内到期的非流动负债	100	0.90		
其他流动资产					其他流动负债	71.44	0.64	39.10	0.47
流动资产合计	6 120.11	54.91	4 513.70	54.46	流动负债合计	6 995.54	62.76	4 859.54	58.63
非流动资产：					非流动负债：				
债权投资					长期借款	400	3.59	100	1.21
其他债权投资					应付债券				
长期应收款					其中：优先股				
长期股权投资	1 468.41	13.17	1 175.96	14.19	永续债				
其他权益工具投资					租赁负债				
其他非流动金融资产					长期应付款				
					预计负债				
投资性房地产					递延收益				
固定资产	1 376.85	12.35	838.47	10.12	递延所得税负债				
在建工程	1 319.60	11.84	952.12	11.48	其他非流动负债				
生产性生物资产					非流动负债合计	400	3.59	100	1.21
油气资产					负债合计	7 395.54	66.35	4 959.54	59.84
使用权资产					所有者权益（或股东权益）：				
无形资产									
开发支出					实收资本（或股本）	3 000	26.91	3 000	36.20
商誉					其他权益工具				
长期待摊费用					其中：优先股				
递延所得税资产	861.37	7.73	808.23	9.75	永续债				
其他非流动资产					资本公积	6.94	0.06		
非流动资产合计	5 026.23	45.01	3 774.78	45.54	减：库存股				
					专项储备				
					盈余公积	130.62	1.17	55.93	0.67
					其他综合收益				
					未分配利润	613.24	5.50	273.01	3.29
					所有者权益（或股东权益）合计	3 750.80	33.65	3 328.94	40.16
资产总计	11 146.34	100	8 288.48	100	负债及所有者权益（或股东权益）总计	11 146.34	100	8 288.48	100

（6）2020年公司负债占66.35%，所有者权益占33.65%，说明公司负债占比偏高，而公司负债中绝大部分为流动负债，在流动负债中短期借款和应付账款比重很大。另外，公司流动资产低于流动负债，说明公司的偿债能力不理想。因此，公司应注重解决融资问题，加大应收款项收回和存货的周转，加快资产的流动；或者增加所有者的资金投入，以提高偿债能力，改善财务状况。

从横向和纵向综合来看，公司有一定的财务风险，应注意财务状况。

第二节　利润表综合分析

利润表是反映企业在一定会计期间经营成果的报表。利润表是一种动态报表，它利用企业一定时期的收入、成本费用及税金数据，确定企业的利润。利润表综合分析主要是通过研究利润表中有关项目的结构和增减情况来评价企业当期的经营成果和未来的发展趋势。利润表的综合分析分为横向比较分析、纵向比较分析和盈利结构分析。

一、利润表的横向比较分析

现以A公司为例，说明利润表的横向比较分析，见表10-3。

表10-3　比较利润表（横向比较）

编制单位：A公司　2020年度　金额单位：万元

项目	本期金额	上期金额	差异	
			金额	百分比(%)
一、营业收入	10 379.46	9 085.78	1 293.68	14.24
减：营业成本	8 432.54	7 463.56	968.98	12.98
税金及附加	51.92	44.42	7.50	20.10
销售费用	498.56	415.41	83.15	20.02
管理费用	330.85	286.72	44.13	15.39
研发费用				
财务费用	481.75	401.92	79.83	19.86
其中：利息费用				
利息收入				
加：其他收益				
投资收益(损失以"-"号填列)	26.56	10.32	16.24	157.36
其中：对联营企业和合营企业的投资收益				
以摊余成本计量的金融资产终止确认收益(损失以"-"号填列)				
净敞口套期收益(损失以"-"号填列)				
公允价值变动损益(损失以"-"号填列)				
信用减值损失(损失以"-"号填列)				
资产减值损失(损失以"-"号填列)				
资产处置收益(损失以"-"号填列)				
二、营业利润(亏损以"-"号填列)	610.40	484.07	126.33	26.10
加：营业外收入	3.18	3.12	0.06	1.92
减：营业外支出	4.26	5.18	-0.92	-17.76
三、利润总额(亏损总额以"-"号填列)	609.32	482.01	127.31	26.41
减：所得税费用	209.86	163.58	46.28	28.29
四、净利润(净亏损以"-"号填列)	399.46	318.43	81.03	26.45
(一)持续经营净利润(净亏损以"-"号填列)				
(二)终止经营净利润(净亏损以"-"号填列)				
五、其他综合收益的税后净额				
六、综合收益总额				
七、每股收益				
(一)基本每股收益				
(二)稀释每股收益				

从表10-3可以看出：

（1）公司营业收入增长了14.24%，营业成本增长了12.98%，收入的增长快于成本的增长，毛利有较大的提高。

（2）公司营业利润、净利润都有较大的提高，主要是由于毛利上升较多所致。

（3）营业成本、管理费用、财务费用都有较大的增长，且高于收入的增长，应引起关注，它们的增长影响了利润的进一步增长。

（4）投资收益虽增长了157.36%，但将投资收益同投资数额对比，投资收益仍然偏低。因此，这一增长对公司影响不大。

（5）从总体来看，公司盈利能力有较大的提高，主要原因是收入的增长快于成本的增长。但应引起注意的是期间费用上升较快。

二、利润表的纵向比较分析

利润表的纵向比较分析是将利润表的各项数据除以销售收入净额，得出百分比，并按原有结构列示而进行的比较分析。

现以A公司为例，说明利润表的纵向比较分析，见表10-4。

表10-4 比较利润表（纵向比较）

编制单位：A公司　　2020年度　　金额单位：万元

项目	本期金额		上期金额	
	金额	百分比(%)	金额	百分比(%)
一、营业收入	10 379.46	100	9 085.78	100
减：营业成本	8 432.54	81.24	7 463.56	82.15
税金及附加	51.92	0.50	44.42	0.49
销售费用	498.56	4.80	415.41	4.57
管理费用	330.85	3.19	286.72	3.16
研发费用				
财务费用	481.75	4.64	401.92	4.42
其中：利息费用				
利息收入				
加：其他收益				
投资收益(损失以“-”号填列)	26.56	0.26	10.32	0.11
其中：对联营企业和合营企业的投资收益				
以摊余成本计量的金融资产终止确认收益(损失以“-”号填列)				
净敞口套期收益(损失以“-”号填列)				
公允价值变动损益(损失以“-”号填列)				
信用减值损失(损失以“-”号填列)				
资产减值损失(损失以“-”号填列)				
资产处置收益(损失以“-”号填列)				
二、营业利润(亏损以“-”号填列)	610.40	5.88	484.07	5.33
加：营业外收入	3.18		3.12	
减：营业外支出	4.26		5.18	
三、利润总额(亏损总额以“-”号填列)	609.32	5.87	482.01	5.31
减：所得税费用	209.86	2.02	163.58	1.80
四、净利润(净亏损以“-”号填列)	399.46	3.85	318.43	3.50
(一)持续经营净利润(净亏损以“-”号填列)				
(二)终止经营净利润(净亏损以“-”号填列)				
五、其他综合收益的税后净额				
六、综合收益总额				
七、每股收益				
(一)基本每股收益				
(二)稀释每股收益				

从表10-4可以看出：

（1）营业成本率2020年为81.24%，比2019年的82.15%有一定的下降，导致了销售毛利率由2019年的17.85%上升为2020年的18.76%。

（2）管理费用、财务费用、销售费用所占比重上升，制约了营业利润率的上升。营业利润率由2019年的5.33%上升为5.88%，上升了0.55%，低于销售毛利率的上升（0.91%）。

（3）所得税有一定的上升，导致净利润的上升幅度小于利润总额的上升幅度。

三、利润表的盈利结构分析

利润表的盈利结构分析，就是直接以利润表中所揭示的利润类型，分析其结构变动及其对企业经营业绩的影响，通过盈利结构分析，说明企业盈利水平高低、稳定性和持久性，从中发现影响企业盈利能力的结构性原因，即了解哪些收支引起盈利变动，并就此提出对策。

（一）盈利结构类型

盈利结构一般分为六种类型，见表10-5。

表10-5 六种典型的盈利结构

项目	A	B	C	D	E	F
销售毛利	亏	亏	盈	盈	盈	盈
营业利润	亏	亏	亏	亏	盈	盈
利润总额	亏	盈	亏	盈	亏	盈
说明	接近破产		如果这种状态继续下去，将会导致破产		根据亏损状况而定	正常状况

（二）盈利结构分析

从表10-5可以看出：

（1）A种类型，企业各类项目都是亏损的，特别是作为企业经营基础的销售毛利都处于亏损，显然这种企业将面临破产。

（2）B种类型，企业虽然最终有盈利，但是由于特别项目出现了较大的收益（如对外投资收益很大等），才提供了利润，显然这种类型的企业的盈利是不稳定、不持久的。

（3）C种类型，作为企业生存和发展基础的销售毛利仍为盈利，说明企业的盈利水平具有相对的稳定性和持久性。但营业利润和利润总额都出现亏损，表明企业可能存在期间费用过大或对外投资出现亏损等情况。因此，企业应加强管理，减少支出，增加收入。

（4）D种类型和C种类型相似，只是可能由于特别项目出现了较大收益，才使企业最终有盈利。

（5）E种类型，企业的毛利和营业利润都为盈利，说明企业的盈利水平具有稳定性和持久性。但特别项目出现了损失（如对外投资损失、营业外支出较大）导致了亏损。因此，企业应努力消除特别项目所造成的不利因素。

（6）F种类型，企业各项目都为盈利，是一种正常状态，说明企业的盈利水平具有较好的稳定性和持久性，企业所有者所投入的资本也得到了保全，但并不能就此说明企业的盈利水平很高，或企业的经营状况很好。

第三节 现金流量表综合分析

现金流量在很大程度上决定着企业的生存和发展。即使企业有盈利能力，但如果现金周转不畅、调度不灵，也将严重影响企业正常的生产经营。因此，现金流量信息在企业管理中十分重要。

拥有一定数量的现金，是企业维持正常偿债能力、避免财务风险、保证生产经营顺利进行的必要条件。对于报表的使用者，无论是企业的经营者还是企业投资者、债权人、政府有关部门以及其他报表使用者来说，现金流量表分析都具有十分重要的意义。因为通过现金流量表分析，可以了解企业本期及以前各期现金的流入、流出等情况，正确评价企业当前和未来的偿债能力和支付能力，发现企业在财务方面存在的问题，正确评价企业当期及以前各期取得的利润的质量，科学预测企业未来的财务状况，从而为报表使用者进行科学决策提供充分的、有效的依据。

现金流量表的综合分析主要分为现金流量结构分析、现金流量趋势分析、现金偿付能力分析、现金流量综合分析。现以B公司2020年度的现金流量表为例，说明现金流量表的综合分析，见表10-6。

表10-6 现金流量表（简表）

编制单位：B公司 2020年度 单位：元

项目	行次	金额
一、经营活动产生的现金流量		
销售商品、提供劳务收到的现金	1	2 362 000
收到的税费返还	3	323 000
收到其他与经营活动有关的现金	8	0
经营活动现金流入小计	9	2 685 000
购买商品、接受劳务支付的现金	10	784 532
支付给职工以及为职工支付的现金	12	600 000
支付利息、手续费及佣金的现金	13	200 000
支付的各项税费	14	198 178
支付其他与经营活动有关的现金	18	140 000
经营活动现金流出小计	20	1 922 710
经营活动产生的现金流量净额	21	762 290
二、投资活动产生的现金流量		
收回投资收到的现金	22	33 000
取得投资收益收到的现金	23	60 000
处置固定资产、无形资产和其他资产收回的现金净额	25	600 600
收到其他与投资活动有关的现金	28	0
投资活动现金流入小计	29	693 600
购建固定资产、无形资产和其他长期资产支付的现金	30	902 000
投资支付的现金	31	0
支付其他与投资活动有关的现金	35	0

续表

项目	行次	金额
投资活动现金流出小计	36	902 000
投资活动产生的现金流量净额	38	-208 400
三、筹资活动产生的现金流量		
吸收投资收到的现金	39	0
取得借款收到的现金	40	800 000
收到其他与筹资活动有关的现金	43	0
筹资活动现金流入小计	44	800 000
偿还债务所支付的现金	45	2 500 000
分配股利、利润或偿付利息所支付的现金	46	25 000
支付的其他与筹资活动有关的现金	52	0
筹资活动现金流出小计	53	2 525 000
筹资活动产生的现金流量净额	54	-1 725 000
四、汇率变动对现金及现金等价物的影响额	55	0
五、现金及现金等价物净增加额	56	-1 171 110
1.现金流量补充资料		
将净利润调节为经营活动现金流量：		
净利润	57	475 802
加：资产减值准备	58	1 800
固定资产折旧、油气资产折耗、生产性生物资产折旧	59	137 000
无形资产摊销	60	57 000
长期待摊费用摊销	61	—
处置固定资产、无形资产和其他长期资产的损失（减：收益）	66	-100 000
固定资产报废损失	67	39 400
财务费用	68	43 000
投资损失（减：收益）	69	63 000
存货的减少（减：增加）	71	10 600
经营性应收项目的减少（减：增加）	72	-98 000
经营性应收项目的增加（减：减少）	73	132 688
其他	74	0
经营活动产生的现金流量净额	75	762 290
2.不涉及现金收支的重大投资和筹资活动		
债务转为资本	76	0
一年内到期的可转换公司债券	77	0
融资租入固定资产	78	0
3.现金及现金等价物净增加情况		
现金的期末余额	79	1 641 490
减：现金的期初余额	80	2 812 600
加：现金等价物的期末余额	81	0
减：现金等价物的期初余额	82	
现金及现金等价物净增加额	83	-1 171 110

一、现金流量结构分析

所谓结构分析，是指将会计报表中某一关键项目的数字作为基数（即为100%），再计算各项目的具体构成，从而使各个组成部分的相对重要性明显地表现出来，从而揭示会计报表中各个项目的相对地位和总体结构关系。

现金流量表是反映企业在一定时期内现金流入、流出及其净额的报表，它主要回答企业本期现金来自何处、本期现金用往何处等问题。现金流量的结构分析就是在现金流量表有关数据的基础上，进一步明确现金流入的构成、现金流出的构成等。

现金流量的结构分析可以分为现金流入结构、现金流出结构和流入流出比分析，见表10-7。

表10-7 现金流量结构分析表

编制单位：B公司 2020年度 金额单位：元

项目	流入	流出	净流量	内部结构	流入结构	流出结构	流入流出比
一、经营活动产生的现金流量							
销售商品、提供劳务收到的现金	2 362 000			88%			
收到的税费返还	323 000			12%			
收到其他与经营活动有关的现金							
经营活动现金流入小计	2 685 000			100%	64%		
购买商品、接受劳务支付的现金		784 532		41%			
支付给职工以及为职工支付的现金		600 000		31%			
支付利息、手续费及佣金的现金		200 000		10%			
支付的各项税费		198 178		10%			
支付其他与经营活动有关的现金		140 000		8%			
经营活动现金流出小计		1 922 710		100%		36%	1.4
经营活动产生的现金流量净额			762 290				
二、投资活动产生的现金流量							
收回投资收到的现金	33 000			5%			
取得投资收益所收到的现金	60 000			9%			
处置固定资产等所收到的现金净额	600 600			86%			
收到其他与投资活动有关的现金							
投资活动现金流入小计	693 600			100%	17%		
购建固定资产等支付的现金		902 000		100%			
投资支付的现金							
支付的其他与投资活动有关的现金							
投资活动现金流出小计		902 000		100%		17%	0.77
投资活动产生的现金流量净额			−208 400				
三、筹资活动产生的现金流量							
吸收投资所收到的现金							
借款收到的现金	800 000			100%			
收到其他与筹资活动有关的现金							
筹资活动现金流入小计	800 000			100%	19%		
偿还债务所支付的现金		2 500 000		99%			
分配股利、利润等支付的现金		25 000		1%			
支付其他与筹资活动有关的现金							
筹资活动现金流出小计		2 525 000		100%		47%	0.32
筹资活动产生的现金流量净额			−1 725 000				
合 计	4 178 600	5 349 710	−1 171 110		100%	100%	

（一）现金流入结构分析

现金流入结构是反映企业的各项业务活动现金流入，如经营活动现金流入、投资活动现金流入、筹资活动现金流入等在全部现金流入中的比重以及各项业务活动现金流入中具体项目的构成情况，明确企业的现金究竟来自何方，要增加现金流入主要依靠什么，等等。

流入结构分析分为总流入结构分析和三项活动即经营、投资和筹资活动流入的内部结构分析。

通常，经营活动现金流入占总现金流入比重大的企业，经营状况较好，现金流入结构较为合理。

从表10-7可以看出，在企业当年的现金流入中，经营活动流入占64%，经营活动提供了主要的现金来源；投资活动流入占17%，筹资活动流入占19%，也占有重要地位。

在经营活动的现金流入中，主要来自销售商品、提供劳务收到的现金，占88%，比较正常；在筹资活动的现金流入中，全部都是借款流入；在投资活动的现金流入中，主要来自处置固定资产、无形资产和其他长期资产，占86%。自然，企业要增加现金流入，主要还是依靠经营活动增加销售收入。

（二）现金流出结构分析

现金流出结构是指企业的各项现金流出占企业当期全部现金流出的百分比，它具体地反映企业的现金用在哪些方面。

流出结构分析分为总流出结构分析和三项活动流出的内部结构分析。

通常，经营活动现金支出占总现金流出比重大的企业，其生产经营状况正常，现金流出结构较为合理。

从表10-7可以看出，在企业当年的现金流出中，筹资活动支出占47%，经营活动支出占36%，投资活动支出占17%，当年现金支出主要用于还债。筹资活动现金支出主要用于偿还债务本金，占99%；经营活动现金支出中，购买商品、接受劳务支出的现金占41%，支付给职工以及为职工支付的现金占31%；投资活动现金支出全部用于购建固定资产、无形资产和其他长期资产。

（三）现金流入流出比分析

从表10-7可以看出，经营活动流入流出比为1.4，表明企业1元的流出可换回1.4元现金。此比值越大越好。

投资活动流入流出比为0.77，表明公司处在扩张时期。发展时期此比值小，而衰退或缺少投资机会时此比值大。

筹资活动流入流出比为0.32，表明还款明显大于借款。

该公司的经营活动现金流量净额为762 290元，现金存量减少1 171 110元；它们用于投资208 400元，用于还款1 725 000元。

通过流入和流出结构的历史比较和同业比较，可以得到更有意义的信息。

对于一个健康的正在成长的公司来说，经营活动现金流量应是正数，投资活动的现金流量是负数，筹资活动的现金流量是正负相间的。

假设经营活动现金流量的结构百分比具有代表性，可以根据它们和计划销售额来预测未来的经营活动现金流量。

二、现金流量趋势分析

企业的现金流入、现金流出及其余额发生了怎样的变动，其变动趋势如何，这种趋势对企业是有利的还是不利的，这就是现金流量趋势分析的内容。现金流量趋势分析可以帮助报表使用者了解企业现金流量的变动趋势，了解企业现金流量变动的原因，在此基础上预测企业未来的现金流量，从而为决策提供依据。

表 10-8 为 B 公司 2017—2020 年的汇总现金流量表。

表 10-8 汇总现金流量表 单位：万元

项目	2017年	2018年	2019年	2020年
现金流入	291.2	334.6	369.4	417.9
其中：经营活动现金流入	191.8	212.8	247	268.5
投资活动现金流入	27.4	33.8	38.4	69.4
筹资活动现金流入	72	88	84	80
现金流出	243.6	267.2	311.4	535
其中：经营活动现金流出	137	153	174.4	192.3
投资活动现金流出	44.2	73	82.6	90.2
筹资活动现金流出	62.4	41.2	54.4	252.5
现金流量净额	47.6	67.4	58	117.1

根据表 10-8 数据，可以计算出以 2017 年为基期的现金流量定比（见表 10-9）和各以上一年为基期的现金流量环比（见表 10-10）。

表 10-9 2017—2020 年现金流量定比分析表

项目	2017年	2018年	2019年	2020年
现金流入	100%	114.9%	126.9%	143.5%
其中：经营活动现金流入	100%	110.9%	128.8%	140.0%
投资活动现金流入	100%	123.4%	140.1%	253.3%
筹资活动现金流入	100%	122.2%	116.7%	111.1%
现金流出	100%	109.7%	127.8%	219.6%
其中：经营活动现金流出	100%	111.7%	127.3%	140.4%
投资活动现金流出	100%	165.2%	186.9%	204.1%
筹资活动现金流出	100%	66.0%	87.2%	404.6%

表 10-10 2017—2020 年现金流量环比分析表

项目	2017年	2018年	2019年	2020年
现金流入	100%	114.9%	110.4%	113.1%
其中：经营活动的现金流入	100%	110.9%	116.1%	108.7%
投资活动的现金流入	100%	123.4%	113.6%	180.7%
筹资活动的现金流入	100%	122.2%	95.5%	95.2%
现金流出	100%	109.7%	116.5%	171.8%
其中：经营活动的现金流出	100%	111.7%	114%	110.2%
投资活动的现金流出	100%	165.2%	113.2%	109.2%
筹资活动的现金流出	100%	66.0%	132.0%	464.2%

从表10-9中可以看出，企业的现金流入在不断增加，2020年与2017年相比增长了43.5%，其中，经营活动现金流入增长慢于总的现金流入增长，增长了40.0%；投资活动现金流入成倍增长，增长了153.3%，说明以前的投资逐渐得到回报；筹资活动现金流入增幅较小，且比重逐年下降，说明企业对筹资的依赖性逐渐减小。现金流出也在不断增加，2020年比2017年增长了119.6%，其中，经常活动现金流出增长了40.4%，相当于经营活动现金流入的增长速度；投资活动现金流出翻了一番，说明企业逐年加大了投资的力度；筹资活动现金流出增长了3倍，说明企业的借款主要集中在2020年到期，用于还款的现金流出大量增加，或者企业以更多的现金用于分配利润以回报投资者。

从表10-10中可以看出，企业的现金流入在逐年递增，且增幅稳定在百分之十几，起伏不大。其中，经营活动现金流入的增幅2020年比2019年下降近一半；投资活动现金流入2020年比2019年增长了80.7%，增幅很大；但筹资活动现金流入呈负增长，2019年和2020年降幅都是大约5%，很有规律。企业的现金流出也在不断增长，2020年比2019年增长了71.8%，增幅很大，其中，经营活动现金流出逐年递增，其速度基本上比较平稳；投资活动现金流出2018年增长了65.2%，增速很高，然后2019年、2020年增长速度下降至10%上下；筹资活动现金流出波动起伏，2018年比2017年下降了34%，2019年比2018年上升了32%，然后2020年猛然上涨，比2019年上升了3.6倍，企业的筹资活动现金支出是不稳定的。

当基期的现金流量净额为负数时，无法列表作百分比的比较，只能直观地作绝对额的比较，从中揭示企业的成长性。

三、现金偿付能力和支付能力分析

（一）现金偿债能力分析

企业的债权人、投资者、经营者以及其他报表使用者欲了解企业的偿债能力，主要是通过对企业会计报表的分析实现的，而债务最终是要用现金来偿还的，因而反映企业现金收支情况的现金流量表就成为分析企业偿债能力的重要依据。

运用现金流量表分析企业的偿债能力，主要有两个指标：一是现金比率；二是现金流量指标。现金比率在前面第五章已经介绍过了，这里只介绍现金流量指标。

反映企业短期偿债能力的指标有许多，如流动比率、速动比率、现金比率等，这些指标有一个共同点，那就是它们都以有关项目，如流动资产、速动资产、现金等的期末数和流动负债的期末数进行比较，根据两者之间的比值大小来评价企业偿债能力的强弱。有的企业为了筹借资金，有意在会计期末采用推迟购货、抓紧收回应收账款、尽可能在偿还债务后再商借等方法，提高流动比率、速动比率、现金比率等，人为粉饰其财务状况，从而给债权人等报表使用者以错误的信息。现金流量指标不同，它反映的是企业在一个会计期间内实际收到和支出的现金量和结存量，因而能更真实、直观地分析企业的偿债能力。

运用现金流量指标分析企业的偿债能力，主要是将本期取得的流入和本期偿付的债务进行比较，来确定企业的偿债能力。企业在本期内所取得的流入首先应用来偿付各项债务。企业在本期内偿付的债务，包括以前各期借入而在本期内到期偿付的债务和本期借入在本期偿付的各项债务。企业在以前各期借入在本期到期偿付的债务，在上年末资产负债表上表现为期末余额，在本年末资产负债表上表现为期初余额。企业在本期内取得的流入，首先应用来偿付以前各期借入本期到期的债务，然后再偿付本期发生的各项债务。

但是在正常的生产经营情况下，企业当期取得的现金流入，首先应满足生产经营活动的一些基本支出需要，如购买货物和劳务的支出、缴纳各项税金的支出、支付职工工资等，因为这些支出是为取得经营活动的现金流入所必须支出的，没有这些支出就无法取得现金流入，特别是其中的经营活动现金流入。然后才能满足偿还债务的现金支出需要，包括偿还债务的本息。这样其正常的生产经营活动才能顺利进行。

分析企业的偿债能力，首先应该看企业当期取得的现金流入，在满足了经营活动的基本现金支出需要后，是否有足够的现金用于偿还到期债务本息。这样，企业当期可以用来偿还债务的现金，应该等于企业当期取得的全部现金流入减去企业当期借入的现金和经营活动基本现金支出后的余额。在企业当期没有采用发行股票或吸收投资者投入资本等方式筹资的情况下，借入的现金即为筹资活动的现金流入。在这种情况下：

可用于偿还债务的现金=全部现金流入-借入的现金-经营活动现金支出

应偿还的债务=到期借款、应付债券的本金+应支付的利息+应支付的融资租赁费

企业当期可以用来偿还债务的现金减去应偿还的债务后的余额，即为企业可以用于投资、分派股利等的现金。如果可用于投资、分派股利等的现金小于0，则说明企业当期所取得的现金流入不足以在支付基本支出后偿付债务；如果按合同规定偿付了债务，那么其基本支出就得不到满足，其正常的生产经营活动就会发生困难。当然，在这种情况下，还有一个因素应该考虑进去，那就是企业结存的现金余额。如果结存的现金余额大于不足部分，那么企业的偿债能力仍然不成问题；如果结存的现金余额小于不足部分，则其偿债能力将成问题。

对于债权人来说，这种方法充分体现了谨慎性原则。因为采用上述方法的前提是企业取得的现金流入首先用于满足基本现金支出的需要。其实，无论从哪一种角度看，债权人都具有优先权，他有权要求企业在满足经营基本支出之前偿还债务。如果采用上述方法证明企业的偿债能力不成问题，那么债权人就会有足够的信心相信，企业能偿还到期债务。

B公司2020年共取得现金流入4 178 600元，其中包括借入资金800 000元，减去借入现金后为3 378 600元，再减去经营活动现金支出1 922 710元，即为可用于偿还债务的现金，计算如下：

可用于偿还债务的现金=3 378 600-1 922 710=1 455 890（元）

本期企业偿还到期债务所支付的现金为2 500 000元，偿付利息所支付的现金为25 000元，则：

应偿还的债务=2 500 000+25 000=2 525 000（元）

可用于投资、分派股利的现金=1 455 890-2 525 000=-1 069 110（元）

可见，B公司2020年依靠当年的现金流入不足以偿还到期债务的本息，必须依靠以前年度结存的现金余额。

如果将B公司2017—2020年的现金流入量放在一起进行比较，就能了解到企业现金偿债能力的发展变化情况，见表10-11。

表10-11　　2017—2020年现金流入量分析表　　单位：万元

项目	2017年	2018年	2019年	2020年
现金流入总额	291.2	334.6	369.4	417.8
可用于偿还债务的现金	82.2	93.6	111	145.6
应偿还的债务	62.4	41.2	54.4	252.5
可用于投资、发放股利的现金	19.8	52.4	56.6	-106.9
上年结存现金余额	7.3	54.9	122.3	180.3

从表10-11可以看出，B公司2017—2019年度的现金足以偿付其债务，2020年度的现金不足以偿付其债务，需要依赖上年度结存现金余额和筹资活动现金流入。

（二）现金支付能力分析

企业在其生产经营过程中，除了用现金偿还债务外，还需要用现金购买货物、支付工资、支付税金、支付各种经营费用，进行对内、对外投资，向投资者支付股利、利润等。企业如果没有足够的现金来支付这些款项，那么企业的生产经营活动就不能正常进行。企业的支付能力对于企业的经营者、投资者和债权人具有十分重要的意义。如果企业现金支付能力不足，那么就要通过借款等方式来筹集资金；如果企业现金充裕，那么就可以考虑对内、对外投资。现金支付能力也影响着企业的利润分配。例如，一个企业账面上盈利，但现金不足，则它分配利润时就可能暂时挂账，若是股份公司则会少派发现金股利，而多以股票股利形式发放，否则就要先举债来分配利润。如果企业现金充裕，就会以现金分配利润。

现金支付能力的分析，主要是将企业本期经营活动所取得的现金流入和企业本期所偿还的债务、企业经营活动发生的各项支出进行对比，确定可用于投资和发放股利的现金。

$$\text{可用于投资、分派股利(利润)的现金}=\text{经营活动现金流入}-\text{经营活动现金支出}+\text{投资活动现金流入}-\text{偿还债务现金支出}$$

B公司2020年经营活动现金收入为2 685 000元，经营活动现金支出为1 922 710元，投资活动现金流入为693 600元，偿还债务现金支出为2 525 000元，则：

可用于投资、分派股利（利润）的现金=2 685 000-1 922 710+693 600-2 525 000=-1 069 110（元）

可见，B公司依靠当年现金无法进行投资和分派股利（利润），必须动用以前年度现金余额。

在表10-11中，已经计算出B公司2017—2020年度的可用于投资、分派股利（利润）的现金，在此基础上，将当年进行的投资现金支出与分派股利（利润）现金支出和可用于投资、分派股利（利润）的现金进行对比，就可以了解企业总的现金支付能力。其计算公式如下：

$$\text{企业自有资金现金支付能力}=\text{可用于投资、分派股利(利润)的现金}-\text{投资活动现金支出}-\text{分派股利（利润）现金支出}$$

B公司2017—2020年度可用于投资、分派股利（利润）的现金和投资活动现金支出以及分派股利（利润）现金支出的数据见表10-12，并根据上述公式计算出企业自有资金现金支付能力栏目的数据。

表10-12 现金支付能力分析表 单位：万元

项目	2017年	2018年	2019年	2020年
可用于投资、分派股利（利润）的现金	19.8	52.4	56.6	-106.9
投资活动现金支出	44.2	73	82.6	90.2
分派股利（利润）现金支出	16	17	18	—
企业自有资金现金支付能力	-40.4	-37.6	-44	-197.1

可见，B公司2017—2020年度企业自有资金（指其经营活动取得的现金流入加上投资活动取得的现金流入）不能满足其支付需要，需要通过以前年度现金结余和筹资活动（主要是银行借款）来满足现金支付之需。

四、现金流量综合分析

（一）流动性分析

所谓流动性，是指将资产迅速转变为现金的能力。根据资产负债表确定的流动比率虽然也能反映流动性，但有很大的局限性。这主要是因为：作为流动资产主要成分的存货并不能很快转变为可偿债的现金；存货用成本计价不能反映变现净值；流动资产中的预付款项也不能转变为现金。许多企业有大量的流动资产，但现金支付能力很差，甚至无力偿债而破产清算。

真正能用于偿还债务的是现金流量。现金流量和债务的比较可以更好地反映企业偿还债务的能力。

1.现金到期债务比

$$现金到期债务比=\frac{经营活动现金流量净额}{本期到期的债务}$$

本期到期的债务是指本期的长期债务和本期应付票据。通常这两种债务是不能展期的，必须如数偿还。

假设B公司的本期到期长期债务是100万元，则：

现金到期债务比=76.229÷100=0.76

若同业平均现金到期债务比为2.5，说明该公司偿还到期债务的能力较差。

2.现金流动负债比

$$现金流动负债比=\frac{经营活动现金流量净额}{流动负债}$$

该比率反映偿还流动债务的能力。

3.现金债务总额比

$$现金债务总额比=\frac{经营活动现金流量净额}{债务总额}$$

假设该公司的债务总额是545万元，则：

现金债务总额比=76.229÷545×100%=14%

这个比率越高，企业承担债务的能力越强。该公司最大的付息能力是14%，即利率高达14%时企业仍能按时付息。只要能按时付息，就能借新债还旧债，维持债务规模。如果市场利率是10%，那么该公司最大的负债能力是762.29万元（76.229÷10%）。仅从付息能力看，企业还可借款217.29万元（762.29−545），可见该公司的举债能力是不错的。

（二）获取现金能力分析

获取现金的能力可通过经营活动现金流量净额和投入资源的比值来反映。投入资源可以是销售收入、总资产、净营运资金、净资产或普通股股数等。

1.销售现金比率

$$销售现金比率=\frac{经营活动现金流量净额}{销售额}$$

该比率反映每1元销售得到的净现金，其数值越大越好。销售现金比率越大，表明货款回收速度越快，发生坏账的风险越小，对应收账款的管理越好。

2.每股经营现金流量净额

$$每股经营现金流量净额=\frac{经营活动现金流量净额}{普通股股数}$$

该指标反映企业最大的分派股利能力，超过此限度，就要借款分红。

3.全部资产现金回收率

全部资产现金回收率，是经营活动现金流量净额与全部资产的比值，说明企业资产产生现金的能力。该比值越大越好。

$$全部资产现金回收率=\frac{经营活动现金流量净额}{全部资产}$$

（三）财务弹性分析

所谓财务弹性，是指企业适应经济环境变化和利用投资机会的能力。这种能力来源于现金流量和支付现金需要的比较。现金流量超过需要，有剩余的现金，适应性就强。因此，财务弹性的衡量是用经营现金流量净额与支付要求进行比较。支付要求可以是投资需求或承诺支付等。

1.现金满足投资比率

$$现金满足投资比率=\frac{近5年经营活动现金流量净额之和}{近5年资本支出、存货增加、现金股利之和}$$

该比率越大，说明资金自给率越高。到达1时，说明企业可以用经营获取的现金满足扩充所需资金；若小于1，则说明企业要靠外部融资来补偿资金。

2.现金股利保障倍数

$$现金股利保障倍数=\frac{每股经营活动现金流量净额}{每股现金股利}$$

该比率越大，说明支付现金股利的能力越强。若该公司的股利保障倍数不高，如果遇有不景气，可能就没有现金维持当前的股利水平，或者要靠借债才能维持。

第四节　管理用财务报表分析

传统财务报表要平衡各类报表使用者的不同需要，其所提供的信息不能完全满足财务分析和公司管理的需要。虽然近些年企业会计准则在划分金融资产和经营资产方面做出了改进，但是问题依然存在。因此，需要对其进行调整，以适应财务分析和公司内部管理的要求。

企业活动分为经营活动和金融活动两个方面。经营活动包括销售商品或提供劳务等营业活动以及与此有关的生产性投资活动；金融活动包括筹资活动以及多余现金的利用。一般来说，公司与债务市场有两种交易：一种是现金多余时购入债务工具，从而持有金融资产；另一种是现金短缺时发行债务工具，从而持有金融负债。两者的差额称为净金融资产或净金融负债。

企业持有净金融负债，表明企业利用债务资金购置了经营资产，企业是负债市场的净筹资人，大多数企业属于这种情况。如果企业持有净金融资产，表明有一部分权益资金被公司用于购买债务工具，企业是债务市场的净投资人，只有少数企业属于这种情况。从公司发展和财务管理要求方面理解，可以增加股东财富的经营资产和利用闲置资金的金融资产应分开考察，因此，需要在资产负债表中区分经营资产和金融资产。与此相关联，在利润表中要区别经营损益和金融损益，在现金流量表中要区分经营现金流量和融资现金流量。

一、管理用资产负债表

管理用资产负债表要求对资产和负债进行重新分类，分为经营性和金融性两类。经营性资产和负债，是指在销售商品或提供劳务的过程中涉及的资产和负债。金融性资产和负债，是指在筹资过程中或利用经营活动产生的额外现金过程中涉及的资产和负债。

在调整资产负债表之前，要明确两个问题：首先，要明确企业从事的是什么业务，这是定义经营性资产和负债的关键。企业经营的业务内容，决定了经营性资产和负债的范围。例如，对于非金融企业来说，存款和贷款是金融性资产和负债，因为它们经营的主要业务是销售商品或提供劳务，而不是金融业务；对于银行等金融企业来说，贷给别人或吸收别人的款项是经营性资产和负债，因为这是它们经营的主要业务。其次，经营性资产和负债形成的损益，属于经营损益；金融性资产和负债形成的损益，属于金融损益。划分经营资产（负债）和金融资产（负债）的界限，应与划分经营损益和金融损益的界限一致。不可以把经营资产形成的收益归为金融损益，也不可以把金融负债形成的费用归为经营损益。

（一）区分经营资产和金融资产

经营资产是指销售商品或提供劳务所涉及的资产。金融资产是利用经营活动产生的额外现金过程中所涉及的资产。

大多数资产项目的重新分类并不困难，但有些项目不太容易识别：

(1) 货币资金。货币资金本身是金融资产，但这不是问题的关键，关键是企业为什么要持有货币资金。有一部分货币资金是经营活动所必需的，如同持有存货一样，持有一定数量的货币资金是生产经营正常流转所必需的。在编制管理用资产负债表时，有三种做法：第一种做法是将全部货币资金列为经营性资产，理由是公司应当用多余的货币资金购买有价证券，保留货币资金项目中的数额应当是其生产经营所需要的，即使有超出经营需要的部分也应按实际状况列报（超储的存货在历史报表中仍然在存货项目中报告）；第二种做法是根据行业或公司历史平均的货币资金/销售收入百分比以及本期销售收入，推算经营活动所需要的货币资金数额，多余部分列为金融资产；第三种做法是将货币资金全部列为金融资产，理由是货币资金本来就是金融资产。在编制管理用资产负债表时，要事先明确采用上述三种方法中的哪一种，以便报表使用人能正确理解报表数据的含义。

（2）短期应收票据。短期应收票据有两种：一种是以市场利率计息的投资，属于金融资产；另一种是无息应收票据，应归入经营资产，因为它们只是促销的手段。

（3）短期权益性投资。它们不是生产经营活动所需要的资产，而是暂时利用多余现金的一种手段，因此是金融资产。

（4）债券投资。对于非金融企业，债券和其他带息的债务投资都是金融性资产，包括短期和长期的债务投资。

（5）长期权益投资。长期权益投资是对其他企业经营活动的投资，因此属于经营性资产。购买长期股权就是间接购买另一个企业的资产。当然，被投资企业的资产也可能包括部分金融资产，但通常我们很难划分并且比例不大，因此无论控股比例如何均将其列为经营性资产。

（6）应收项目。大部分应收项目是经营活动形成的，属于经营资产。但是应收利息来源于债权投资即金融资产，它所产生的利息应当属于金融损益，因此应收利息也是金融项目。应收股利分为两种：一种是经营性权益投资形成的应收股利，属于经营性项目，例如长期股权投资的应收股利；另一种是短期权益投资形成的应收股利，属于金融资产。

（7）递延所得税资产。递延税项是应税收益和会计报告收益的差额，该差额几乎都是经营收益在计算时形成的，因此将递延所得税资产列为经营资产。

（8）其他资产。在通用目的财务报表中，有时会出现其他资产项目，其具体内容需要查阅报表附注或其他披露信息。如果查不到结果，通常将其列为经营资产。

（二）区分经营负债和金融负债

经营负债是指销售商品或提供劳务所涉及的负债。金融负债是债务筹资活动所涉及的负债。大部分负债是金融性的，并且不难识别，包括短期借款、一年内到期的非流动负债、长期借款和应付债券等。

有些项目不太容易识别，例如：

（1）短期应付票据。与短期应收票据的划分一样，它也分为两种：一种是以市场利率计息的融资活动形成的，属于金融负债；另一种是无息应付票据，应归入经营资产，因为它们是经营活动形成的。

（2）优先股。从普通股股东角度看，优先股应属于金融负债。

（3）应付项目。大多数应付项目是经营活动的应计费用，包括应付职工薪酬、应交税费、应付账款等，均属于经营负债。其中的应付利息是筹资的应计费用，属于金融负债。应付股利分为两部分：一部分是优先股的应付股利，属于金融负债。由于优先股被列为金融负债，其股利是金融费用，应付优先股股利就是应计的金融费用，因此属于金融项目。另一部分是应付普通股股利属于经营负债，因此普通股不是负债，没有利息，其股利也不计入金融损益，因此属于经营项目。权益类项目均属于经营项目，只有短期权益投资是一个例外。

（4）递延所得税负债。递延所得税负债的产生是因为应税利润小于会计报告利润，而该差额几乎都是经营收益的税务计算方法与会计计算方法不同引起的，因此将其列为经营负债。

（5）长期应付款。融资租赁引起的长期应付款属于金融负债，它被视为企业因购买资产而发生的借款。经营活动引起的长期应付款属于经营负债。

（6）其他负债。在通用目的财务报表中，有时会出现其他负债项目，其具体内容需要查阅报表附注或其他披露信息。如果查不到结果，通常将其列为经营负债。

由于全部资产和负债被划分为经营性和金融性两类，流动资产分为经营性流动资产和金融性流动资产，流动负债分为经营性流动负债和金融性流动负债。与此相关联，经营性流动资产减去经营性流动负债被称为“净经营性营运资本”，它是利用投资者提供的资本取得的经营性长期资产。净经营性营运资本加上净经营性长期资产称为净经营资产，它等于投资者提供的净投资资本。

综上所述，管理用资产负债表的基本公式分解如下：

资产=经营资产+金融资产

=（经营性流动资产+经营性长期资产）+（短期金融资产+长期金融资产）

负债=经营负债+金融负债

=（经营性流动负债+经营性长期负债）+（短期金融负债+长期金融负债）

净经营资产=经营资产-经营负债

净金融负债=金融负债-金融资产=净负债

净经营资产=净负债+股东权益=净投资资本

二、管理用利润表

区分经营活动和金融活动，不仅涉及资产负债表，还涉及利润表。经营活动的利润反映管理者的经营业绩。通过经营活动取得盈利是企业的目的，也是增加股东财富的基本途径。金融活动的目的是筹集资金，筹集资金的目的是投资生产经营，而不是投资金融市场获利。利用投资的剩余部分返回到资本市场上取得金融收益，不是企业的经营目标。因此，要区分经营损益和金融损益。

（一）区分经营损益和金融损益

经营损益和金融损益的划分，应与资产负债表上经营资产和金融资产的划分相对应。金融损益是指金融负债利息与金融资产收益的差额，经营损益是指除金融损益以外的当期损益。

金融损益涉及以下项目的调整：

（1）财务报表中财务费用包括利息支出（减利息收入）、汇兑损益以及相关手续费、企业发生的现金折扣或收到的现金折扣。从管理角度分析，现金折扣属于经营损益，但实际被计入财务费用的数额很少，所以可以把财务费用全部作为金融损益处理。

（2）财务报表的公允价值变动损益中，属于金融资产价值变动的损益，应计入金融损益，其数据来自财务报表附注。

（3）财务报表的投资收益中，既有经营资产的投资收益，也有金融资产的投资收益，只有后者属于金融损益。其数据可以从财务报表附注产生投资收益的来源中获得。

(4) 财务报表的资产减值损失中，既有经营资产的减值损失，也有金融资产的减值损失，只有后者属于金融损益。其数据可从财务报表附注资产减值损失中获得。

此外，有一部分利息费用已经被资本化计入相关固定资产成本，甚至已经计入折旧费用，作为经营费用抵减收入。对其追溯调整十分困难，通常忽略不计。

(二) 分摊所得税

既然已经区分了经营损益和金融损益，与之相关的所得税也应分开。分摊的简便方法是根据企业实际负担的平均所得税税率计算各自分摊的所得税。严格方法是分别根据适用税率计算应负担的所得税（各种债权和债务的适用税率不一定相同，例如国债收益免税等）。

三、管理用现金流量表

在管理用现金流量表中，需要区分经营活动现金流量和金融活动现金流量。

经营活动现金流量包括经营现金流量和投资现金流量。

如果经营现金流量大于投资现金流量，则公司有了经营实体现金流量。

经营实体现金流量，简称实体现金流量，代表了企业经营活动的全部成果，是企业“生产”的现金。企业的价值取决于未来预期的实体现金流量。管理者要使企业更有价值，就应当增加企业的实体现金流量。它是企业可以自由分发给投资者（不一定全部分发）的现金，因此也称为自由现金流量。

企业的实体现金流量可以分成两部分：(1) 债务现金流量，是与债权人之间的交易形成的现金流量，包括支付利息、偿还或借入债务，以及金融资产购入和出售。(2) 股权现金流量，是与股东之间的交易形成的现金流量，包括股利分配、股份发行和回购等。

从实体现金流量的来源分析，它是经营现金流量超出投资现金流量的部分；从实体现金流量的去向分析，它被用于债务融资活动和权益融资活动，即被用于金融活动。因此：

实体现金流量=融资现金流量

经营现金流量-投资现金流量=债务现金流量+股权现金流量

第五节 杜邦分析体系

一、杜邦财务分析体系

杜邦财务分析体系是利用各种主要财务比率指标间的内在联系，对公司财务状况及经营成果进行综合、系统的分析评价的方法。这种方法是由美国杜邦公司创立的，故称杜邦分析法。

(一) 杜邦财务分析体系的内容

杜邦财务分析体系的内容，可用杜邦分析图来表示，如图10-1所示。

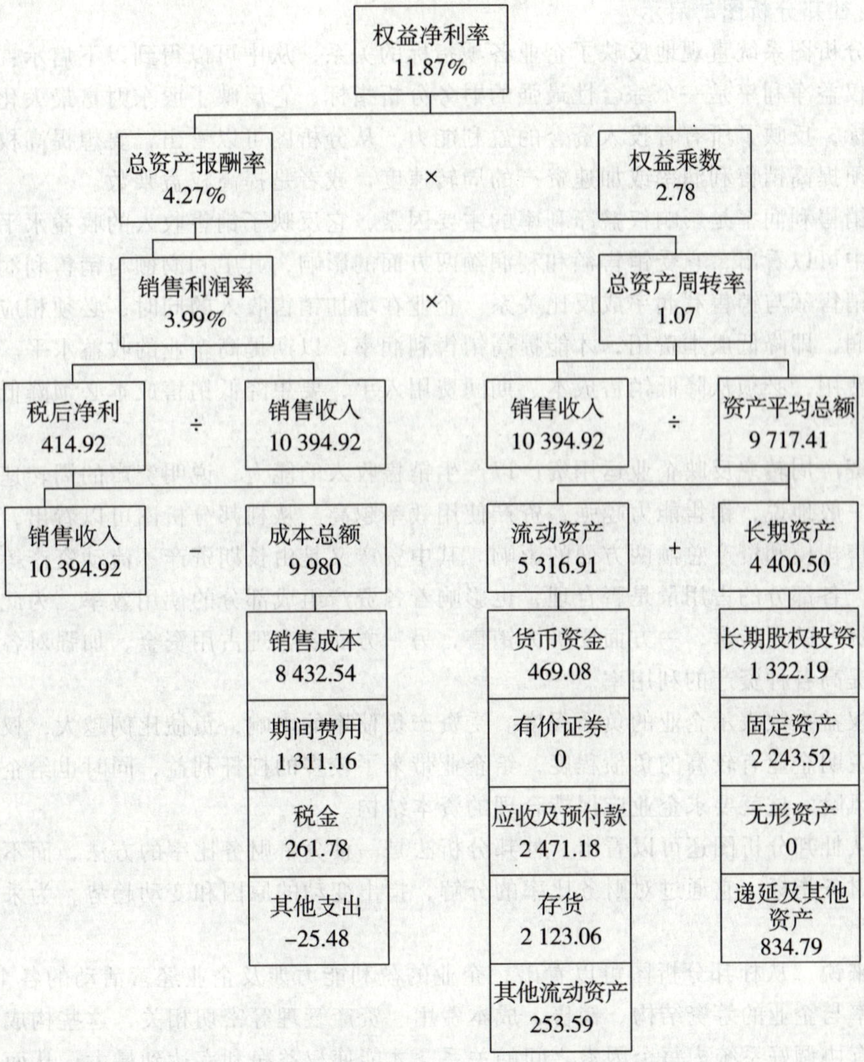

图10-1　2020年A公司杜邦分析图（金额单位：万元）

图10-1中的权益乘数，表示企业的负债程度，权益乘数越大，企业负债程度越高。通常的财务比率都是除数。除数的倒数叫乘数。权益除以资产是资产权益率，权益乘数是其倒数即资产除以权益。其计算公式为：

权益乘数=1÷（1-资产负债率）

权益净利率也就是净资产收益率，它是所有比率中综合性最强、最具有代表性的一个指标。

权益净利率=资产净利率×权益乘数

资产净利率=销售利润率×资产周转率

权益净利率=销售利润率×资产周转率×权益乘数

从公式中看，决定权益净利率高低的因素有三个方面：销售净利率、资产周转率和权益乘数。这样分解之后，可以把权益净利率这样一项综合性指标发生的升、降变化具体化，比只用一项综合性指标更能说明问题。

（二）杜邦分析图的启示

杜邦分析图系统直观地反映了企业各项指标的关系，从中可以得到以下启示：

（1）权益净利率是一个综合性最强的财务分析指标，它反映了股东财富最大化这一财务管理目标，反映了所有者投入资金的盈利能力。从分析图可以看出，要想提高权益净利率，就必须提高销售利润率或加速资产的周转速度，或者是提高权益乘数。

（2）销售利润率是影响权益净利率的主要因素，它反映了销售收入的收益水平。从杜邦分析图中可以看出，它受销售额和利润额两方面的影响，其中利润额与销售利润率成正比关系，销售额与销售利润率成反比关系。企业在增加销售收入的同时，必须相应地获得更多的利润，即降低成本费用，才能提高销售利润率，以期提高企业的收益水平。而要想降低成本费用，必须从降低销售成本、期间费用入手，要想降低销售成本必须降低材料费用，等等。

（3）资产周转率反映企业运用资产以产生销售收入的能力，说明资产的周转速度。周转越快，一般地说，销售能力越强，资产使用效率越高。从杜邦分析图可以看出，资产周转率受销售规模和资产总额两方面的影响。其中资产又是由长期资产、流动资产等各部分所构成的，各部分的占用量是否合理，也影响着各资产组成部分的使用效率。为此，企业要想提高资产的周转率，一方面要扩大销售，另一方面要合理占用资金，加强对各种资产的管理，提高各种资产的利用率。

（4）权益乘数表示企业的负债程度。受资产负债率的影响，负债比例越大，权益乘数就越高，说明企业有较高的负债程度，给企业带来了较多的杠杆利益，同时也给企业带来了较多的风险。这就要求企业应保持合理的资本结构。

（5）从杜邦分析图还可以看出，杜邦分析法是一种分解财务比率的方法，而不是另外建立新的财务指标。它通过对财务比率的分解，指出变动的原因和变动趋势，为采取措施指明方向。

总的来说，从杜邦分析图可以看出，企业的盈利能力涉及企业经营活动的各个方面，权益净利率与企业的筹资结构、销售、成本费用、资产管理等密切相关，这些构成了一个系统，只有协调好系统内每个因素之间的关系，才能使权益净利率达到最大，从而实现企业财务目标。

（三）杜邦分析法的运用

由于杜邦分析法是一种分解财务比率的方法，所以不同企业都可以根据需要利用财务报表等有关数据资料，对企业财务状况进行杜邦综合分析。

现以A公司2020年和2019年的杜邦分析图为例进行分析，如图10-2所示。

从2020年和2019年杜邦分析图可以看出，权益净利率2020年为11.87%，2019年为9.9%，2020年比2019年高出1.97%，主要原因是：

（1）2020年资产利润率和权益乘数都比2019年高，而权益乘数的上升快于资产利润率的上升，说明A公司2020年负债的提高给它带来一定的利润。

（2）2020年的销售利润率高于2019年，原因是2020年的净利润比2019年上升了26.14%，而2020年销售收入比2019年只上升了14.24%，即2020年的净利润上升速度快于销售收入的增长速度。2020年的净利润上升的主要原因又是2020年的销售收入比2019年上升，而不是成本的原因。而2020年的各项成本都比2019年上升，应分析其上升的原因。

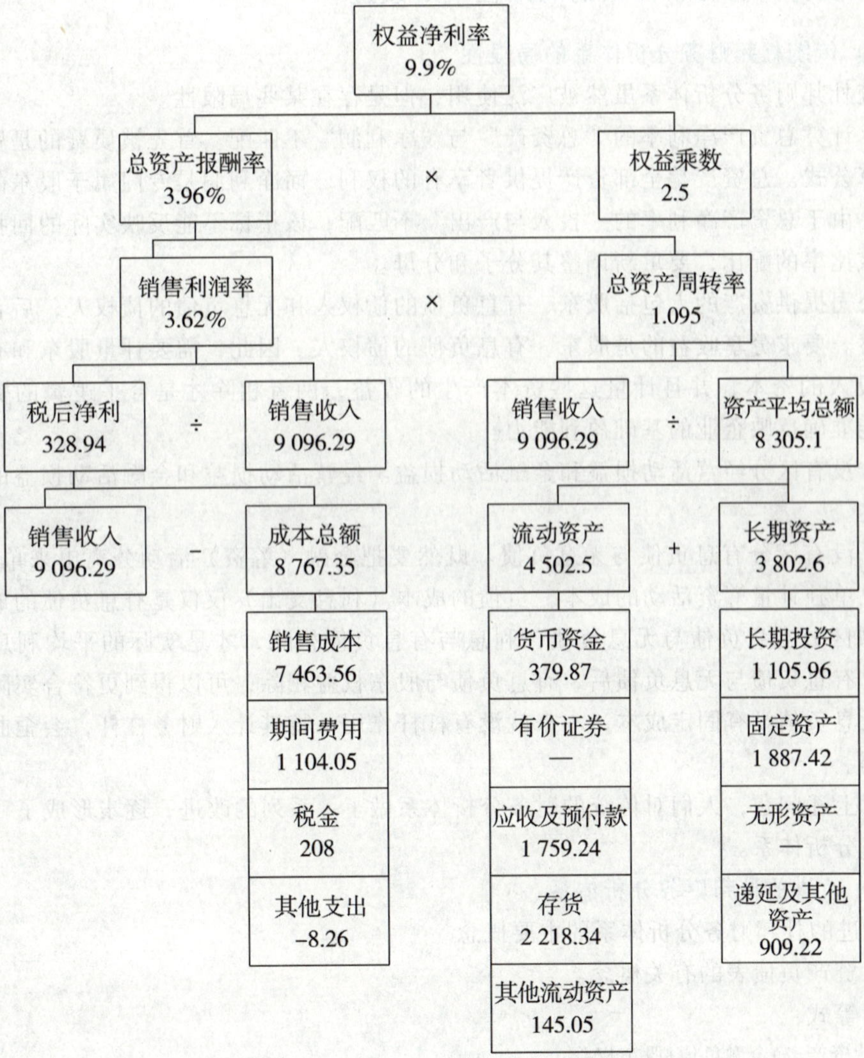

图10-2　2019年A公司杜邦分析图（金额单位：万元）

（3）企业的资产周转率，2020年比2019年下降，影响了资产利润率的上升，从而影响到权益净利率。而资产周转率的下降，主要原因是2020年的资产规模上升较快所致，比2019年上升了17.01%，而同期销售收入才上升14.24%。在资产中，上升较快的为流动资产。

应当指出，杜邦分析体系是一种分解财务比率的方法，而不是另外建立新的财务指标，它可以用于各种财务比率的分解。前面的举例，是通过资产净利率的分解来说明问题的，我们也可以通过分解利润总额和全部资产的比率来分析问题。为了显示正常的盈利能力，我们还可以采用非经营项目前的净利和总资产的比率的分解来说明问题。总之，杜邦财务分析体系和其他财务分析方法一样，关键不在于指标的计算，而在于对指标的理解和运用。

二、杜邦财务分析体系的局限性及其改进

（一）传统杜邦财务分析体系的局限性

传统杜邦财务分析体系虽然被广泛使用，但是存在某些局限性。

（1）计算总资产净利率的“总资产”与“净利润”不匹配。首先被质疑的是资产利润率的计算公式。总资产是全部资产提供者享有的权利，而净利润是专门属于股东的，两者不匹配。由于总资产净利率的“投入与产出”不匹配，该指标不能反映实际的回报率。为了改善该比率的配比，要重新调整其分子和分母。

为公司提供资产的人包括股东、有息负债的债权人和无息负债的债权人，后者不要求分享收益。要求分享收益的是股东、有息负债的债权人。因此，需要计量股东和有息负债债权人投入的资本，并且计量这些资本产生的收益，两者相除才是合乎逻辑的资产报酬率，才能准确反映企业的基础盈利能力。

（2）没有区分经营活动损益和金融活动损益。经营活动损益和金融活动损益的内容上节已叙述。

（3）没有区分有息负债与无息负债。既然要把金融（筹资）活动分离出来单独考察，就会涉及单独计量筹资活动的成本。负债的成本（利息支出）仅仅是有息负债的成本。因此，必须区分有息负债与无息负债，利息与有息负债相除，才是实际的平均利息率。此外，区分有息负债与无息负债后，有息负债与股东权益相除，可以得到更符合实际的财务杠杆。无息负债没有固定成本，本来就没有杠杆作用，将其计入财务杠杆，会歪曲杠杆的实际作用。

针对上述问题，人们对传统的财务分析体系做了一系列的改进，逐步形成了一个新的杜邦财务分析体系。

（二）改进的杜邦财务分析体系

1.改进的杜邦财务分析体系的主要概念

（1）资产负债表的有关概念。

基本等式：

净经营资产=净金融负债+股东权益

其中：

净经营资产=经营资产-经营负债

净金融负债=金融负债-金融资产

与传统杜邦财务分析体系相比，主要的区别是：

第一，区分经营资产和金融资产。经营资产是指用于生产经营活动的资产。与总资产相比，它不包括没有被用于生产经营活动的金融资产，严格来说，保持一定数额的现金是生产经营活动所必需的，但是外部分析人无法区分哪些金融资产是必需的，哪些是投资的剩余，为了简化都将其列入金融资产，视为未投入运营的资产。应收项目大部分是无息的，将其列入经营资产。区分经营资产和金融资产的主要标志是有无利息，如果能够取得利息则列为金融资产。例如：短期应收票据如果以市场利率计息就属于金融资产；否则应归入经营资产，它们只是促进销售的手段。只有短期权益性投资是个例外，它是暂时利用多余现金的一种手段，所以是金融资产，应以市价计价。至于长期权益性投资，则属于经

营资产。

第二，区分经营负债和金融负债。经营负债是指在生产经营中形成的短期和长期无息负债。这些负债不要求利息回报，是伴随经营活动出现的，而非金融活动的结果。金融负债是公司筹资活动形成的有息负债。划分经营负债与金融负债的一般标准是有无利息要求。应付项目的大部分是无息的，故将其列入经营负债；如果是有息的，则属于金融活动，应列为金融负债。

金融负债减去金融资产，是公司的“净金融负债”，简称“净负债”。这里有一个重要的概念，就是金融资产是“负”的金融负债。它可以立即偿债并使金融负债减少。公司真正背负的偿债压力是借入后已经用掉的钱，即净负债。净负债是债权人实际上已投入生产经营的债务资本。

(2) 利润表的有关概念。

基本等式：

净利润=经营利润-净利息费用

其中：

经营利润=税前经营利润×（1-所得税税率）

净利息费用=利息费用×（1-所得税税率）

改进的杜邦财务分析体系对收益分类的主要特点是：

第一，区分经营活动损益和金融活动损益。金融活动的损益是净利息费用，即利息收支的净额。金融活动收益和成本，不应列入经营活动损益，两者应加以区分。利息支出包括借款和其他有息负债的利息。从理论上说，利息支出应包括会计上已经资本化的利息，但是实务上很难这样去处理，因为分析时找不到有关的数据。资本化利息不但计入了资产成本，而且通过折旧的形式列入费用，进行调整极其困难。利息收入包括银行存款利息收入和债权投资利息收入。如果没有债权投资利息收入，则可以用“财务费用”作为税前“利息费用”的估计值。金融活动损益以外的损益，全部视为经营活动损益。经营活动损益与金融活动损益的划分，应与资产负债表对经营资产与金融资产的划分保持对应。

第二，经营活动损益内部，可以进一步区分主要经营利润、其他营业利润和营业外收支。主要经营利润是指企业日常活动产生的利润，它等于销售收入减去销售成本及有关的期间费用，是最具有持续性和预测性的收益；其他营业利润，包括资产减值、公允价值变动和投资收益，它们的持续性不易判定，但肯定低于主要经营利润；营业外收支不具持续性，没有预测价值。这样的区分，有利于评价企业的盈利能力。

第三，法定利润表的所得税是统一扣除的。为了便于分析，需要将其分摊给经营利润和利息费用。分摊的简便方法是根据实际的所得税税率比例分摊。严格的办法是分别根据适用的税率计算应负担的所得税。

2.改进的杜邦财务分析体系的核心公式

该体系的核心公式如下：

$$\text{权益净利率}=\frac{\text{经营利润}}{\text{股东权益}}-\frac{\text{净利息}}{\text{股东权益}}$$

$$=\frac{\text{经营利润}}{\text{净经营资产}}\times\frac{\text{净经营资产}}{\text{股东权益}}-\frac{\text{净利息}}{\text{净负债}}\times\frac{\text{净负债}}{\text{股东权益}}$$

$$=\frac{经营利润}{净经营资产}\times\left(1+\frac{净负债}{股东权益}\right)-\frac{净利息}{净负债}\times\frac{净负债}{股东权益}$$

=净经营资产利润率×（1+净财务杠杆）-净利息率×净财务杠杆

=净经营资产利润率+（净经营资产利润率×净财务杠杆-净利息率×净财务杠杆）

=净经营资产利润率+（净经营资产利润率-净利息率）×净财务杠杆

根据该公式，权益净利率的高低取决于三个驱动因素：净经营资产利润率（可进一步分解为销售经营利润率和净经营资产周转率）、净利息率和净财务杠杆。在改进的杜邦财务分析体系中，同样也可采用因素分析法对权益净利率进行分析。

需要说明的是，虽然传统的杜邦财务分析体系具有一定的局限性，但是由于其将企业盈利能力、营运能力、风险与偿债能力等都联系在一起，触及企业经营规模与成本费用水平，资产、负债和股东权益规模与结构等方面，在实务中还是得到了广泛的应用。改进的杜邦财务分析体系在分析的过程中也是采用因素分析法进行，只不过相对于传统杜邦财务分析体系而言，各个指标内涵更加明确，得出的结论更准确。

第六节 沃尔评分法

一、沃尔评分法的主要思想

1928年，亚历山大·沃尔在《信用晴雨表研究》和《财务报表比率分析》中提出了信用能力指数的概念，他选择了7个财务比率即流动比率、产权比率、固定资产比率、存货周转率、应收账款周转率、固定资产周转率和自有资金周转率，分别给定各指标的比重，然后确定标准比率（以行业平均数为基础），将实际比率与标准比率相比，得出相对比率，将此相对比率与各指标比重相乘，得出总评分。沃尔提出了综合比率评价体系，把若干个财务比率用线性关系结合起来，以此来评价企业的财务状况。

最基本的沃尔评分法见表10-13。

表10-13 沃尔评分法指标体系

财务比率	权重 (1)	标准值 (2)	实际值 (3)	相对值 (4)=(3)÷(2)	评分 (5)=(1)×(4)
流动比率	25	2.00			
净资产/负债	25	1.50			
资产/固定资产	15	2.50			
销售成本/存货	10	9			
销售额/应收账款	10	6			
销售额/固定资产	10	4			
销售额/净资产	5	3			
合计	100	—	—	—	

沃尔评分法将很多分散的、表面上看缺乏实际联系的财务指标通过一个体系综合起来，使得一个多维度的评价体系变成一个综合得分，并且可以用综合得分做出评价。但是沃尔评分法从理论上讲有一些明显的问题：其一，未能证明为什么要选择这7个指标，而不是更多或更少些，或者选择别的财务比率；其二，未能证明每个指标所占比重的合理

性。因此，当某一个指标严重异常时，会对总评分产生不合逻辑的重大影响。

二、沃尔评分法的分析步骤

尽管沃尔评分法存在着上述缺陷，但它在实践中仍被广泛应用并得到不断的改进和发展。在社会发展的不同阶段和不同环境，人们应用沃尔评分法时所选择的财务比率不断地变化，各个比率的权重不断地被修正，各个比率的标准值不断地被调整，评分方法不断地改进，但是沃尔评分法的基本思路始终没有改变，其应用的基本步骤也没有发生大的变化。沃尔评分法的基本步骤如下：

（一）选择财务比率

不同的分析者所选择的财务比率可能不尽相同，但在选择财务比率时应注意以下几点原则：

（1）所选择的比率要具有全面性，反映偿债能力、盈利能力、营运能力等的比率都应包括在内，只有这样才能反映企业的综合财务状况。

（2）所选择的比率要具有代表性，即在每个方面的众多财务比率中要选择典型的、重要的比率。

（3）所选择的比率最好具有变化方向的一致性，即当财务比率增大时表示财务状况的改善，当财务比率减小时表示财务状况的恶化。例如，在选择反映偿债能力的比率时，最好选择股权比率而不选择资产负债率，因为通常认为在一定的范围内，股权比率高说明企业的偿债能力强，而资产负债率高则说明企业的负债安全程度低。

（二）确定各项财务比率的权重

如何将100分的总分合理地分配给所选择的各个财务比率，是沃尔评分法中的一个非常重要的环节。分配的标准是依据各个比率的重要程度，越重要的比率分配的权重越高。对各个比率重要程度的判断，应结合企业的经营状况、管理要求、发展趋势以及分析的目的等具体情况而定。

（三）确定各项财务比率的标准值

财务比率的标准值也就是判断财务比率高低的比较标准。只有有了标准，我们才能判断企业的某个财务比率是偏高还是偏低。这个比较的标准可以是企业的历史水平，可以是竞争企业的水平，也可以是同行业的平均水平。其中，最常见的是选择同行业的平均水平作为财务比率的标准值。

（四）计算各个财务比率的实际值

利用相关的财务数据计算企业各个财务比率的实际值。

（五）计算各个财务比率的得分

通过各个财务比率实际值与标准值的比较，得出对各个财务比率状况好坏的判断，再结合各个比率的权重即所分配的分数，计算各个财务比率的得分。计算得分的方法有很多，其中最常见的是用比率的实际值除以标准值得到一个相对值，再用这个相对值乘以比率的权重得到该比率的得分。

为了避免个别比率异常对总分造成不合理的影响，还可以为每个比率的得分确定一个上限和下限，即每个比率的得分最高不能超过其上限，最低不能低于其下限。例如，我们可以确定每个比率的得分最高不能超过其权重分数的1.5倍，最低不能低于其权重分数的1/2。

有些财务比率并不是越高越好，例如，存货周转率太高可能意味着企业的存货管理存在一定的问题，股权比率太高说明企业未能充分地利用财务杠杆，等等。对于这类比率的计分方法应当进行一定的修正。例如，某行业股权比率的平均值为60%，但通常认为该行业的股权比率超过80%就太高了，那么如果某企业的股权比率实际值超过了80%，就不再采用实际值除以标准值再乘以权重分数的方法来计算其得分，而改用80%或标准值60%除以实际值再乘以权重分数来计算其得分。

（六）计算综合得分

将各个财务比率的实际得分加总，即得到企业的综合得分。企业的综合得分如果接近100分，说明企业的综合财务状况接近于行业的平均水平。企业的综合得分如果明显超过100分，则说明企业的综合财务状况优于行业的平均水平。相反，企业的综合得分如果大大低于100分，则说明企业的综合财务状况较差，应当积极采取措施加以改善。

在沃尔评分法的各个步骤中，最为关键也最为困难的是第二步和第三步，即各项财务比率权重和标准值的确定。要给各个财务比率分配合理的权重，并且为每个财务比率确定恰当的标准值，需要综合考虑多方面的因素，并且在长期的分析实践中不断修正。

三、沃尔评分法的应用

我们以甲公司2020年的综合财务情况的评价为例来说明沃尔评分法的具体应用。假设我们选定9个财务比率来评价甲公司的综合财务状况。这些比率在表10-14中最左边一栏。接下来选定各财务比率的权重，见表10-14第（1）栏；并设定各个财务指标的标准值，此标准值可以按照经验基准、行业基准、历史基准或目标基准确定，这里我们假设按照行业基准设定，见表10-14第（2）栏；然后计算甲公司各项财务比率的实际值，计算结果见表10-14第（3）栏。在此基础上可计算甲公司的各项指标的相对值，即以实际值除以标准值，得到相对得分，结果见表10-14第（4）栏；再考虑不同财务比率的权重，以各项财务比率的权重数乘以各项财务比率的相对得分，再相加即可得到总得分。经过计算，甲公司得分120.4，属于情况较好的公司。

表10-14　　甲公司2020年财务状况综合评价

财务比率	权重 （1）	标准值 （2）	实际值 （3）	相对值 （4）=（3）÷（2）	评分
盈利能力：					
净资产收益率	15	3.6%	3.27%	0.908	13.62
总资产收益率	15	1.42%	1.92%	1.352	20.28
销售净利率	18	0.92%	1.65%	1.793	32.27
偿债能力：					
流动比率	10	1.12	1.62	1.446	14.46
股权比率	9	0.35	0.48	1.371	12.34
利息保障倍数	9	2.76	3.05	1.105	9.95
营运能力：					
存货周转率	8	4.69	3.19	0.680	5.44
应收账款周转率	8	12.08	7.42	0.614	4.91
总资产周转率	8	1.28	1.14	0.891	7.13
合　计	100	—	—	—	120.4

需要说明的是，即使我们进行了沃尔评分法，这种综合评分也未必恰当地反映了甲公司的实际状况。这主要是因为财务人员对财务比率的选择、各财务比率的权重以及各财务比率标准值的确定都是比较主观的，必须经过细致的推敲、考察和验证，否则，综合评分的结果符合实际状况与否会受到重大影响。此外，我们还可以运用沃尔评分法对企业的综合发展趋势进行分析和评价。

本章小结

本章重点介绍了资产负债表、利润表和现金流量表的综合分析。通过这三个基本会计报表的分析，使会计报表使用者可以对企业经营状况和财务状况进行全面了解，以便报表使用者做出下一步的决策。在此基础上，本章介绍了管理用财务报表分析、杜邦财务分析体系和沃尔评分法，使会计报表使用者在对企业经营状况和财务状况有一个概括了解的基础上，能进行深入、具体的分析，而后一点对会计报表使用者在某种程度上显得更为重要。

复习思考题

1.如何对资产负债表、利润表进行综合分析？

2.应从哪些角度去分析现金流量表？

3.杜邦财务分析体系和沃尔评分法的特点是什么？

4.管理用财务报表分析与传统财务报表分析有何区别？

同步练习题

一、单项选择题

1.如果市场利率是10%，某公司经营活动现金流量净额为76.229万元，那么该公司最大的负债能力是（　　）。

A.76.229万元　　B.80万元　　C.86.229万元　　D.66.229万元

2.运用杜邦财务分析体系的核心指标是（　　）。

A.权益净利率　　B.资产周转率　　C.资产净利率　　D.销售净利率

3.决定权益乘数大小的主要指标是（　　）。

A.资产负债率　　B.资产利润率　　C.销售利润率　　D.资产周转率

二、多项选择题

1.提高股东权益报酬率的根本途径在于（　　）。

A.扩大销售，改善经营结构　　B.减缓资金周转

C.节约成本费用开支　　D.合理配置资源

2.杜邦财务分析体系中包含的主要指标有（　　）。

A.销售利润率　　B.资产周转率　　C.权益乘数　　D.流动资产周转率

3.现金流量表的综合分析主要分为（　　）。

A.现金流量结构分析　　B.现金流量趋势分析

C.现金偿付能力分析　　D.现金流量综合分析

三、判断题

1.对于一家健康的、正在成长的公司来说，经营活动现金流量应是正数，投资活动现

金流量也应是正数，筹资活动现金流量是正负相间的。（　）

2.对于生产性企业来说，现金流入结构中，投资流入占的比重越大越好。（　）

3.利润表的纵向比较分析是以净利润为基础，通过计算百分比来进行的。（　）

四、计算分析题

某公司简化的资产负债表如表10-15所示。

表10-15　某公司简化的资产负债表　单位：万元

项　目	2019年12月31日	2020年12月31日
流动资产：		
速动资产	1 750	1 500
存货	2 000	2 250
固定资产	11 000	12 500
减:累计折旧	1 935	2 940
资产总计	12 815	13 310
负债：		
流动负债	2 325	880
长期负债	910	1 225
所有者权益：		
实收资本	2 500	2 500
盈余公积	1 155	1 480
未分配利润	5 925	7 225
负债及所有者权益总计	12 815	13 310

要求：对该资产负债表进行综合分析并对财务状况加以简单评价。

第十章同步练习题参考答案

案例分析

苏宁易购综合财务报表案例研究

第十一章

财务分析报告

学习目标

掌握财务分析报告的含义、作用以及撰写方法和步骤，了解财务分析报告的类型、特点及撰写时应注意的问题。

撰写财务分析报告是财务分析工作的最后一个环节，财务分析人员把经过比较、分析的会计报表资料加工整理形成书面文件，整个财务分析工作才告结束。财务分析报告撰写质量的高低，直接关系到整个财务分析工作的成败。财务分析报告是会计报表使用者做出决策的重要依据，通过查阅财务分析报告，会计报表的使用者可以更好地了解企业的财务状况、经营成果及存在的问题，做出更加理性的决策。

第一节　财务分析报告概述

一、财务分析报告的含义

财务分析报告是反映企业财务状况和财务成果意见的报告性书面文件。撰写财务分析报告是对财务分析工作的概括和总结的重要环节。财务分析人员将财务分析评价结果向会计报表的使用者报告，以便他们通过财务分析报告了解企业的财务状况、经营成果、发展前景及存在的问题，从而做出科学、合理的决策；同时财务分析报告也是财务分析人员分析工作的最终成果，其撰写质量的高低，直接反映出财务分析人员的业务能力和素质。可见，财务分析报告是会计报表使用者做出决策的依据，也是财务分析人员工作能力的最好体现，相关人员应予以足够的重视。

二、财务分析报告的作用

财务分析报告是投资者、债权人、经营者、政府有关部门及其他会计报表使用者客观地了解企业的财务状况和经营成果的必不可少的资料，历年的财务分析报告也是企业进行财务管理动态分析、科学预测和决策的依据。因此，财务分析报告对于各个会计报表使用者而言，都具有十分重要的作用。但因财务分析的主体不同，财务分析报告的作用也不同。

（一）企业的投资者

通过财务分析报告，企业的投资者可以总括地了解企业的盈利能力和经营风险，做出是否投资的决策。

一般情况下，投资者并不参与企业的经营管理，但企业经营情况又关系到其切身利益，他们只能通过专门从事报表分析的人员提供的财务分析报告来了解企业的资产运营和盈利能力、企业财务分配政策，以及企业的财务结构、资产结构和财务规划，预测企业未来的发展趋势。如果企业的经营前景看好，投资者可以维持并追加投资，否则，就将转让股份以避免损失。

（二）企业的债权人

通过财务分析报告，企业的债权人可以总括地了解企业的盈利能力和偿债能力，做出是否出借资金或提供商业信用的决策。

债权人最关心的是企业能否按时偿还债务本金和利息。由于获利能力对偿债能力的影响很大，债权人常通过对获利能力和偿债能力进行专题分析而撰写的财务分析报告，以获得企业短期和长期偿债能力和债权人本身所承担的违约风险程度等信息，从而做出出借资金的数额及条件、利率水平、限制性条款以及提供商业信用的条件等的决策。

（三）企业的经营者

通过财务分析报告，企业经营者可以及时了解企业当前的财务状况、经营成果和营运状况的全貌，并能针对企业经营活动中存在的各种问题及时提出改进措施，加强企业的经营管理，提高企业的偿债能力、盈利能力、营运能力和企业资本周转能力。经营者还可以根据历年的财务分析报告对企业经营管理活动进行动态分析，并以其作为进行科学预测和决策的依据。

企业的经营者进行财务分析是为了了解企业资产的收益能力和流动能力，企业资产存量结构、权益结构，预测企业未来的收益能力和流动能力，进行财务筹资、投资决策，评价企业各项决策的执行情况。企业经营者进行财务分析是为了取得投资者和债权人的支持、改善财务决策，其所做财务分析涉及的内容最广泛，几乎包括内、外部会计报表使用者关心的所有问题，因此，其形成的财务分析报告最全面、最有代表性，也最有说服力。

（四）政府有关部门

通过财务分析报告，上级主管部门与财政、税务部门等政府部门要关注企业投资所产生的社会效益和经济效益，在谋求资本保全的前提下，期望能够同时带来稳定增长的财政收入。政府考核企业经营理财状况，不仅需要了解企业资金占用的使用效率、为国家纳税的情况，预测财务收入增长情况，有效地组织和调整社会资金资源的配置，而且还要借助财务会计报告分析检查企业是否存在违法违纪的问题，最后通过综合分析，对企业的发展后劲以及对社会的贡献程度进行分析考察。

三、财务分析报告的类型及其特点

了解财务分析报告的分类有助于掌握各类不同内容分析报告的特点，按不同的要求撰写财务分析报告。财务分析报告可按不同标准进行分类：

（一）财务分析报告按其分析的内容范围分类

企业一般都应根据企业会计准则的规定，结合其业务的特点，既要对企业的财务活动进行综合分析，又要进行专题分析，有时根据具体需要进行简要分析，针对某些典型事例或典型企业进行典型分析，对所属单位的主要财务指标进行对比分析，找出差距。相应的财务分析报告也就有综合分析报告、专题分析报告、简要分析报告、典型分析报告、分列对比分析报告，这些报告各有不同的特点。

1.综合分析报告

综合分析报告，又称全面分析报告，是企业通过资产负债表、利润表、现金流量表、会计报表附表、会计报表附注及财务情况说明书、财务和经济活动所提供的信息及内在联系，运用一定的科学分析方法，对企业的业务经营情况，利润实现情况和分配情况，资金增减变动和周转利用情况，税金缴纳情况，存货、固定资产等主要财产的盘点、盘亏、毁损变动情况及对本期或下期财务状况将发生重大影响的事项等做出客观、全面、系统的分析和评价，并进行必要的科学预测和决策而形成的书面报告。一般在年度或半年度分析时采用这种类型。

综合分析报告具有内容丰富、涉及面广，对会计报表使用者做出各项决策有深远影响的特点。它还具有以下两方面明显的作用：

（1）为当前企业财务管理及宏观上的重大财务决策提供科学依据。由于综合分析报告几乎涵盖了对企业计划各项指标的对比、分析和评价，通过分析，能够对企业经营成果和财务状况一目了然，及时发现存在的问题。因此，综合分析报告为企业的经营管理者做出当前和今后的财务决策提供了科学依据，也为政府部门、企业主管部门、投资者、债权人提供了多方面的财务信息。

（2）作为今后企业进行财务管理动态分析等的重要历史参考资料。综合分析报告主要于半年度、年度进行财务分析时撰写，必须对分析的各项具体内容的轻重缓急做出合理安排，既要全面又要抓住重点，还要结合上级主管部门和财税部门的具体要求进行，切忌力量均等、事无巨细、面面俱到。一般来说，对某些当前企业管理及宏观决策等有直接、关键影响的问题做重点分析，对其他问题则可相对粗略些，甚至可一笔带过。

2.专题分析报告

专题分析报告，又称单项分析报告，是指针对某一时期企业经营中的某些关键问题、重大经济措施或薄弱环节等，进行专门分析后形成的书面报告。一些投资项目的效益测算报告也属于这种形式。

专题分析报告具有不受时间限制、一事一议、易被经营者接受和收效快的特点。因此，专题分析报告在企业经营工作中起着不可缺少的作用，主要体现在：

（1）专题分析报告一般采用两种形式：一是对涉及面虽小，但对企业财务管理和生产经营状况有着普遍或深远影响的事例进行专题分析，如银行降息对企业的影响等；二是涉及面宽，抓住其中的重点问题进行深入分析，如我国全面实行“营改增”后对企业影响的专题分析等。只要做到论据充分、分析有理，专题分析报告能不断总结经验，引起有关领导和业务部门重视，从而提高管理水平。

（2）专题分析报告有助于对宏观、微观财务管理问题的进一步研究，为提出更高层次的财务管理决策开辟有价值的思路。

专题分析的内容很多，比如关于企业清理积压库存、处理逾期应收账款方面的经验，企业对资金、成本、费用、利润等方面的预测分析。如何处理母公司与分公司、子公司各方面的关系等问题均可进行专题分析和论述，从而为各级领导做出决策提供现实的依据。专题分析不受时间约束，可根据经营管理的实际需要，不定期地进行，并形成专题分析报告，有利于总结经验、解决问题。

3.简要分析报告

简要分析报告是指对一些主要经济指标或在一定时期内存在的比较突出的问题进行扼要的分析，以观察企业财务活动的基本趋势和经营管理的改进情况而形成的书面报告。

简要分析报告具有简明扼要、切中要害的特点。通过分析，能反映和说明企业在分析期内业务经营的基本情况、企业累计完成各项经济指标的情况，并预测今后发展趋势。简要分析报告主要适用于定期分析，可按月、按季等进行编制。

4.典型分析报告

典型分析报告是指对某些典型事例或典型企业，采取解剖“麻雀”的方法，详细进行各方面分析，以点带面，推动全面工作。

5.分列对比分析报告

分列对比分析报告是指对所属单位的主要财务指标，采取分列对比的分析方法，以便找出差距，采取措施。

（二）财务分析报告按其分析的时间分类

1.定期分析报告

定期分析报告一般是上级主管部门或企业内部规定的每隔一段相等时间给予编制和上报的财务分析报告，如由企业主管部门布置的半年度、年度编制和上报的综合财务分析报告及企业内部规定的每隔半年或一季度自行编制，供有关领导参阅的财务分析报告等，均属于定期分析报告。

2.不定期分析报告

不定期分析报告是从企业财务管理和业务经营的实际需要出发，编制和上报的时间不作统一规定的财务分析报告，如上述的专题分析报告就属于不定期分析报告。

第二节 财务分析报告的撰写

为了便于会计报表的使用者根据财务分析报告来了解企业财务状况、经营成果和资金变动情况，以便做出相应的决策，充分发挥财务分析报告的作用，企业应按半年、全年财务决策的要求撰写全面的分析报告。

一、财务分析报告的撰写步骤

（一）撰写前的资料准备

完成财务分析报告，必须做好撰写前的必要准备工作，具体分为收集资料阶段和整理、核实资料阶段两个步骤进行。

1.收集资料阶段

收集资料阶段实质上是一个调查过程，深入全面的调查是科学分析的前提。但调查一定要有目的地进行，只有收集大量的、丰富的、生动活泼的财务会计有关数据资料，财务分析报告才不至于成为“无源之水，无本之木”。

(1) 财务分析报告资料内容。

财务分析人员可以在日常工作中根据粗略制定的会计分析的内容要点，经常收集和积累有关资料。这些资料既包括间接的书面资料，又包括从直属企业取得的第一手资料。分析人员主要应该收集以下几方面的资料：

①会计资料：主要是与分析报告内容有关的会计报表、账簿、凭证；与分析项目有关的历史资料，包括以前年度会计报表、账簿、历史统计台账、历史统计报表、历史文字总结、有关历史会议记录等。

编制年度财务分析报告时，其主要内容，如利润、成本、费用等的分析，都必须以企业历年会计报表所提供的正确、可靠的数据信息作基础，并参照历年财务分析报告的数据及内容，使财务分析实现历年资料的动态对比，反映企业经营成果、经营活动的发展过程及企业管理工作的水平，特别是集团化企业，由于各直属公司的财务分析报告记载其各自的财务信息和特征，内容具体生动，所以作为总公司或集团公司财务总部而言，参阅这些资料有助于重点、具体地分析某一问题，为财务分析报告起到锦上添花的效果。此外，如发现疑问或矛盾之处也可对其会计报表进行必要的核查。

财务报表的编制者往往与报表使用者存在利益冲突，并由此产生粉饰业绩、歪曲报表数据的倾向，因此需要一个与任何一方均无利害关系的第三者对财务报表进行审计。按照我国现行规定，上市公司、国有企业、国有控股或占主导地位的企业的年度报表要经过注册会计师审计，对财务报表发表审计意见。报表使用者无法自己证实公司财务报告的可靠性，必须依赖审计人员的意见。

必须强调，审计的有用性依赖于它的独立性和能力性。审计的独立性是人们依赖的首要因素，但是被审计客户是审计人员服务费用的支付主体，与审计的独立性存在重大矛盾。审计的能力性，是他们依赖的第二位因素，但是谁也不能保证每一个审计人员都是胜任的。因此，分析人员应当关注可能出现的欺诈、疏忽或不遵守审计准则的行为，始终对审计意见保持一定的"距离"。

②业务资料：包括各类商品的货源、采购、销售、储运、运输以及合同、客户变化等业务经营管理方面的资料。

一般来说，企业的财务计划主要是由财务部门根据统计资料编制的，有的企业会计、统计、财务工作"合三为一"，统一由财务部门从事，因此获取有关的统计资料或年度财务计划资料就十分便利。分析人员主要收集年度计划执行情况表、主要商品销售情况统计表，以及企业预算、计划、总结、规划的材料等资料，以利于本期实际与财务计划进行对比分析，从中发现问题，并对企业生产经营和未来展望进行评价。对于上市公司，还要特别关注企业股票市价及股票发行情况。

③对比资料：包括本行业的平均数指标、典型企业的财务资料、有关部门对比分析所需的材料、与分析报告内容有关的计划及列入国家或上级考核的经济技术指标等。

掌握有关计划资料、历史资料和同行业的先进资料，可以全面深入地分析企业的财务状况、经营成果和现金流量。对所收集的各项报表资料反映出的各项经济指标，同有关的计划、历史资料以及同行业的先进资料进行对比，有利于找出差距和应深入分析的重点。

④其他资料：与分析报告内容有关的文字资料，包括计划编制说明、有关会议记录、上期财务分析报告记录及报告等反映企业所在系统重大事件的文件等方面的资料。

财务分析人员要善于发现企业所在系统的新情况和新事物，分析其发展趋势及其对本企业的影响，涉及本行业的重大事件，如资产重组、股份制改组等的有关文件以及企业外部的资料，包括有关国家财经法律法规政策、技术经济标准、市场动态及变化趋势、同行业生产技术水平、企业绩效评价的计算公式及其他分析需要的计算公式等，均属于资料收集和积累的范围。

（2）财务分析报告的资料来源。

以上财务分析需要的资料可以由以下渠道取得：①财务分析服务机构、投资咨询服务机构，如国外标准普尔、穆迪公司等；②经济研究机构，如布鲁金斯学会等；③证券交易所；④网络，如金融街等网站；⑤行业性协会和财务专家；⑥各种商业和金融业刊物；⑦各种媒体及记者；⑧政府出版的经济公报和年鉴；⑨企业的竞争者。

2.整理、核实资料阶段

各种资料收集齐全后，要加以整理、核实，保证其合法性、正确性和真实性，同时根据所制定的财务分析报告的内容要点进行分类。整理、核实资料是整个财务分析的中间环节，起着承上启下的作用。

在整理资料过程中，应经常根据分析的内容要点做些摘记，这将对分析报告的编写十分有利。对于重点分析的内容，如准备分析本年度销售收入与效益的关系问题，则可以在此题目下记录所收集的销售收入、利润等重要数据和观点，并简要写上与此观点有关的各种类别内容的索引参考资料，以备在正式编制财务分析报告时能迅速查找到所需的资料。对于一般分析的内容，也可按其特点做好不同形式的摘记。有时会遇到一些资料同时适用于多项内容的情况，也只需在各内容项下的摘记中写清即可。总之，要掌握资料翔实、分类清楚、查找方便的原则。收集资料和整理、核实资料并非是决然分开的两个阶段，一般可以边收集，边核实、整理，相互交叉、相互结合进行，同时这项工作应贯穿在日常工作中进行，这样收集的资料才能涉及面广、内容丰富，就可在正式进行财务分析时胸有成竹、忙而不乱，切忌临近编制财务分析报告时再去着手此项工作。

（二）财务分析报告的选题

由于财务分析报告的形式多种多样，因此报告的选题也没有统一标准和模式，一般可以根据报告所分析的内容和提供的信息来确定报告的选题。如“某月份简要财务分析”“资产运用效率分析”“存贷款利率的调整对企业损益影响分析”“某年度会计报表综合分析”等都是较合适的选题。报告的选题应能准确地反映报告的主题思想。报告的选题一旦确定，就可紧紧围绕为完成对它的分析所收集整理的资料进行分析并编制分析报告了。

（三）财务分析报告的起草

在收集整理了资料、确定了选题以后，就可以根据企业管理的需要进入财务分析报告的编制阶段，这一阶段的首要工作就是报告的起草。财务分析人员应当不偏不倚、客观公正、思维敏锐，文笔表述能力强，财务会计知识全面，业务能力强，懂财经法律法规，有较强的分析问题和解决问题的能力等，对企业的财务活动过程及企业的分公司或子公司的生产经营情况了如指掌，善于在日常的工作中寻找和发现问题，才能胜任编制财务分析报告这一重要工作。

报告的起草应围绕报告的选题并按报告的结构进行，特别是专题分析报告，应将问题分析透彻，真正地分析问题、解决问题。如对管理费用超计划（预算）情况进行分析，应从构成管理费用的各项目入手，分析各项目超支的绝对数或相对数，并逐一分析是什么原因造成的超支：是客观原因，还是主观原因；属于经营管理问题，还是违法乱纪问题等。从超支的各种原因中找出解决问题的途径，并提出切实可行的建议。对综合分析报告的起草最好先拟订报告的编写提纲，提纲必须能提纲挈领地反映综合分析报告的内容，然后只需在提纲框架的基础上，依据所收集、整理的资料选择恰当的分析方法，起草综合分析报告。

（四）财务分析报告的修改和审定

财务分析报告起草后形成的初稿，可交由财务分析报告的直接使用者审阅，并征求使用者的意见和建议，充实新的内容，使之更加完善，直至最后由直接使用者审定即可定稿，并加盖公章。

二、财务分析报告的结构

报告的结构根据报告的内容可以有多种多样，没有固定的格式。财务分析报告评价要客观、全面、准确。一般来说，综合分析报告的结构大致如下：

（一）标题

标题是对财务分析报告的最精炼的概括，它不仅要确切地体现分析报告的主体思想，而且要用语简洁、醒目。由于财务分析报告的内容不同，其标题也就没有统一标准和固定模式，应根据具体的分析内容而定。“某月份简要会计报表分析报告”“某年度综合财务分析报告”“资产使用效率分析报告”等都是较合适的标题。

（二）报告目录

报告目录告诉财务分析报告阅读者本报告所分析的内容及所在页码。

（三）重要提示

重要提示主要是针对本期报告新增的内容或需加以重点关注的问题事先做出说明。

（四）报告摘要

报告摘要是概括公司综合情况，让财务报告阅读者对财务分析说明有一个总括的认识，是对本期报告内容的高度浓缩，要求言简意赅、点到为止。

各部分都要在其后标明具体分析所在页码，以便阅读者查阅相应分析内容。

以上几部分的目的是让阅读者在最短的时间内获得对报告的整体性认识以及本期报告中将告知的重大事项。

（五）说明段

说明段是对公司运营及财务现状的介绍。该部分要求文字表述恰当、数据引用准确。对经济指标进行说明时可适当运用绝对数、比较数和复合指标数。特别要关注公司当前运作上的重心，对重要事项要单独反映。公司在不同阶段、不同月份的工作重点有所不同，所需要的财务分析重点也不同。如公司正进行新产品的投产、市场开发，则公司管理层需要对新产品的成本、回款、利润数据进行分析的财务分析报告。

（六）分析段

分析段是对公司的经营情况进行分析研究。在说明问题的同时还要分析问题，寻找问题的原因和症结，以达到解决问题的目的。财务分析一定要有理有据，要细化分解各项指标，因为有些报表的数据是比较含糊和笼统的，要善于运用表格、图示，突出表达分析的内容。分析问题一定要善于抓住当前要点，多反映公司的经营焦点和易于忽视的问题。

（七）评价段

在做出财务说明和分析后，对于经营情况、财务状况、盈利业绩，应该从财务角度给予公正、客观的评价和预测。财务评价不能运用似是而非、可进可退、左右摇摆等不负责任的语言，评价要从正面和负面两方面进行，评价既可以单独分段进行，也可以将评价内容穿插在说明段部分和分析段部分。

有时为了使财务分析报告清晰明了，应编制财务分析报表，即根据分析报表的目的，将会计报表资料及有关经济活动资料经过科学再分类、再组合，适当补充资料，配以分析计算栏目，采用表格、柱状图等形式，简明扼要地表达资料各项目间的内在联系。财务分析报表有助于层层清晰地显示各指标之间的差异及变动趋势，使论证的内容更形象，如编制主要财务指标情况表、盈亏情况分析表、流动资金分析表、主要销售收入情况表、费用明细表等。

（八）具体改进措施和建议部分

财务分析报告应根据企业的具体情况，有针对性地提出意见和建议。对企业经营管理中的成功经验，应提出加以推广的建议；对财务分析过程中发现的矛盾和问题，应提出有建设性的改进措施、意见和建议。如果能对今后的发展提出预测性意见则具有更大的作用。

（九）编制单位及编制日期

审定后的财务分析报告应写明编制单位和编制日期。

简要分析报告的结构与上述综合分析报告的结构大体一致，内容较综合分析报告简明扼要。专题分析报告一般一事一议，其结构可灵活多样，这里不再赘述。

第三节　财务分析报告应注意的问题

财务分析报告能否充分发挥作用，关键在于报告的编制水平。在实际工作中，由于各个企业的具体情况千差万别，企业的经营管理水平和报表分析人员的素质也不同，各个企业的分析报告的质量也不尽相同。一份内容翔实、条理清晰、有理有据、富含说服力的分析报告，能给使用者耳目一新的感觉，使其获得大量有利于做出正确决策的信息，特别是有利于提高企业经营管理水平的信息。而内容空洞、不分主次、平铺直叙的分析报告不但起不到应有的作用，反而会束缚决策者的思路甚至使其做出错误的决策。

一、常见问题及注意事项

下面列举一些财务分析报告中常见的弊病，分析者在编制报告时应尽量避免：

（1）不收集资料或不认真整理、核实所收集的资料。这样会使分析没有足够的依据或使内容不真实、不合法、无可比性的资料成为分析的依据，从而使分析报告缺乏真实性、可靠性和实用性，导致企业决策失误，后果不堪设想。

（2）报喜不报忧。这种现象很常见，有的分析报告只反映经营业绩和预测美好的发展前景，对发现的问题却只字不提，使企业经营管理者做出错误的判断。

(3) 不分主次，重点不突出。有的分析报告篇幅虽长，但主次不分，不突出重点。应详细作分析评价的内容寥寥几语，该一笔带过的内容却侃侃而谈，使信息使用者得不到真正有用的信息。

(4) 内容空洞，数字罗列。有的财务分析报告不是围绕分析的目的将有用的数字进行对比分析，从中发现问题并探索解决的办法，而是就表说表，甚至是分析报表上数字的简单罗列或摘抄，对问题避而不谈，缺乏必要的分析说明，内容空洞，这样的分析报告是毫无价值的。

(5) 字句冗长，论据不充分，说服力不强。有的分析报告字句冗长，套话连篇，晦涩难懂，且论据不充分，缺乏逻辑性，这样的分析报告就很难具有说服力。

为避免上述弊病在分析报告中出现，分析人员除应不断提高自身业务能力以外，还应注意以下几点：

(1) 对各种资料收集齐全后，要认真核实，保证资料的合法性、真实性、可比性。

(2) 要全面地分析问题，坚持一分为二，既要肯定成绩，又要揭露矛盾和存在的问题。

(3) 要抓住关键，突出重点，不要事无大小、面面俱到。

(4) 要内容充实，根据实际情况实事求是地进行分析，抓住主要矛盾，找出薄弱环节。切忌不做调查，主观臆断，凭空推测。

(5) 文字力求言简意赅、综合概括、通俗易懂，条理清楚，结构紧凑，有说服力，每一篇分析报告完成后，最后要形成一个结论，否则，报告逊色不少。

二、数字运用的注意事项

定量分析是财务分析的工具和手段。没有定量分析就分不清数量界限、阶段性和特殊性。而数字构成了会计报表的主要内容，它是对会计报表进行定量分析的依据。值得一提的是，进行分析时会计报表资料中的各项具体数据固然重要，但若运用不当，也达不到分析的目的。因此，问题的关键是如何运用各项数据的内在联系及变动趋势来分析、评价企业经营成果、财务状况及其发展趋势，即"用数字说话"，用数字之间的内在必然联系来揭示事物的内在本质。财务分析必须透过数字看本质，没有数字的恰当运用就得不出正确的结论。

应该指出，进行分析时不能光看表面数据，而应兼顾数据的外部客观环境。也就是说，经济和行业环境的好坏直接影响对公司财务状况的评价。这里主要介绍财务分析报告中的数字运用应注意的几个问题：

(1) 要注意分析所依据的会计核算口径和会计报表资料编制方法有无变化。若有明显变化，进行分析时对有关数据进行调整，确保分析报告所依据的数据资料口径有可比性。

(2) 在进行比较分析时，对各项指标的绝对数与相对数比较必须同时进行。因为绝对数指标与企业生产经营规模的大小有直接关系，采用绝对数指标进行对比分析虽然能反映出各项财务指标的表面差异，但不能深入揭示问题的内在本质，采用相对数指标对比则能做到这一点。

(3) 对金额较大的项目应重点分析。如在进行损益分析时，产品销售收入和产品销售成本是影响经营利润的主要因素，且金额也较大，就应重点分析其增减变动的原因及对经营利润的影响程度。

（4）要注意分析数字的反常现象。若某一项目金额上升或下降的幅度较大，即出现了数字反常现象，应针对反常的数字进行深刻分析，查明原因，也许这正是企业经营管理的问题所在或应发扬宏大之处。

（5）利用数字进行分析时，要注意对各项指标的计算应准确无误，以保证分析报告的真实可靠。

（6）注意定量（金额）分析应和定性（质量）分析相结合。

三、应做的日常工作

（1）建立台账和数据库。通过会计核算形成各种会计凭证、会计账簿和会计报表，但是编写财务分析报告仅靠这些凭证、账簿、报表的数据往往是不够的。比如，在分析经营费用与营业收入的比率增长原因时，往往需要分析不同区域、不同商品、不同责任人实现的收入与费用的关系，但这些数据不能从账簿中直接得到。这就要求分析人员平时就做大量的数据统计工作，对分析的项目按性质、用途、类别、区域、责任人，按月度、季度、年度进行统计，建立台账，以便在编写财务分析报告时有据可查。

（2）关注重要事项。财务人员对经营运行、财务状况中的重大变动事项要勤于做笔录，记载事项发生的时间、计划、预算、责任人及发生变化的各影响因素。必要时马上做出分析判断，并将各类、各部门的文件归类归档。

（3）关注经营运行。财务人员应尽可能争取多参加相关会议，了解生产、质量、市场、行政、投资、融资等各类情况。参加会议，听取各方面意见，有利于财务分析和评价。

（4）定期收集报表。财务人员除收集会计核算方面的有关数据之外，还应要求公司各相关部门（生产、采购、市场等部门）及时提交可利用的其他报表，对这些报表要认真审阅、及时发现问题、总结问题，养成多思考、多研究的习惯。

（5）岗位分析。大多数企业财务分析工作往往由财务经理来完成，但报告资料要靠每个岗位的财务人员提供。因此，应要求所有财务人员对本职工作养成分析的习惯，这样既可以提升个人素质，也有利于各岗位之间相互借鉴经验。只有每一个岗位都发现问题、分析问题，才能编写出内容全面的、有深度的财务分析报告。

（6）建立财务分析报告指引。财务分析报告尽管没有固定格式，表现手法也不一致，但并非无规律可循。如果建立分析报告指引，将常规分析项目文字化、规范化、制度化，建立诸如现金流量、销售回款、生产成本、采购成本变动等一系列的分析说明指引，就可以达到事半功倍的效果。

本章小结

财务分析报告是反映企业财务状况和财务成果意见的报告性书面文件，它是财务分析人员对企业会计报表上的有关数据资料，运用科学方法，对企业财务状况和经营成果进行比较、分析、评价并加以整理后撰写成的书面报告。

财务分析报告按不同的标准可分为不同类型：按其分析的内容范围可分为综合分析报

告、专题分析报告、简要分析报告、典型分析报告、对比分析报告五种；按分析的时间可分为定期分析报告和不定期分析报告两种。这几种报告在实践工作中各有特点，发挥着各自的作用。

财务分析报告的撰写涉及以下几个步骤：一是撰写前的准备，主要是收集和整理、核实资料；二是报告的选题，报告的选题可以灵活多样，但应能反映报告的主题思想；三是报告的起草，这时已进入了报告的编制阶段，一般先拟提纲，再扩充报告的内容；四是报告的修改和审定。财务分析报告的结构，包括标题、报告目录、重要提示、报告摘要、说明段、分析段、评价段、具体改进措施和建议部分、编制单位及编制日期。

最后，本章提出了在编制财务分析报告时应该注意的问题。

复习思考题

1.简述财务分析报告的含义及作用。

2.简述财务分析报告的基本结构。

3.简述财务分析报告中的数字运用应注意的问题。

同步练习题

一、单项选择题

1.（　　）一般是上级主管部门或企业内部规定的每隔一段相等时间给予编制和上报的财务分析报告。

A.定期分析报告　　B.专题分析报告

C.简要分析报告　　D.综合分析报告

2.（　　）是指针对某一时期企业经营中的某些关键问题、重大经济措施或薄弱环节等，进行专门分析后形成的书面报告。一些投资项目的效益测算报告也属于这种形式。

A.专题分析报告　　B.定期分析报告

C.简要分析报告　　D.综合分析报告

二、多项选择题

1.财务分析报告按其分析的内容范围可分为（　　）。

A.综合分析报告　　B.专题分析报告

C.简要分析报告　　D.定期分析报告

2.财务分析报告资料内容包括（　　）。

A.会计资料　　B.业务资料

C.对比资料　　D.其他资料

3.财务分析报告的使用者包括（　　）。

A.企业的投资者　　B.企业的债权人

C.企业的经营者　　D.政府有关部门

三、判断题

1.简要财务分析报告适用于定期分析。（　　）

2.财务分析报告的资料只能从企业内部取得。（　　）

3.财务分析报告通常有统一的标准和模式。（　　）

第十一章同步练习题参考答案

案例分析

某科技公司财务分析报告

第十二章

企业财务会计报告粉饰行为分析

学习目标

了解财务会计报告粉饰行为的动机、财务会计报告粉饰的常用方法和对其识别与防范。

所谓企业财务会计报告粉饰，是指企业管理当局使用编造、变造、伪造等手法编制财务会计报告，掩盖企业真实的财务状况、经营成果与现金流量情况的行为。从法律法规的角度看，它可以被分为两类：一类是合法手段的调节，也称为盈利管理，它是以会计政策的可选择性为前提条件，手段的应用是在会计法律法规的范围内进行的。权责发生制的固有缺陷和企业会计准则的灵活性与滞后性是形成盈利管理的主要因素，其目的是使企业的盈利能趋于预定的目标，满足股东财富最大化的要求，合理避税，使企业管理当局的管理业绩和才能得到认可。另一类是非法手段的调节，也称为利润操纵，它的某些手段貌似合乎企业会计准则和会计制度的要求，但已突破了限度，采取欺诈手段不合法地调整企业的盈利，实现不当获利的人仅是企业的管理者，而大多数股东和其他信息使用人则成为受害者。了解财务会计报告粉饰的相关知识，可以保护信息使用者的利益不受到财务报表粉饰的损害。因此，本章重点介绍财务会计报告粉饰行为的动机、财务会计报告粉饰的常用方法和对其的识别与防范。

第一节　财务会计报告粉饰行为的动机剖析

上市公司的年度财务会计报告是信息使用者分析的重要材料，信息提供者往往对信息使用者所关注的财务状况、经营成果进行仔细的分析与研究，并尽力满足信息使用者对企业状况的期望。尤其是公司管理层出于维护公司形象、达到融资条件、转移利润以及规避税收等方面的考虑，还对其进行有意安排，极有可能使信息使用者所看到的报表信息与企业实际状况相差甚远，从而误导信息使用者做出错误决策。

财务会计报告粉饰行为有非常复杂的背景因素，归纳起来有三个层面的问题：一是会计背景；二是制度背景；三是执行背景。会计理论和方法的缺陷为财务会计报告粉饰提供了可能，而法规制度体系的不完善和对会计指标绝对值的片面强调是导致企业粉饰财务会计报告的直接原因，加上证券市场参与各方对法规制度执行不力，使报告粉饰行为缺少应有的制约，间接鼓励了报告粉饰者。财务会计报告粉饰的具体动机如下：

一、为了受托经营责任履行情况的考核

由于受托责任履行情况的好坏与企业经营者获得晋升、待遇、名声等利益密切相关，而会计报告提供的利润计划的完成情况、投资回报率、销售利润率等会计指标是反映经营者受托经营责任履行情况的重要依据，同时存在着信息不对称的规律，这就极有可能诱发经营者美化经营业绩、粉饰会计报告的机会主义行为。

二、为了新资本需求动机的满足

通过股票发行，企业可以筹集到大笔的低成本资金，股票发行以后，公司还会争取在二级市场上交易。如果有良好的经营业绩，不但将形成较高的股价，还可以通过增资配股形式再次筹集低成本资金。我国证监会对上市公司向不特定股东对象公开募集股份的条件规定了资格线，其中之一为：最近三个会计年度加权平均净资产收益率平均不低于6%。不难设想，多数净资产收益率接近6%的公司会想方设法通过报表粉饰来达到目的，形成了股市著名的“6%现象”。

三、为了壳资源的保留

根据规定，连续两年亏损或每股净资产低于面值的上市公司将被作为ST公司，如果连续三年亏损，将成为PT公司，其股票将暂停上市，实施特别转让处理。为了保持宝贵的壳资源，保留上市资格，那些按正常途径无法实现目标的ST公司就有了通过粉饰报表以达到目标的动机。

四、为了间接经济利益的取得

公司披露良好的盈利水平，其间接的经济利益是很明显的。如为了推迟或减少纳税；较容易地对外筹集债务资金，且资金成本会相对较低；当公司面临被兼并或被收购的危机时，可以用良好的盈利能力和财务实力进行反兼并和反收购；与公司相关的各方会更有信心与公司合作，开展商业信用更加便利，从而使公司在激烈的市场竞争中处于主动地位。

五、为了明确责任或推卸责任

当公司更换经营者时，新任经营者为了明确责任或推卸责任，往往会对财务会计报告进行清理。典型的做法是：把坏账、积压存货、长期投资损失、闲置固定资产、待处理财产损失等所谓虚拟资产一次性处理为损失，从而导致当期利润大幅降低；当会计制度发生重大变更时，不少公司也会提前消化潜亏，并将责任归咎于新的会计制度实施带来的影响。

六、为了政治任务的完成

对于某些公司的领导者而言，完成国有企业三年扭亏脱困的目标就可能会仕途光明，否则便职位难保。在这样的政治压力下，公司很有可能产生会计报告粉饰行为。

七、为了配合庄家炒作共同获利

一些公司存在着与证券机构或其他投资机构合作，通过财务会计报告粉饰达到操纵股价以共同获利的动机。

第二节　财务会计报告粉饰的常用方法

从目前的实际情况来看，企业常用的财务会计报告粉饰方法主要有以下几种：

一、利用隐蔽核算

隐蔽核算的形式主要有两种：(1) 采用“两套账”。一套属于正规核算账，用于应付国家财税、审计等有关部门的检查和监督；另一套账属于隐蔽核算账，用于记录其私留公款收入、绕过正规会计核算的灰色收入和违反财经法律法规、财会制度的支出。(2) 采用“小金库”。在一些经济组织的内部，不单独设置会计机构的职能部门，对于截留的、应交正规会计核算和监管的各种收入，单独指定某人对其计量、核算和监管，以利于小集体进行隐蔽分配和违纪消费。

二、利用常规会计处理

其主要有以下几种情况：

（一）利用虚拟资产挂账

虚拟资产是指企业实际已经发生的费用或损失，因权责发生制原则要求而暂作“资产”处理的有关项目，包括长期待摊费用、待处理财产损失等。这些项目不能在未来为企业提供实质性帮助，没有任何实际利用价值，而企业往往以权责发生制、配比原则等合法借口，通过不及时确认、少摊销或不摊销已经发生的费用或损失，用虚拟资产粉饰报表。如待处理性项目，待处理流动资产净损失、待处理固定资产净损失在“待处理财产损溢”里长期挂账，或对本应及时结转入“营业外支出”的账户长期挂账。一般说来，在会计报表编制日，这些项目的数额通常为零，如果它们的数额较大，则通常表明企业存在虚列资产、虚增利润或掩盖亏损之嫌。这些项目好比“不定时炸弹”，一旦处理就会影响到企业处理年度的利润水平、总资产和净资产数额。

（二）利用不良资产挂账

某些企业存在一些不良资产，包括三年以上的应收账款、存货贬值和积压损失、投资损失和固定资产损失等。如果不良资产长期挂账，会导致资产虚计、利润虚增。有些企业还以应收账款为依据计提利息收入，一方面虚计资产，另一方面多计收入。若公司不良资产接近于企业的净资产，则说明企业的持续经营能力可能有问题，也可能表明企业在过去几年因人为夸大利润而形成“资产泡沫”；若不良资产的增加额及增加幅度超过利润总额的增加额及增加幅度，则说明企业当期的利润有水分。

（三）利用各种减值准备

许多公司不切实际地估计应收款项（包括应收账款和其他应收款）坏账准备、存货跌价准备，它们的提取在实施当年因允许追溯调整，从而使公司有机会将此类损失在以前各年度体现，只影响当期股东权益的年初未分配利润，对当期利润没有太大影响；公司在它们的提取和冲回方面也有很大的自我调节余地。

此外，公司还可以不切实际地估计退货、票据贴现损失、售后服务费用等或有事项准备，为以后在业绩不佳时冲回多提准备、调节利润埋下伏笔；或亏损企业采用“逆向盈利操纵”，在本年亏损时，除计提本年的损失准备外，再提取下年的损失准备为下年度调节利润留有余地。

（四）混淆利息资本化与费用化边界

根据企业会计准则的规定，企业为在建工程和固定资产等长期资产而支付的利息费用，在长期资产投入使用之前可予以资本化。在实际工作中，不少企业就滥用利息资本化规定终止时间的弹性进行报表粉饰。如为增加利润，在资产先交付使用、后办理竣工结算的情况下，就以某资产还处于试生产阶段为借口，把办理竣工决算手续的时间作为资本化终止的时间，这样在借款费用继续资本化的同时，固定资产也可暂不提折旧，就可以达到虚增资产、虚增利润的目的。其中一种更隐秘的做法是，利用自有资金和借入资金难以界定的事实，通过人为划定资金来源和资金用途，将非资本性支出的利息资本化。

（五）利用研究和开发支出及广告费

一些上市公司根据地方政府鼓励企业研究和开发的优惠税收规定，操纵从销售收入中预提研发费用的比例，利润操纵的自由度很大。

还有大额广告费支出的摊销问题。一些拥有自有品牌的上市公司将应直接计入当期损益的广告费以宣传广告费效益的长期性为由，列为资产进行分期摊销达到平滑利润的目的。还有一些使用控股股东品牌的上市公司也存在着不同的问题，一种情况是控股股东支付当期广告费用，而上市公司按该品牌产品的销售额提取一定比率支付给控股股东作为商标使用费；另一种情况是上市公司除支付商标使用费外，还支付当期广告费用。前一种情况高估了当期利润，后一种情况则是低估了当期利润。

（六）利用长期投资和投资收益

某些企业的对外投资，纯粹是为了粉饰其财务状况的外在表现。根据企业会计准则对长期股权投资成本法与权益法的界定，若被投资企业发生亏损，且不分配利润，则企业采用成本法比权益法更有利于增加企业利润；而在被投资企业盈利的情况下，对增加投资企业利润而言，权益法更优于成本法。将长期投资收益核算方法由成本法改为权益法，即使实际上没有红利所得，投资企业也可以按照占被投资企业股权份额核算投资收益。同时，所得税法是根据投资企业从被投资企业实际分得红利来征税的。因此，在被投资企业盈利的情况下，将投资收益核算方法由成本法改为权益法，一方面可以虚增当期利润，另一方面却无须为虚增利润缴纳所得税。因此，有些公司对盈利的被投资企业，实行权益法核算，而对亏损的投资企业，即使股权比例超过20%，也仍用成本法核算。

2001年，证监会要求上市公司会计报表中必须对短期投资及其收益做出说明，因为证监会发现众多上市公司越来越多的募集资金不再投资于具体的项目，而是选择各种方式涌入股市。股票收益越来越大地影响着公司利润和业绩，它具有不稳定性，如果股票的投资收益左右公司业绩、操纵利润，其危害性是非常巨大的。《中华人民共和国证券法》规定上市公司募集股金不可以进行委托理财或股票投资，而且没有任何一家上市公司在招股说明中声称募股资金是用来进行委托理财或股票投资的，如果出现了大量的股票投资收益，上市公司进行股票的筹资客观上就构成了欺诈。

（七）利用固定资产折旧

人为操纵固定资产折旧政策是最常见的手法之一，主要因为：第一，固定资产在企业资产价值中占的比重很大，折旧费在企业营业成本中占据重要地位，金额巨大，因而比较容易达到利润操纵的目的。第二，影响折旧的因素错综复杂，比较容易找出支持变更的理由。第三，其使用年限的估计弹性较大，确实很难准确估计，随着时间的推移和所掌握资料的准确与完整，逐渐予以调整很难说不正常。同时，变更固定资产折旧方式只会影响会计利润，却不会影响应税利润，因为企业会计准则和税收法规确认收入和费用的特点及标准不同。税法对各类固定资产折旧另有规定，企业降低折旧率只会增加会计利润却不会增加应税利润，对企业现金流量也不会产生影响。

（八）利用其他应收、应付款科目

其他应收款、其他应付款是会计报表的“垃圾桶”（因为其他应收款常用于隐藏潜亏）和“聚宝盆”（因为其他应付款常用于隐瞒利润）已是人所共知。正常情况下，其期末余额不会太大，但在实际工作中，有些公司这两个账户的余额甚至超过应收账款、应付账款的余额，这说明很有可能这些公司正在利用其他应收款隐藏潜亏、关联交易、费用挂账、抬高利润或利用其他应付款隐瞒收入、压低利润。大量的、有争议的项目，都与其他应收款有关，如企业之间的拆借资金，往往在此反映，高于国家规定利率的超额利息，不反映为收入，直接冲销往来，在往来冲销干净的时候，又会有一项新的往来挂账。抽逃资金也会在其他应收款挂账，分拨资金用于体外循环也会挂账于此。

（九）利用其他业务事项和营业外收支

其他业务事项和营业外收支都是在公司正常经营之外的一次性或偶发性损益，在利润表上体现为其他业务利润、营业外收支等科目，有时也会通过管理费用、财务费用等科目反映。如为了抬高当期利润，将本企业的优质资产出租获得其他业务收入，调节利润；对固定资产盘亏等营业外支出不加以确认；对不该确认的收入项目当作营业外收入，如接受捐赠实物资产的收入、对外投资的资产评估增值等。

（十）提前确认费用

提前确认费用是指减少当期利润，相应增加以后各期利润。这种做法在以下两种情况下采用得较多：一种情况是当期利润水平较高，企业试图平滑各年利润水平；另一种情况是基于某种目的，加大当年亏损，将以后年度的损失考虑进来，减轻以后年度的费用负担，以使以后年度出现较高的盈利水平，它与推迟确认收入的做法有异曲同工之妙。在我国，当上市公司连续两年出现亏损时，为避免第三年继续亏损而导致被摘牌，公司可能会在第二年出现巨额损失，将以后期间可能发生的损失提前至当期确认，以提高以后年度的业绩。

（十一）操纵收入确认

操纵收入确认的具体手段有：

（1）操纵收入的确认时点。由于我国发票管理制度的特殊性，在我国会计和税务实务中，开具销售发票往往是销售实现的一个标志。因此，一些公司往往以开具销售发票和已计税为理由确认营业收入，而不管销售过程是否真正完成。但实际上，开具销售发票仅仅是形式，并不代表销售过程的终结。

（2）创造虚无的销售收入。为掩盖造假行为，企业经常捏造存货记录、发运记录和发票。

（3）不适当的销售分割。在12月份虚开发票，次年再以质量不合格等理由冲回、退货或为了增加销售收入，没有在会计期末结账，将下期销售记入本期。

（4）在存在重大不确定性时确认收入。下列情况下不应确认收入：所有权上的风险和报酬没有转移；客户有可能退货；买方有可能拒付货款；交易涉及未解决的问题或还需要进行协商；借助于第三方签订"买断收益权"的协议；顾客还拥有退货或终止合约的选择权；商品销售后需要安装和检验。

（5）完工百分比法的不适当运用。有些公司通过夸大在建项目的完成比例来高估收入。由于信息的不对称，管理当局既可以隐瞒未来的不确定性，在存在重大不确定性的情况下，采用完工百分比法确认收入和相应结转费用，又可以随心所欲地估计完成合同需要的总成本及各期的完工程度，以达到操纵收入的目的。还有的公司销售整个系统，需要实施、安装与服务，销售过程持续时间长，收入并非一次实现，特别是对于跨年度实现的销售，需要在年度间分配利润。若此类公司当年接获的订单很多，而公司如果提高开始阶段收入实现的比率，则当期利润增加。

（6）利用受托销售和分期付款销售。将代销收入列为本企业的销售收入，以虚增收入，或是把今后要赚的钱算到现在的账上。比如，A公司是一家软件公司，靠出售软件许可赚钱，客户大多是分期付款，签一个5万元的5年合同，分5年付清。实际上，A公司第一年只收到了1万元，但账上写了5万元，公司的收益因此大增，股票翻番。经济形势好的时候问题不大，可现在经济下滑，签了合同的公司或是付不起，或是破了产，那5万元只收回了一两万元，A公司的账面上便出现了亏空。

（7）未认可发运。在发运有缺陷的货物或并非对方需要的货物后，以全部价格而不是以销售退回或折扣价格来核算增加的收入。

（8）在仍需提供未来服务时确认收入。在收到款项时马上确认为收入，而不管未来是否需要提供服务，这是常见的操纵收入的手法，特别是收款后马上出具销售发票时，更使这种手法有隐蔽性和欺骗性。事实上，收到款项有时仅仅是预收货款，应先作为负债，待有关产品或劳务已经提供后，方可确认收入。一些劳务收入的确认，如特许权费收入、会员费收入、服务费收入、广告费收入、安装费收入、软件定制费收入，很容易出现这样的情况。

（9）递延确认收入。应确认收入时不确认，将其递延到下期，在当期收入下降时，通过确认以前年度的收入，来高估当期收益，会使人们误认为公司仍然处于经营业绩良好状态，因此，一旦公司宣布停止经营，给投资者的冲击是非常巨大的，他们没有时间来准备接受这一事实。

（10）制造收入事项。公司利用其一家子公司按市场价向第三方进行销售，确认该子公司销售收入，再由另一子公司从第三方手中购回，这种做法避免了集团内部交易必须抵消的约束，确保了在合并报表中确认收入和利润，达到收入操纵的目的。或是与一些中小公司建立了伙伴关系，名义上是帮助这些中小公司发展，可以贷款给它们，但附加条件是必须用贷出款项购买公司的软件或产品。从账面上看，这家公司的销售额因此而大增，收益上升。若经济下滑，市场萎缩，那些中小公司难以为继，问题也就暴露出来了。或者为了达到盈利目标，有些公司还可能放弃一贯采用的信用政策，突然放宽信用标准、延长信用期限，把风险极大的客户也作为赊销的对象，把以后年度的销售提前到当年，不顾一切地创造没有现金收入的盈利。

(11) 不同控股程度子公司间的销售安排。在同时拥有几家不同控股程度的子公司且均经营同一业务的情况下，上市公司可在不同控股程度的子公司之间分配订单以达到调节利润的目的。如果上市公司想增加利润，可将订单全部或大部分交由本部工厂或控股程度高的子公司生产，降低少数股东收益；反之，则将订单大部分交由控股程度低的子公司生产，提高少数股东收益。该手段也常被上市公司用来规避税收。

(十二) 利用国外子公司

若母公司有一家没有合并的国外子公司，假定此跨国公司采用成本法，母公司收到国外子公司汇回的股息时，才将其确认为利润。如想人为扩大母公司的利润，跨国公司只需增加国外子公司的股息分红，汇回母公司；反之，如想人为降低母公司的利润，跨国公司只需减少国外子公司的股息分红。

(十三) 会计估计变更

会计估计是指企业对其结果不确定的交易或事项以最近可利用的信息为基础所做的判断。需要做出会计估计的交易有：折旧的年限、坏账的准备、固定资产残余价值、无形资产摊销年限、或有事项的估计、长期负债利息的确定、应付债券溢价、折价的摊销和收入确认等。会计估计的变更是因为：赖以进行估计的基础发生了变化，或者由于取得了新的信息、积累了更多的经验等。由于会计估计往往需要运用职业判断和经验，对会计估计进行修订，第三方很难说是对还是错，所以，会计估计变更也很容易用来进行粉饰会计报表。

(十四) 计提秘密准备

形成秘密准备的手段有以下几种：

(1) 低估资产。可以利用高估折旧率、利用较低的生产成本和特定的计价方法来低估资产价值。当企业经营业绩下降时，管理部门可出售有价证券、土地等资产，吐出"隐蔽资产"来掩盖企业经营业绩的下滑情况。

(2) 高估负债。有些公司往往根据不真实的假定去估计负债，在利润较高的年度多估计费用、损失，如退货损失、坏账损失、保修费用和或有负债，把多余的利润储存起来，以便在业绩不佳年度以丰补歉，进行利润平滑。

(3) 不反映某些特定资产的价值。利用会计上的一些计价选择权，将某些资产直接作为费用而不反映在会计报表上，但实际上该资产仍然存在。

(4) 搁置资产价值上涨时的价值调增。以历史成本计价的企业都有可能形成秘密准备。

(十五) 包装现金流量表

某些公司由于使用银行承兑汇票的客户增多，因此将应收票据视为现金等价物。然而，企业会计准则对现金等价物的定义是一种投资，应收票据显然不属于企业投资的范畴。尽管应收票据具有易于转换、风险较小的特征，未到期的应收票据还可向银行贴现，但应收票据毕竟不同于投资，不能把应收票据列为现金等价物。某些公司将应收票据视为现金等价物，从而虚增了经营活动产生的现金流入，导致现金流量表数据不实。这样，就不可避免地会产生对现金流量表进行包装和注“水分”的嫌疑。

（十六）采取“自下而上”的编表方式

采取“自下而上”的编表方式，即在编表之前，企业根据其应该达到的利润表的业绩水平（主要表现为净利润、利润总额），自下而上地确定企业应该有的费用水平以及收入规模，在此基础上，比较实际收入和费用，“发现问题、挖掘潜力、解决问题”。如当期发生的费用超过了当期预期业绩的承受能力，则将当期不能承担部分费用升格为资产留待以后消化吸收；如果当期获得的收入规模达不到当期业绩的要求，则可以在表上直接调高收入水平，同时增加企业的债权规模，等等。

（十七）根据行业平均比率指标，直接在报表中进行调整

一般分析者用企业的财务比率与企业所处行业的平均比率对比，并据以对企业进行评价。企业为了使自己的报表比率不太难看，往往在会计报表中对某些项目进行相应的调整，如将长期投资调整为短期投资、将流动负债调整为长期负债等，以使自己企业的财务比率靠近行业平均值。

（十八）利用销售回购交易

利用销售回购交易指的是企业在会计期末与别的企业达成协议，按某一价格把存货售给其他企业，然后在下一会计期初再按合同规定的价格把这些存货购回，它的作用在于消除过于臃肿的存货项目，暂时把存货转换成现金或应收账款，经过短暂的时间过渡到下一会计年度，恢复原样。

（十九）潜亏挂账

潜亏挂账，即不确认可能发生的损失，导致账面资产价值的虚计和本期利润的虚增。除虚拟资产和不良资产挂账外，还有以下几种做法：

（1）低转完工产品成本。企业在结转完工产品成本时，有意隐留当期费用，低转成本，致使企业当期在产品成本增大，最后达到增加利润的目的。

（2）报废存货虚列库存。企业对无使用价值的存货不及时报废处理，虚占库存，虚增存货价值，从而虚增当期利润造成潜亏。

（3）积压存货价值高估。有些企业存货积压已久，价值明显低于其账面成本，但不提取或只提取少量存货跌价损失准备，导致账面存货价值偏高、资产虚增、利润虚增。

（4）对外投资损失不冲销。一些企业对外股权投资，被投资单位亏损严重，股权价值严重下跌，有些甚至资不抵债或已处于破产清算状态，股权价值已不存在，但企业既不提取长期投资减值准备，也不冲销股权投资价值，而仍将该股权投资按账面价值列示，导致资产和利润高估。

（5）转移期间费用。有些企业期末不将期间费用全部转入本年利润账户，而将部分期间费用结转到应收账款或其他应收款等账户挂账，从而高估资产和利润。

（6）少计负债。按照企业会计制度的要求，如果存在某项可能的损失，如有关的法律诉讼、税务纠纷等可能引起的未来支付，且发生的可能性大、金额可以合理地被估计时，应将该损失作为预计负债列入会计报表。但会计制度并没有明确界定上述情形，因此，管理当局有较大的自主决定余地。

除以上方式，还包括其他一些方式对财务报表进行粉饰，如预测报告不真实，有意欺瞒；计算口径不一致；任意调整以前年度损益；利用会计政策变更等。

三、利用关联交易

关联方交易类型有很多，企业会计准则指出的关联交易主要有：(1) 购买与销售商品；(2) 购买与销售除商品以外的其他资产；(3) 提供或接受劳务；(4) 代理；(5) 租赁；(6) 提供资金；(7) 担保和抵押；(8) 管理方面的合同；(9) 研究与开发项目的转移；(10) 许可协议；(11) 关键管理人员报酬。

根据企业会计准则的规定，关联交易应当遵循等价、公平的原则，按照公允价值进行计价。但是由于历史和体制上的原因，我国上市公司与其母公司、控股股东之间存在千丝万缕的关系，关联交易已经成为上市公司进行报表粉饰或利润转移的常用工具，具体有以下六类：

(一) 关联购销

由于上市公司与关联方存在着大量的购销往来经营业务，上市公司常利用关联购销来粉饰会计报表。如有的公司常常用大大高于或低于市场价格的价格从事关联购销，或与关联方虚构购销业务，操纵利润。

(二) 资金融通

上市公司与关联方之间的资金融通是双向的，既有上市公司向关联方提供资金，也有关联方向上市公司提供资金。其形式主要有：

(1) 向母公司收取资金占用费，以提高上市公司的利润。

(2) 向被投资企业收取资金占用费，通常以对外投资、收取固定回报的方式实现。这种情况，名义上是投资，实际上是资金拆借，只是绕开了“企业间不许相互拆借资金”的规定。有时，被投资企业出现经营亏损、没有能力进行利润分配，因而无论按成本法还是权益法核算都无法增加利润，这时收取固定回报的方式是增加利润的最简单、最有效的办法。

(3) 向母公司支付资金占用费。当上市公司占用母公司的资金，上市公司本身的盈利能力比较强时，这种做法可起到平滑企业利润的作用。待日后上市公司利润水平较低时，上市公司可免交资金占用费，甚至母公司向上市公司返还以前年度所交资金占用费，以提高其利润。

资金融通在报表中的披露方式具体可总结为4类：

(1) 上市公司向关联方提供贷款，并按同期银行利率收取资金占用费。

(2) 只说明资金占用金额，不提供按何种利息收费，或者只有利息收取的数额，没有贷款发放数，或者只是列示贷款利率而未与同期银行利率做出比较。

(3) 各项代垫款项，未提及资金占用费。这类企业的报表有一些账户十分突出，如其他应收款、应收账款等。这些账户数额巨大，关联方在其中占的比例也大，但几乎所有上市公司最多只是提及关联方所占比例，而不提及用途，有理由怀疑这是变相提供资金的方式。

(4) 公司与集团之间的资金占用均不收取费用。

(三) 投资及提供担保

在一个国有大厂内投资建立一个由内部人掌握的公司，把成熟的、有市场的、高回报的项目给它做，再通过低价进、高价出的办法给予补贴，风险、成本尽量留给大厂，安全、收益尽量留给内部人公司。担保事项在上市公司中十分普遍，从整体上看，上市公司向关联方提供担保比接受担保的金额要大得多。相互提供担保的情况在许多上市公司也不同程度地存在。就是说，一方用从银行借贷的资金为另一方在另一银行担保借款，在这种情况下，双方的银行都没有得到任何实质上的担保。

（四）受托经营

受托经营有两种基本形式：

（1）上市公司将不良资产委托给母公司经营，收取定额回报，在避免不良资产亏损的同时，凭空获得利润。

（2）母公司将稳定、获利能力强的资产以较低的托管费用委托上市公司经营，虚构上市公司的经营业绩。

（五）费用分担

一些公司在利润水平不佳时，通过改变费用分担方式和标准，如母公司调低上市公司应交纳的费用标准，或承担上市公司的管理费用、广告费用、离退休人员的费用，或是将上市公司以前年度缴纳的有关费用退回，以提高公司的利润。

（六）循环交易

两家或更多企业以相同的价格相互购买对方相同价值的存货（品种、价格一样），双方协商价高于存货的历史成本，结果是双方各自的存货在报表上的金额增加，流动比率提高，各自的销售收入、存货周转率以及销售利润也提高了，但经济本质与原来是一样的。

四、利用资本经营

资本经营作为一种全新的经营方式，它涵盖了资产重组、财务重组、资本重组等的基本思想，试图以价值管理为红线来通盘考虑企业的价值资源，通过兼并、租赁、收购、上市、托管等各种手段，最终达到资本不断增值、企业财富最大化的目的。目前企业利用资本经营“扭亏为盈”的实例屡见不鲜。常见的做法有：

（一）实物资产的买卖或置换

以上市公司而论，其主要表现形式是：（1）有的公司营业外收入占全部利润的60%，而营业外收入主要来自于与第一大股东进行资产置换的收入（母公司以优质资产置换上市公司的劣质资产）；（2）由上市公司将一些闲置不良资产高价出售给非上市公司；（3）将上市公司的不良资产和等额债务剥离给母公司，既可避免不良资产经营可能带来的亏损，又可降低企业的财务费用；（4）非上市公司将盈利能力较强的优质资产廉价出售给上市公司。

上述交易对上市公司会计处理的影响体现在：（1）上市公司换出或售出的资产估价大大高于账面价值，公司可因此获得一笔利润；（2）上市公司对买入的优质资产如需支付价款，实际不支付价款，而挂账于往来账户，不计应付的资金占用费；（3）上市公司售出资产需要收取价款时，如不收取价款，则记作往来款项，计收资金占用费；（4）上市公司在会计期间结束前突击重组，进行重大资产的买卖，确认暴利。

（二）公司的转让与合并

出售亏损公司、购买盈利公司是公司转让与合并的主题。出售亏损公司一般是上市公司把全资子公司出售给母公司，这样做对利润表有两个好处：（1）可以在合并报表中把亏损公司剔除；（2）该笔交易本身也会带来盈利，趁兼并大捞一把。有些人或机构为了出售企业赚钱，将前几年业绩不好的账目加以修改，只留下近几年来发展较好的账目。从修改后的各种指标曲线看，这家企业显然是呈上升趋势，但兼并者买到手后，才发现问题，但已不能退回被兼并企业。近年来，有些欧洲公司在兼并了美国公司后都发现了这个问题。

（三）无形资产大甩卖

所谓无形资产大甩卖，就是将集团的商标专用权卖给上市公司，主要是为了冲抵集团对上市公司的应收账款，金额高达亿元甚至十几亿元。无形资产的评估弹性非常大，大部分无形资产没在财务报表中得到反映，许多情况是利用出售无形资产偷逃税款和增加收益。

（四）一次性冲销大量的公司重组费用

公司进行重组时，会发生重组费用。有时这种费用是巨大的，理论上应采用递延法处理，将递延余额留在资产负债表上，逐年冲销利润。但有些公司将巨额的重组费用一次从资产负债表上完全抹掉，大幅度降低当年利润，甚至表现为一次性亏损。从投资者的角度来看，他们虽然关注公司一时的损失，但更关心未来的盈利情况。基于这种心态，很多公司宣布重组及高昂的重组费用之后，由于利空出尽，股价不跌反涨。另外，当市场预测发生改变或公司盈利不足时，已注销的重组费用可进行保守测算，所谓被夸大的重组费用，将又变成公司另一会计年度的收入。

（五）收购兼并会计的所谓“创新”

近年来，各行各业都兴起了收购兼并等联合之风。在收购兼并中，会计处理通常采用购买法，购买价经常会超过被收购企业的净资产。按会计惯例，这一超过额应确认为无形资产——商誉，并按不超过40年的时间分年摊销。但是，兼并会计的创新，把应确认为商誉的收购价超过净资产的公允价值，确认为研究与开发费用，给予一次性摊销，尤其是对高科技类公司，因为研究与开发费用一次列为购并年度的费用，不会再对以后年度的利润造成影响。创新会计的另一手法，是在兼并收购的幌子下预提大量经营费用（确认为负债），以便在今后将多余的未支用金额转回收益。许多公司的改组费用有浮夸现象，如估计未来期间应付律师、会计师及投资银行的服务费用，高级管理阶层的特别奖金及员工的再培训费用等。

（六）利用债务重组

债务重组是指在债务人发生财务困难的情况下，债权人按照与债务人达成的协议或法院的裁定做出让步的事项。债务重组会产生一定的重组收益，由此公司利用其来粉饰会计报表。

对于债务重组收益，需要指出的是，它与企业日常经营活动所获得的收益性质不同，前者属于非常项目，应单独反映。根据有关规定，债务重组收益不构成企业利润总额，因此对利用债务重组粉饰报表起到了一定的制约。

资产重组往往具有使上市公司一夜之间扭亏为盈的神奇功效，其秘方一是利用时间差，如在会计年度即将结束前进行重大的资产买卖或股权置换，确认暴利；二是不等价交换，即借助关联交易，在上市公司和非上市公司的母公司之间进行以“垃圾换黄金”的利润转移。但资产重组并不会改善社会整体状况、增加社会财富。

（七）利用债转股

当企业的负债比例过高时，企业为了达到改善其构成比例的目的，可能精心策划将债务转化成所有者权益的所谓“债转股”战略活动：首先以一定时期的高利润吸引目前和潜在的所有者，然后再以优惠条件优先给予债权人，鼓励债权人放心大胆地将债权放弃，转成企业的所有者，一旦此战略实现，企业的负债结构明显好转，但实际上企业的债权人风险反而更大了。

（八）变更筹集资金投向

从变更募集资金的上市公司情况看，变更的原因不外乎以下几种情况：一是市场发生了变化。二是上市公司片面追求短期效益。通常，上市公司要完成募股时承诺的项目需要一定的时间周期，而有些投资渠道可以在短期内带来财富，因此上市公司纷纷改变当初的承诺，转而寻求短期投资收益。如某房地产企业，在上市后不到半年，就将近一半的资金改为从事证券期货投资和国债回购业务，而从其招股说明书得知，公司计划中的房地产业项目尚有较大的资金缺口，募股资金全部投入也只能作为启动资金，在这种情况下，公司却将宝贵的资金用于短期投资。三是项目论证不充分，“圈钱思想”严重。在改变募集资金投向的上市公司中，有些上市公司甚至变更了全部的募集资金投向。

五、利用补贴收入

政府对某些公司的补贴收入由于没有成本，直接作为企业利润的组成部分，对公司业绩的提高起到立竿见影之效。但它毕竟只是偶然所得，不具持续性，并不能代表企业的长期获利能力和发展能力。补贴收入的主要形式有：（1）税收优惠。如为了扶持上市公司，许多地方政府给予上市公司税收返还政策，上市公司所得税的实际税率为15%甚至更低。除此之外，增值税退税也不容忽视，如出口退税、进口设备原材料退税、经济特区地产地销部分产品减免征税、增值税地方财政25%分成部分返还等。目前一部分上市公司执行地方财政返还部分所得税优惠政策，对于返还的所得税税款，有的上市公司采用权责发生制来确认，有的上市公司则采用收付实现制来确认，亦即于实际收到所得税返还款时确认收益。如确认政策有变动，或是采用收付实现制来确认，则不同期间的所得税返还款确认金额存在较大弹性。（2）财政补贴。企业往往是业绩不够，用财政补贴来凑齐。（3）利息减免。地方政府通过金融机构对上市公司拖欠的利息予以核销减免。（4）资产优惠。如对公司筹资进行房地产开发时，政府给予土地资源价格方面的优惠政策。

六、利用资产评估

按照会计制度的规定和谨慎性原则，企业的潜亏应当依照法定程序通过利润表予以反映。然而，许多国有企业往往在股份制改组、对外投资、租赁或抵押时，通过资产评估，将坏账、滞销或毁损存货、长期投资损失、固定资产损失以及递延资产等潜亏，确认为评估减值，冲减资本公积，从而达到粉饰报表、虚增利润的目的。

还有的企业在不具备法定资产评估的情况下，如使用成本法，通过虚假评估增值来虚增资本公积，增加企业资产和所有者权益，借此来调节企业的资产负债率。特别是在该比率原来就有较高水平的情况下，容易给人造成资产负债结构改善、企业偿债能力提高的错觉。

第三节 财务会计报告粉饰的识别与防范

一、财务会计报告粉饰的具体识别方法

（一）分析性复核方法

分析性复核是调查企业重要的比率或趋势的异常变动及其与预期数据和相关信息的差异，尤其是当公司重要财务指标，如净资产收益率，刚好达到或接近某些临界点时。常用的方法有简易比较、比率分析、结构百分比和趋势分析等方法。通过分析性复核，可以发现会计报表中的异常波动，进而识别会计报表粉饰问题。

（二）不良资产剔除法

这里所指的不良资产，除包括待处理资产净损失、开办费、长期待摊费用等虚拟资产项目外，还包括可能产生潜亏的资产项目，如3年以上的应收款项、存货跌价和积压损失、投资损失、固定资产损失等。由于不良资产是导致上市公司虚盈实亏的重要原因，同时也是公司一个未引爆的“定时炸弹”，因此在对那些存在高额不良资产的上市公司进行年报分析时，对不良资产进行剔除分析就显得十分重要。在运用不良资产剔除法时，可以将不良资产总额与净资产比较，如果不良资产总额接近或超过净资产，即说明上市公司的持续经营能力可能有问题；同时，也可以将当期不良资产的增加额与当期利润总额的增加额相比较，如果前者超过后者，说明上市公司当期的利润表可能有“水分”。

（三）关联交易剔除法

通过对来自关联企业的营业收入和利润总额进行分析，判断企业的盈利能力在多大程度上依赖于关联企业，判断企业的盈利基础是否扎实，利润来源是否稳定。如果企业的营业收入和利润主要来源于关联企业，就应该特别关注关联交易的定价政策，分析企业是否以不等价交换的方式与关联交易进行会计报表粉饰；分析关联方交易未结算金额分别占关联方交易总额和未结算总金额的比例是否异常，如果母公司合并会计报表的利润总额大大低于企业的利润总额，就可能意味着母公司通过关联交易，将利润“包装”注入企业。

（四）异常利润剔除法

将其他业务利润、投资收益、补贴收入和营业外收入从企业利润总额冲减剔除以后，分析和评价异常利润是否对企业利润增长的贡献过大，判断企业利润来源的稳定性，主业是否具有核心竞争力。当企业利用资产重组调节利润时，所产生的利润主要通过这些科目体现，此时，利用该法识别会计报表粉饰特别有效。如果企业报表中存在上述一些明显的异常利润项目，如过高的投资收益、其他业务收入等，还应注意会计报表附注对其的披露是否含糊其词、一笔带过。如有此情况，则很可能含有关联交易。

（五）现金流量分析法

通过经营活动产生的现金净流量、投资活动产生的现金净流量、筹资活动产生的现金净流量的比较分析，判断企业的主营业务利润、投资收益和净利润的质量，看会计利润与现金收入是否严重不平衡。一般而言，没有相应现金流量的利润是不可靠的。如果企业的现金净流量长期低于利润，将意味着与已经确认利润相对应的资产可能属于不能转化为现金流量的虚拟资产，表明企业可能存在着会计报表粉饰的现象。不少公司通过股权置换、

资产重组等手段粉饰报表，可能致使利润提高，但通常不能产生更多的现金收入，相反可能因为增加利润要多纳税与多分配利润而降低现金收入。

（六）特殊报表项目分析法

特殊报表项目分析法即是对会计报表中如应收账款、其他应收款、补贴收入、投资收益、关联交易、资产负债表日后事项、或有事项以及会计报表中所披露的会计政策及其变更等项目进行重点分析，从而发现会计报表粉饰行为的一种方法。

（七）合并报表分析法

合并报表分析法是指将合并会计报表中的母公司数和合并数进行比较分析，来判断上市公司公布的财务数据真实性的一种方法。有的上市公司采取的粉饰报表手法比较高明，为了逃避注册会计师和有关部门的审查，往往通过“子公司”或者“孙公司”来实现利润虚构。因此，仔细分析合并报表有时也能发现其中的疑点。

（八）审计意见分析法

注册会计师作为独立行使经济评价职能的“经济警察”，他们的意见应是投资者判断公司利润操纵的主要线索。如果注册会计师出具了无保留意见的标准审计报告，基本上可以排除公司利润操纵的可能。但如果注册会计师出具的是非标准的审计报告，包括带强调事项段和其他事项段的无保留意见、保留意见、无法表示意见和否定意见的审计报告，有理由怀疑公司有利润操纵的行为，对此必须予以充分关注。

在分析审计意见时，还应注意这样两种现象：一是一些注册会计师所发表的审计意见可能并不恰当，如应该发表保留意见却发表带解释说明段的无保留意见，应发表无法表示意见或发表否定意见却发表保留意见，应发表否定意见却发表无法表示意见等；二是个别上市公司在年报或中报中所披露的注册会计师审计意见与注册会计师实际发表的意见不一致。此外，应关注审计报告说明段中的说明事项，这些事项直接反映了公司粉饰会计报表的方式，以及该事项对会计报表的影响。

（九）报表重组识别法

资产重组可分为报表重组和实质重组，报表重组并不能对企业经营效率产生实质性的改善，只能改变短期内的会计报表数字，如提高利润、净资产收益率等。而实质重组可以提高企业的真实业绩，优化企业的资源配置，对企业的未来产生积极影响。识别报表重组可依据以下几条线索：

（1）从重组的规模看，假重组的规模一般不大，收购或出售的资产总额一般低于总资产的50%。

（2）从重组的行业来看，假重组通常不改变公司的行业性质。

（3）从重组双方来看，假重组多发生在关联企业之间，或者同地区的企业之间。

（4）从时间来看，假重组多发生在下半年。

（5）从高层管理人员来看，假重组一般不会伴随高层管理人员的更换。

（6）从公司的处境来看，假重组公司通常要么已经面临困境或即将陷入困境，如两年连续亏损；要么需要进行配股，必须将净资产收益率做到证监会规定的标准。

（十）公司环境信号识别法

从公司环境的角度加以识别的一些信号有：

（1）公司已取得巨大的市场份额，市场份额越大，要想比同行业的其他企业增长得更快就越困难；

（2）经常签订企业合并协议；

（3）公司有利润操纵的历史；

（4）更换了会计师事务所或解雇了审计人员；

（5）公司增长迅速，很难正确对待内部控制；

（6）为了达到某个目标，以牺牲企业其他方面的明显利益为代价；

（7）业绩太好了，以至于难以相信。

（十一）公司管理当局说明书分析法

根据我国现行有关法规的规定，若注册会计师出具了非标准的无保留审计意见报告，公司管理当局（包括董事会、监事会）应在公司的年度报告中对此加以说明。分析者在阅读了注册会计师的审计意见以后，再“听一听”公司管理当局的解释，可以更清楚地了解公司的经济业务是否真实、公允，公司是否有利润操纵行为。

二、财务会计报告粉饰的防范措施

财务会计报告粉饰一直是证券市场的“痼疾”，极大危害了投资者的利益以及证券市场优化资源配置功能的发挥，因而各国政府、学界均将其作为研究的重点。我国会计学者近些年也对这一问题展开了研究，这些研究侧重于证实这一问题的存在，分析其表现形式。防范财务会计报告粉饰，提高财务信息质量，是一项极其复杂艰巨的系统工程，而完善公司治理结构，提升投资者素质，造就有效的财务会计报告供给、需求主体，是其中的一条根本性措施；与此同时，也必须加强对财务会计报告编报的监督，完善企业会计准则和审计准则，建立健全相关法律制度等配套措施。

（一）造就有效的财务会计报告供给、需求主体

上市公司管理层与投资者之间客观上存在着信息不对称，财务会计报告是消除这一不对称的主要方式之一，或者说，财务会计报告是这两者之间围绕财务信息相互博弈的结果。因此，防范财务会计报告粉饰的根本性出路在于从这两者入手，进而造就恰当的主体，让他们拥有足够的理性、适度的手段。

1.打造有效的财务会计报告需求主体

当前上市公司存在财务会计报告粉饰现象的主要原因在于需求主体缺位，即尚未形成有效的财务信息需求市场。治理财务会计报告粉饰，必须侧重解决这一问题，其关键性的举措包括完善上市公司的治理结构和提升投资者素质。完善公司治理结构，首先应加强股东等财务信息需求者参与监控的动机和能力，为此必须完善公司产权制度。完善的产权制度是股东等市场主体根据真实财务会计报告进行交易活动的先决条件和基础，只有完善的产权制度，才能使得股东追求资本收益的最大化，才能形成其与公司管理层之间经济上的委托代理关系，进而形成真实财务会计报告的需求主体。而产权制度的完善，必须形成以财产所有权分散化为前提的多元所有者的产权结构，形成具有民主程序特征的集体产权结构，形成剩余索取权与控制管理权相分离的产权结构，形成剩余索取权可转让的产权结构。对于上市公司的产权现状而言，主要问题表现为国有股股东实际缺位，以及股权的过分集中。相应地，应采取如下措施：

（1）设立纯经济性而非行政性的国有资产管理机构，以解决上市公司国有股股东实际

缺位问题。该机构不直接从事国有资产的具体经营活动，其身份只如同拥有众多企业股份的股东，依靠投资所获得的法律认可的股权对上市公司享有监督权、收益权，通过行使国有股股东表决权对上市公司的财务会计报告实施有效的监督。对于该机构所发生的行为失当，应严格运用有关的法律及人民代表大会的监督等手段予以纠正。

（2）解决国有股、法人股的流通问题，以营造其有效的运作机制。这一问题的解决，既有助于国有股、法人股股东有效地行使监督权，增强其参与上市公司监控的动机，也利于上市公司股权的分散化。上市公司股权的分散化，即社会性是其最大的特征之一，因为股权的分散能够在股东间形成制约，保证公司的利益得到充分尊重。然而，由于种种原因，我国当前国有股、法人股所占比重过大，这一现状显然不利于中小股东利益的保障。

（3）应完善上市公司的内部监控机制，以加强监控者对公司管理层行为的了解，提高其信息收集、评判能力，以及增加其监控手段。上市公司在这一方面所出现的问题通常表现为道德风险与逆向选择，为此应注重如下措施：健全董事会；建立审计委员会或充分发挥监事会的作用；建立董事会与管理层之间一种基于合约的委托代理关系，明文规定双方的责权利关系。这些措施将强化董事会、监事会监控工作的客观性，使其更能保护中小股东的利益。

（4）应完善外部监控机制。当前在这一方面应采取的主要举措如下：培育公司间购并市场，出台有关法规，鼓励涉及上市公司的购并行为，使其得以充分发挥功能；形成经理人的代理权竞争机制，逐步培育经理人市场，使得股东能够及时在经理人市场挑选合适的人选取代不称职的管理人员；根据信号传递理论，这类市场的发育将有力地推动公司管理层重视真实财务信息的披露。

（5）提升投资者素质，打造有效财务信息的需求主体。只有这样才能形成对真实财务信息的有效需求与解读，以及对上市公司的有效约束。必须发展机构投资者，让其成为证券市场投资者的主体。在真实财务信息的需求与吸收上，机构投资者与个人投资者是不同的，机构投资者更注重投资而不是投机，因此对上市公司真实财务信息的需求度更高，而且对财务信息的解读、反馈能力更强。个人投资者无疑也是证券市场投资者的主要构成，必须推动这些个体投资者的不断成熟，如善于运用法律手段保护自身权益，才能使其整体逐步走上理性投资之路。

2.打造有效的财务信息供给主体

由于财务会计报告由上市公司提供，因而防范财务会计报告粉饰的关键之一亦在于健全公司的内部控制制度，借此才能确保公司财务会计报告的编制符合企业会计准则的相关要求，账面资产与实存资产定期核对相符。但当前上市公司的内部控制普遍比较薄弱，如有些公司与母公司之间人员、资产、财务尚未分开。这一问题若得不到解决，相关规定就往往会难以得到遵守。因此，有关部门应注意制定各种内部控制制度的规范或指引，以供公司参考。

（二）改革相关制度，减少财务会计报告粉饰的动机

应该指出，有些粉饰财务会计报告的动机是可以通过完善相关制度来消除或减少的，具体说明如下：

1.消除我国国有控股上市公司经营中“政治挂钩”的色彩

政企分开一直是近年来改革的一项重点工作，但时至今日，地方政府对上市公司的干

预还时有发生。因而，应着力建立这样一种机制：政府不去干预上市公司的经营活动，不要“要数字”“要利润”，而应该从一个国家、一个地区、一个部门经济的健康发展出发，要求公司提供真实的财务会计报告。

2.完善业绩评价机制和管理人员薪酬制度

目前上市公司大股东对经理人员业绩的评价多是财务指标，必然会助长其道德风险，粉饰公司财务会计报告。为解决这一问题，应对现行的业绩评价方法予以修改和完善。可参考的业绩评价因素如下：领导能力，战略规划，经营业绩，继任规划，人力资源管理，与股东和所有当事人进行有效的沟通，与外部关系，与董事会、监事会的关系。

上市公司现行的薪酬制度亦需进行改革，如认股权可将管理人员的个人利益同公司股东的长期利益联系起来，避免以基本工资和年度奖金为主的传统薪酬制度下管理人员的短期化行为倾向。

3.完善股票发行制度

当前股票发行制度正处于由核准制向进一步市场化方向改革时期，其中仍存在导致公司进行财务会计报告粉饰的诱因。如对首次公开发行股票的一些硬性规定，如近三年连续盈利，配股条件中规定的净资产收益率指标等。因此，应继续股票发行制度的市场化与科学化，如推行主承销商保荐制度，在满足充分披露要求的条件下，均可以公开发行股票。

4.修改股票暂停上市和终止上市条件

根据现行规定，如果上市公司连续三年出现亏损，公司将被处以暂停股票上市。应该说这一规定本身是符合证券市场规范运作的，问题是该规定较为简单，往往使得一些上市公司可以通过财务会计报告粉饰来逃避惩罚。为解决这类问题，需要对规定作相应修改，使上市公司很难再通过财务会计报告粉饰得以“文过饰非”，如可从以下几个方面予以完善：第一，可考虑将经常性损益作为主要的考核指标；第二，增加经营现金流量为负值这一指标；第三，增加非会计参数。

（三）完善企业会计准则和会计制度，压缩财务会计报告粉饰的空间

企业会计准则和会计制度留有过多的灵活性和真空地带，是财务会计报告粉饰的重要前提。因此，防范财务会计报告粉饰，应该对企业会计准则和会计制度予以完善，主要包括：一方面，适当调整企业会计准则和会计制度遵循的基本原则，将提高会计信息的可靠性作为首要目标。众所周知，可靠性和相关性是会计信息的两个重要质量特征，可靠性和相关性孰轻孰重，一直是一个争论不休的话题。但从我国的现实情况看，如果一味强调借鉴国际惯例，盲目侧重会计信息的相关性，则可能加重财务会计报告粉饰的严重性，因而，当前会计信息的可靠性更为重要，正确处理统一性和灵活性的关系，应在尽可能满足需要的范围内减少可供公司会计选择的余地，尤其是对于收入和费用的确认、计量原则应尽可能地明确规范，在一定程度上减少财务会计报告粉饰的可能性。同时，企业会计准则和会计制度若过于强调统一性，不给会计人员以适度的专业判断空间，也会影响会计信息的质量，因此，在强调统一性的同时，也需要考虑如何保持一定的灵活性。另一方面，尽量减少真空地带。既要检视已颁布的企业会计准则和会计制度，寻找并填平其中的真空地带，同时还要检视当前的实际，发现其中的新变化，及时制定相关的企业会计准则与会计制度，如当前证券市场中的企业购并、股份回购、认股权计划等事项，会计上应如何处理和披露。

（四）完善注册会计师制度，发挥“经济警察”的作用

注册会计师审计是客观收集和评价有关经济活动和事项陈述的证据，判断这些证据与建立的标准符合程度，并将其结果传递给有关利益的使用人，因此，注册会计师制度在确立财务会计报告可靠性、防范财务会计报告粉饰方面起着非常重要的作用。但由于我国注册会计师制度起步较晚，在许多方面仍须加以完善。

1.强化注册会计师审计的独立性

独立性是注册会计师审计的灵魂与生命，是其能否发挥防范财务会计报告粉饰作用的关键所在。尽管我国具有证券业务资格的会计师事务所已完成脱钩改制工作，为保证注册会计师执行审计业务时保持独立性创造了条件，但我们仍需采取一定措施来强化这种独立性。从根本上说，有效的财务信息需求市场是最为有力的保证，有研究表明，高质量财务信息需求的缺乏是导致当前我国审计质量不高最重要的原因。

从具体举措上，首先应完善会计师事务所的聘用和更换机制，为注册会计师审计独立性提供制度上的保障。其主要原因在于：一是上市公司多为内部人所控制，尽管聘用、更换会计师事务所在形式上由股东大会决定，但实质上与大股东决定并无二异；二是更换会计师事务所仅揭示更换的理由并不能达到所应达到的目的。对于前者，公司应建立审计委员会，并由其负责聘用、更换会计师事务所；对于后者，应要求公司在更换会计师事务所时揭示以下内容：会计师事务所变动的性质、理由、近年来非无保留审计意见的情况等；应优化执业环境，以便注册会计师审计在实质上能够保持独立。在当前的会计市场上，政府官员干预上市公司聘请会计师事务所，干预注册会计师执行审计业务、发表审计意见的现象并不鲜见。在这样一种背景下，注册会计师是难以保持实质上独立的。

2.加强注册会计师审计的法治建设

近年来，注册会计师审计的法治建设已取得很大成绩，但由于这一行业在我国属于一种新兴行业，也由于我国证券市场的迅猛发展，其发展之快速是人们所始料不及的，因而为使注册会计师能够确实履行防范财务会计报告粉饰的职责，尚须进一步加强该行业的法治建设。

3.加强对注册会计师审计的监管

政府有关部门对注册会计师审计的监管，有利于提高审计质量，缩小在这一方面的公众期望差距。例如，近年来随着各级注册会计师协会开展清理整顿工作的深入，对注册会计师审计的监管已经取得了显著的成效。必须指出的是，业务监管工作是一项经常性的工作，而非一项突击性的事务。同时，还应尽快制定监管工作规则以及有关的惩戒办法，建立对监管者的激励和约束机制。

4.重新审视会计市场准入制度

在当前会计市场上，竞相压价等不正当竞争行为的存在是注册会计师审计健康发展的重要障碍。为解决这一问题，必须重新审视会计市场的准入制度。为抑制会计市场恶性竞争而出现的“劣币驱逐良币”现象，应通过提高市场准入门槛的办法，促使具有证券期货从业资格的会计师事务所兼并，达到上规模、上档次、上水平，净化执业环境，提高执业质量之目的。

（五）强化政府对财务会计报告粉饰的监督

加强政府部门对财务会计报告粉饰的监督，无疑也是重要的防范手段。在防范财务会

计报告粉饰问题上，政府有关部门不仅应扮演国有上市公司大股东的角色，还应作为证券市场的“守夜人”，本着一种社会责任，加强对这一问题的监督。《中华人民共和国公司法》《中华人民共和国证券法》《中华人民共和国会计法》等法律法规均体现了这一要求，但是，其中还存在着不足之处，主要表现为：一是相关法律规定存在一定的差异，例如对上市公司财务会计报告违规行为的处罚，包括责任人、处罚轻重等级不一致；二是这些规定往往比较原则，因而应相应制定诸如“实施细则”之类更为具体的法规。

此外，政府有关部门应理顺对证券市场中介机构的监督体制。当前由于诸多因素的干扰，政府监督体制不是十分顺畅，也导致了政府对财务会计报告粉饰监督不力。例如，目前对会计师事务所进行监管的部门有财政部门、审计部门、证券监管部门，而财政部门和审计部门同时监管会计师事务所，这是一种不正常的现象，它实际上是多年以来财政部门与审计部门争夺对社会审计管理职能的遗留问题，可能导致“令出多门”“相互扯皮”，注册会计师无所适从等不良后果。因而，必须对这样的监督体制进行改革。

总之，我国的证券市场还处于发展时期，远未达到成熟，这一不成熟表现在投资者的理性程度、上市公司治理结构的完善程度、相关法规与制度的科学程度、政府部门的市场化程度等诸多方面，而这些不足之处又交织在一起，集中体现为上市公司的财务会计报告粉饰问题，为此，诊治财务会计报告粉饰是一项极其复杂艰巨的系统工程。由于我国证券市场市场化进程的加速，市场力量对该问题的解决已经且越来越发挥着极其重要的作用，因此，这一防范体系的重中之重则在于完善公司治理结构，提升投资者素质，造就有效的财务会计报告供给、需求主体。

本章小结

所谓企业财务会计报告粉饰，是指企业管理当局使用编造、变造、伪造等手法编制财务会计报告，掩盖企业真实财务状况、经营成果与现金流量情况的行为。财务会计报告粉饰的具体动机如下：为了受托经营责任履行情况的考核，为了新资本需求动机的满足，为了资源的保留，为了间接经济利益的取得，为了明确责任或推卸责任，为了政治任务的完成，以及为了配合庄家炒作共同获利等。

财务会计报告粉饰的常用方法包括利用隐蔽核算、利用常规会计处理、利用关联交易、利用资本经营、利用补贴收入以及利用资产评估等。财务会计报告粉饰的具体识别方法包括分析性复核方法、不良资产剔除法、关联交易剔除法、异常利润剔除法、现金流量分析法、特殊报表项目分析法、合并报表分析法、审计意见分析法、报表重组识别法、公司环境信号识别法和公司管理当局说明书分析法。

财务会计报告粉饰的防范措施包括造就有效的财务会计报告供给、需求主体，改革相关制度，减少财务会计报告粉饰的动机，完善企业会计准则和会计制度，压缩财务会计报告粉饰的空间，完善注册会计师制度，发挥“经济警察”的作用，强化政府对财务会计报告粉饰的监督。

复习思考题

1. 简述财务会计报告粉饰的具体动机。
2. 简述财务会计报告粉饰的常用方法。

3.简述财务会计报告粉饰的防范措施。

同步练习题

一、单项选择题

1.以下方法可以识别财务报告粉饰行为的是（　　）。

A.关联交易删除法　　B.变更资产投向法

C.债转股法　　D.资本经营法

2.以下属于防范财务报告粉饰行为最为有效的措施是（　　）。

A.剔除企业不良财产　　B.完善会计准则和会计制度

C.现金流量分析　　D.合并会计报表

二、多项选择题

1.财务报告粉饰常用的方法有（　　）。

A.利用隐蔽核算　　B.利用各种减值准备

C.利用固定资产折旧　　D.提前确认费用

2.以下业务容易发生关联交易的有（　　）。

A.资金融通　　B.受托经营　　C.费用分担　　D.循环交易

三、判断题

1.当前企业存在财务报告粉饰行为的主要原因是财会人员业务素质偏低。（　　）

2.虚拟资产是指企业实际已经发生的费用或损失，因权责发生制原则要求而暂作“资产”处理的有关项目，包括长期待摊费用、待处理财产损失等。（　　）

第十二章同步练习题参考答案

案例分析

瑞星咖啡财务造假案

主要参考文献

[1] 罗斯，杰富. 公司理财 [M]. 吴世农，沈艺峰，等译. 北京：机械工业出版社，2000.

[2] 戴维. 公司财务报告与分析 [M]. 大连：东北财经大学出版社，2002.

[3] 曾英姿. 财务报表分析 [M]. 长沙：湖南人民出版社，2004.

[4] 沃斯. 公司财务分析 [M]. 陈丰，吴应宁，译. 北京：中信出版社，2004.

[5] 樊行健. 现代财务经济分析学 [M]. 成都：西南财经大学出版社，2004.

[6] 李心合，赵华. 企业报表分析 [M]. 北京：中国人民大学出版社，2004.

[7] 财政部企业司. 企业财务风险管理 [M]. 北京：经济科学出版社，2004.

[8] 张新民.财务报表分析 [M].3版.北京：中国人民大学出版社，2016.

[9] 斯泽罗威. 财务报表分析及案例 [M]. 张志强，译. 北京：中国宇航出版社，2005.

[10] 张新民. 企业财务质量分析与管理透视 [M]. 北京：中国财政经济出版社，2006.

[11] 王化成，支晓强，王建英.财务报表分析 [M]. 7版. 北京：中国人民大学出版社，2015.

[12] 张新民. 企业财务战略研究 [M]. 北京：首都对外经济贸易大学出版社，2007.

[13] 王淑萍. 财务报告分析 [M]. 3版. 北京：清华大学出版社，2014.

[14] 张先治，陈友邦. 财务分析 [M]. 大连：东北财经大学出版社，2017.

[15] 李秀菊. 财务报表分析研究 [J]. 现代商贸工业，2012 (6).

[16] 陈广飞. 关于现金流量表分析与运用的思考 [J]. 商业文化，2012 (5).

[17] 孙景翠，林艳. 财务分析 [M]. 北京：科学出版社，2021.

[18] 万如荣，张莉芳，蒋琰. 财务分析 [M]. 2版.北京：人民邮电出版社，2021.

[19] 姚正海，朱新财. 财务分析 [M]. 北京：高等教育出版社，2020.